BAND 1
LEHRERAUSGABE

Kampfer Barbara
Kampfer Hannes
Schwizer Thomas

GRUNDLAGEN DER
FINANZBUCHHALTUNG

Layout, Satz und Cover: KLV Verlag AG

3. Auflage 2014

ISBN 978-3-85612-296-6

KLV Verlag AG
Quellenstrasse 4e
9402 Mörschwil
Tel.: 071 845 20 10
Fax: 071 845 20 91
www.klv.ch
info@klv.ch

Inhaltsverzeichnis

Teil 1 Einführung in die doppelte Buchhaltung

1. Begriff und Zweck der Buchhaltung 9

2. Inventar und Bilanz 11

3. Bilanzkonten und Buchungssatz 17

4. Unternehmenserfolg und seine Verbuchung 32

5. Konten des Eigentümers 55

6. Warenkonten 63

7. Konten des Zahlungsverkehrs 79

8. Buchhaltungsorganisation 89

9. Produktionsunternehmen 103

Erläuterungen zu den Konten 118

Kontenrahmen KMU (Auszug) 129

Symbole

In diesem Lehrmittel geben Ihnen die folgenden Symbole Hinweise auf weitere Informationen:

zeigt im Lehrmittel für Lernende, wann eine praktische Übung sinnvoll ist oder der Lernstoff durch eine praktische Übung vertieft werden kann. Die Aufgaben sind immer am Schluss des jeweiligen Kapitels.

verweist auf weitergehende, vertiefende Informationen zu den Inhalten des jeweiligen Kapitels. Diese Hinweise sind vom aufbauenden Lernstoff getrennt, da auch Beziehungen zu späteren Kapiteln miteinbezogen oder angewandte Lösungsvarianten der Praxis aufgezeigt werden.

unterstützt Lehrkräfte bei der Behandlung des jeweiligen Kapitels. Sie finden Anregungen zur Umsetzung sowie teilweise Kopiervorlagen zusätzlicher Aufgaben.

verweist auf die Lösungen der im Buch gestellten Aufgaben.

Hinweis zum Kontenrahmen:
Für die langen Kontenbezeichnungen des Kontenrahmens KMU werden bei den Lösungen im Band 2 Abkürzungen für die einzelnen Konten verwendet; Konten der BILANZ werden dabei zur besseren Unterscheidung in Grossbuchstaben dargestellt, die Konten der Erfolgsrechnung mit Gross- und Kleinbuchstaben. Die Erläuterung zu den Abkürzungen findet sich beim Lehrer- und beim Schülerband 2 im **ausklappbaren** Umschlag. Zudem finden sich im Lehrer- wie Schülerband am Ende Erläuterungen zu den einzelnen Konten.

Grundlagen der Finanzbuchhaltung

Vorwort zur 3. Auflage

Das Jahr 2013 brachte für die Buchführung einschneidende Änderungen auf Gesetzesebene.

- Das neue Rechnungslegungsrecht, das zwingend ab dem Jahr 2015 Anwendung findet, wurde in Kraft gesetzt
- Im Juni wurde die Postfinance dem Schweizer Bankengesetz unterstellt

Dem neuen Rechnungslegungsrecht unterstehen neu, neben den Kapitalgesellschaften, alle Rechts-formen abgestuft nach ihrer wirtschaftlichen Bedeutung. Das bedeutet, dass grundsätzlich alle Betriebe mit einem Umsatz über CHF 500 000 buchführungspflichtig sind und eine doppelte Buchhaltung führen müssen. Dabei sind sie verpflichtet Mindestvorschriften zu beachten, welche systematischer und detail-lierter sind als bisher.

Erstmals wird im Gesetz auf die Grundsätze ordnungsmässiger Buchführung verwiesen. Ebenfalls ist der Mindestinhalt des Anhangs zur Jahresrechnung der buchführungspflichtigen Unternehmen deut-lich umfangreicher (und detaillierter) geworden. Auch der Kreis der Unternehmen, welche eine Geld-flussrechnung erstellen müssen, ist deutlich erweitert worden.

Gleichzeitig wurde auch der Kontenrahmen KMU 2013 umgearbeitet. Er gewährleistet die Einhal-tung der neuen gesetzlichen Vorschriften. Die wichtigsten Änderungen im neuen Kontenrahmen um-fassen:

- Löschung des Kontos Post, das neu als Bankkonto geführt wird
- Eine neue Kontengruppe 106 für kurzfristig gehaltene Aktiven mit Börsenkurs
- Aufhebung der Konten für aktivierte Aufwände
- Unterscheidung von verzinslichen und nicht verzinslichen Verbindlichkeiten
- Unterscheidung zwischen Abschreibung und Wertberichtigung von Anlagevermögen
- Verschiebung des Finanzergebnisses in eine neue Kontenhauptgruppe nach den Abschreibungen, womit EBIT als Zwischenresultat neu ausgewiesen werden kann
- Änderungen bei der Bezeichnung von Konten und Zwischenresultaten, weil die Begrifflichkeiten im neuen Recht auf anerkannte Standards abgestimmt sind

All diese Änderungen verlangten nach einer umfassenden Überarbeitung aller Kapitel des bereits gut eingeführten Lehrmittels. In Lerngruppen und Schulklassen ist deshalb eine parallele Verwendung mit alten Auflagen nicht möglich.

Wir danken Herbert Mattle, dem Co-Autor des Kontenrahmens KMU für seine Ausführungen bei Fra-gen zum neue Kontenrahmen sowie Stefan Strasser, Lehrbeauftragter für Betriebswirtschaftslehre an der Universität St. Gallen, für seine Verbesserungsvorschläge und Hinweise. Speziell danken wir unse-rem ehemaligen Mitautor der ersten zwei Auflagen, Yuri Staub, für seine wertvollen Beiträge zum Aufbau dieses Lehrmittels.

Die Autoren im April 2014

Einführung in die doppelte Buchhaltung

Begriff und Zweck der Buchhaltung

Die Themen dieses Kapitels werden bewusst zu Beginn des Lehrmittels eingeführt, da sie den wirtschaftlich-rechtlichen Rahmen abstecken, in dem sich die Buchhaltung abspielt. Das bedingt, dass inhaltlich teilweise vorgegriffen werden muss. Die Erfahrung zeigt, dass viele Lehrkräfte nur den ersten Teil dieses Kapitels als Einstieg wählen. Sie kommen dann zu einem späteren Zeitpunkt auf die Grundsätze der Buchführung zurück, sobald die Vorkenntnisse vorhanden sind.

☑ Lösungen

1.1
Buchhaltung ist eine systematische Rechnungsführung über die finanziellen Auswirkungen von Geschäftsvorfällen.

1.2
Die Unternehmen haben ein Informationsbedürfnis, weil sie einerseits Entscheidungsunterlagen für die Unternehmensführung benötigen und andererseits über ihre Tätigkeit Rechenschaft ablegen wollen. Unternehmen, welche verpflichtet sind sich ins Handelsregister eintragen zu lassen, müssen eine Buchhaltung führen (OR 957 I).

1.3
- Ausweis über Gewinn oder Verlust
- Übersicht über die Vermögenslage
- Übersicht über die Forderungs- und Schuldverhältnisse sowie über deren Veränderungen
- Beweismittel bei Streitigkeiten
- Informationen, welche für andere Teile des Rechnungswesens grundlegend sind (z. B. Planungs-, Kontrollrechnungen etc.)

1.4
Buchführungspflichtig sind alle juristischen Personen sowie jene Einzelunternehmen und Personengesellschaften, die im vorangegangenen Geschäftsjahr einen Umsatzerlös von über CHF 500 000.– erzielt haben.

1.5

Jede Zahlennotation des Buchhalters muss dokumentiert sein, damit sie nachvollziehbar ist, bzw. kontrolliert werden kann, sei es durch die Steuerbehörde oder durch andere Beauftragte.

1.6

Natürliche Belege sind Dokumente, welche wir von unseren Geschäftspartnern erhalten wie Quittungen, Rechnungen, Briefe etc. sowie Vordrucke, welche wir im Unternehmen selber benützen wie Lieferscheine, Lohnlisten etc.

Interne Belege müssen bei Zahlennotationen durch den Buchhalter erstellt werden, wenn keine natürlichen Belege vorhanden sind wie bspw. Reisespesenzahlungen.

1.7

Gemäss OR müssen folgende Grundsätze eingehalten werden:
- Vollständigkeit
- Klarheit und Wesentlichkeit
- Vorsicht
- Fortführung der Unternehmenstätigkeit
- Stetigkeit
- Unzulässigkeit der Verrechnung von Aktiven und Passiven sowie Aufwand und Ertrag.

1.8

Rechnungslegungsstandards sind Vorgaben, wie Geschäftsvorfälle verbucht sowie Bilanzen, Erfolgs- und Geldflussrechnungen erstellt werden sollen. Aufgrund von Rechnungslegungsstandards kann die aktuelle finanzielle Lage eines Unternehmens verlässlicher eingeschätzt werden, wodurch sich die Aussagekraft und Vergleichbarkeit von Abschlüssen verbessert.

2 Inventar und Bilanz

Didaktische Hinweise

Mit der Erteilung der Banklizenz für die PostFinance per 06. Dezember 2012 durch die FINMA wird die Post eine Bank. Nach Erfüllung der damit verbundenen Auflagen wurde diese Banklizenz am 26. Juni 2013 rechtswirksam. Als Folge daraus wird das Konto 1010 Post im Kontenrahmen KMU verschwinden. Es taucht neu als ein mögliches Bankkonto unter der Kontennummer 1020 ff auf. Damit wird in diesem Lehrmittel das Konto Post konsequent wie ein Bankkonto behandelt. Die Aufgaben wurden in diesem Sinne angepasst.

Lösungen

2.1

Kassa, Bank und Verbindlichkeiten finden sich bei allen Betrieben. Die weiteren, typischen Bilanzpositionen lauten:

a)	Kino	Vorräte Handelswaren (Kiosk), Mobiliar, Maschinen (Vorführgeräte), evtl. Immobilien, Bankdarlehen
b)	Taxibetrieb	Reserveteillager, Fahrzeuge, evtl. Immobilien (Garage), Bankdarlehen
c)	Privatschule	Forderungen (Schulgelder), Vorräte Handelswaren (Schulbücher), Mobiliar, Büromaschinen, evtl. Immobilien, Bankdarlehen
d)	Schreinerei	Forderungen, Vorräte Rohmaterial, Maschinen, Fahrzeuge, evtl. Immobilien, Bankdarlehen
e)	Hotel	Forderungen (Gäste), Vorräte Getränke, Vorräte Lebensmittel, Fahrzeuge, Mobiliar (Tische, Stühle, Einrichtungen), Geschirr und Besteck, Wäsche, Büromaschinen/IT, Immobilien, Bankdarlehen
f)	Speditions- und Lagerhaus	Forderungen, Vorräte Ersatzteile für Fahrzeuge, Büromaschinen/IT, Mobiliar, Fahrzeuge, Immobilien, Bankdarlehen
g)	landwirtschaftlicher Grossbetrieb	Forderungen, Vorräte Saatgut, Vorräte Tierfutter, Vorräte Düngemittel, Vorräte an landwirtschaftlichen Produkten, Werkzeuge und Geräte, Fahrzeuge, Tiere, Immobilien, Bankdarlehen

2.2 Bilanz eines Haushaltsgeschäfts

Aktiven	Bilanz per 31.12.20.. (in CHF 1 000)		Passiven
Umlaufvermögen		**Fremdkapital**	
Kasse	5	Verbindlichkeiten	33
Bankguthaben A	12	Bankschuld B	38
Forderungen	28	Passivdarlehen	50
Vorräte Handelswaren	120		
Anlagevermögen		**Eigenkapital**	**84**
Mobiliar	23		
Fahrzeuge	17		
	205		205

2.3 Bilanz eines Rechtsanwalts

Aktiven	Bilanz per 31.12.20.. (in CHF 1 000)		Passiven
Umlaufvermögen		**Fremdkapital**	
Kasse	4	Verbindlichkeiten	7
Bankguthaben	9	Bankdarlehen	450
Forderungen	37		
Anlagevermögen		**Eigenkapital**	**120**
Mobiliar	8		
Fahrzeuge	19		
Immobilien	500		
	577		577

2.4 Bilanz eines Fabrikationsbetriebs

Aktiven	Bilanz per 31.12.20.. (in CHF 1 000)		Passiven
Umlaufvermögen		**Fremdkapital**	
Kasse	4	Verbindlichkeiten	25
Bankguthaben	15	Bankdarlehen	180
Wertschriften UV	10		
Forderungen	38		
Vorräte Rohmaterial	23		
Vorräte Fertigfabrikate	11		
Anlagevermögen		**Eigenkapital**	
Maschinen	76	einbezahltes Eigenkapital	170
Büromaschinen, IT	14	erarbeitetes Eigenkapital	75
Fahrzeuge	9		
Immobilien	235		
Patente	15		
	450		450

2.5 Bilanz eines Radio-TV-Geschäfts

Aktiven	Bilanz per 31.12.20.. (in CHF 1000)		Passiven	
Umlaufvermögen			**Fremdkapital**	
Kasse	21	Verbindlichkeiten		23
Forderungen	21	Bankschuld		37
Vorräte Handelswaren	53			
Vorräte Reparaturteile	11			
Anlagevermögen			**Eigenkapital**	
Aktivdarlehen	10	Kapital A. Müller		50
Laden-/Büromobiliar	8	Kapital P. Müller		60
Fahrzeuge	24			
Werkzeuge Reparaturwerkstätte	22			
	170			170

2.6 Bilanz einer kleinen Bergbahn

Aktiven	Bilanz per 31.12.20.. (in CHF 1000)		Passiven	
Umlaufvermögen			**Fremdkapital**	
Kasse	8	Verbindlichkeiten		1
Forderungen	3	Bankschuld		19
		Bankdarlehen		50
		Passivdarlehen der Gemeinde		20
Anlagevermögen			**Eigenkapital**	**100**
Kabinen und Ersatzteile	70			
Maschinen	16			
Mobiliar	13			
Immobilien	80			
	190			190

2.7

a) • Unter Anlagevermögen versteht man jene Vermögensteile eines Unternehmens, welche dazu bestimmt sind, dem Unternehmen länger als ein Jahr zu dienen.
   • Unter Fremdkapital versteht man alle Schulden des Unternehmens, welche kurz- oder langfristig beglichen werden müssen.
   • Unter erarbeitetem Eigenkapital versteht man erwirtschaftete Gewinne, welche dem Eigentümer nicht ausbezahlt, sondern zum Weiterarbeiten im Unternehmen belassen wurden. Selbstverständlich stehen sie nach wie vor dem Eigentümer zu, genau so wie sein einbezahltes Eigenkapital.

b) • Das Umlaufvermögen gliedert sich nach dem Flüssigkeits- oder Liquiditätsprinzip, d. h. in der Reihenfolge wie die Aktiven am leichtesten in Geld umgewandelt werden können.
   • Das Fremdkapital gliedert sich nach dem Fälligkeitsprinzip, d. h. in der Reihenfolge der Zahlungsfrist.

c) Die Bilanz ist eine zusammengefasste Darstellung des Inventars, wobei sich Aktiven und Passiven auf zwei Seiten gegenüberstehen.

d) Es gehört zu den allgemeinen Finanzierungsgrundsätzen, dass langfristig benötigtes Vermögen mit langfristig zur Verfügung stehenden Geldern finanziert werden soll. Andernfalls wären die kurzfristigen Schulden höher als die zur Verfügung stehenden Geldmittel. Werden dann Schulden fällig, kann das Unternehmen in Geldschwierigkeiten (= Liquiditätsschwierigkeiten) gelangen.

e) Gewöhnliche Bankschulden, sog. Kontokorrentschulden, sind jeweils am Ende eines Quartals fällig; im Gegensatz zu Bankdarlehen, welche auf erheblich längere Zeit, oft auf Jahre hinaus, geliehen werden. Diese unterschiedliche Dauer bis zur Fälligkeit verlangt, gemäss dem Fälligkeitsprinzip, eine unterschiedliche Behandlung auf der Passivseite der Bilanz.

2.8

a) Bilanz eines Produktionsbetriebs

Aktiven	Bilanz per 31.12.20.. (in CHF 1 000)		Passiven
Umlaufvermögen		**Fremdkapital**	
Kasse	5	Verbindlichkeiten	51
Bankguthaben A	16	Bankschuld B	88
Forderungen	62	Bankdarlehen	500
Vorräte Rohmaterial	54		
Vorräte Fertigfabrikate	83		
Anlagevermögen		**Eigenkapital**	**548**
Maschinen	132		
Mobiliar	95		
Immobilien	740		
	1 187		1 187

b) Bilanz eines Handelsbetriebs

Aktiven	Bilanz per 31.12.20.. (in CHF 1 000)		Passiven
Umlaufvermögen		**Fremdkapital**	
Kasse	45	Verbindlichkeiten	83
Bankguthaben A	23	Passivdarlehen	100
Wertschriften UV	50		
Forderungen	46		
Vorräte Handelswaren	128		
Anlagevermögen		**Eigenkapital**	**128**
Mobiliar	7		
Fahrzeuge	12		
	311		311

c) Der Produktionsbetrieb wird eher in Schwierigkeiten geraten, da für seine ausstehenden kurzfristigen Verbindlichkeiten von 139 nur flüssige Mittel von 21 (Kasse und Bank) gegenüberstehen.

2.9 Bilanz eines Berghotels

Aktiven	Bilanz per 31.12.20.. (in CHF 1 000)		Passiven
Umlaufvermögen		**Fremdkapital**	
Kasse	9	Verbindlichkeiten	8
Forderungen	4	Bankschuld	17
Vorräte Lebensmittel	6	Bankdarlehen	600
Anlagevermögen		**Eigenkapital**	
Beteiligung Bergbahn	40	einbezahltes Eigenkapital	300
Küchengeräte	45	erarbeitetes Eigenkapital	56
Geschirr und Bestecke	11		
Mobiliar	57		
Fahrzeuge	9		
Immobilien	800		
	981		981

2.10 Bilanz eines Warengrossverteilers *

Aktiven	Bilanz per 31.12.20.. (in Mio. CHF)		Passiven
Umlaufvermögen		**Fremdkapital**	
flüssige Mittel	42	kurzfristige Verbindlichkeiten	185
Wertschriften UV	23	langfristige Verbindlichkeiten	181
Forderungen	35		
Vorräte Handelswaren	73		
Anlagevermögen		**Eigenkapital**	
Wertschriften AV	11	einbezahltes Eigenkapital	4
Beteiligungen	2	erarbeitetes Eigenkapital	265
Fahrzeuge und Maschinen	108	Jahresgewinn	43
Mobiliar und Einrichtungen	16		
Immobilien	367		
immaterielle Werte	1		
	678		678

* Diese Bilanz entspricht in den Proportionen der Bilanz einer Migros-Genossenschaft.

2.11 Bilanz einer grossen Bergbahn mit Gastronomiebetrieb *

Aktiven	Bilanz per 31.12.20.. (in CHF 1 000)		Passiven
Umlaufvermögen		**Fremdkapital**	
flüssige Mittel	10 628	kurzfristige Verbindlichkeiten	5 223
Wertschriften UV	568	langfristige Verbindlichkeiten	27 697
Forderungen	1 721		
Vorräte Handelswaren	744		
Anlagevermögen		**Eigenkapital**	
Informatikanlagen	2 200	einbezahltes Eigenkapital	1 320
Bahnanlagen	24 875	erarbeitetes Eigenkapital	5 600
Immobilien	34	Jahresgewinn	939
übrige Einrichtungen	9		
	40 779		40 779

* Diese Bilanz entspricht in den Proportionen der Bilanz der Pilatusbahnen bei Luzern.

2.12 Bilanz einer Sparkasse *

Aktiven	Bilanz per 31.12.20.. (in Mio. CHF)		Passiven
Umlaufvermögen		**Fremdkapital**	
Kasse	6	Bankverbindlichkeiten	135
Bankenforderungen	63	Privatkonten zugunsten Kunden	61
Privatkonten zugunsten Bank	5	Spareinlagen	242
		Obligationenschulden	175
Anlagevermögen		**Eigenkapital**	
Aktivdarlehen	7	einbezahltes Eigenkapital	6
Hypothekaranlagen	538	erarbeitetes Eigenkapital	11
Beteiligungen	1		
Immobilien	7		
übrige Aktiven	3		
	630		630

* Diese Bilanz entspricht in den Proportionen der veröffentlichten Bilanz einer mittelgrossen Raiffeisenbank.

3 Bilanzkonten und Buchungssatz

Didaktische Hinweise

vgl. Kap. 3.2 Buchungssatz im Lehrbuch:

Mit Hilfe der unten stehenden Darstellung kann auf einer Folie sehr schön gezeigt werden, dass jeder Geschäftsvorfall je einen Kontoeintrag im Soll und einen Kontoeintrag im Haben zur Folge hat, unabhängig davon, ob es sich um Aktiv- oder Passivkonten handelt.

1. Kopieren Sie nachfolgende Vorlage auf eine Folie
2. Übertragen Sie die Kontenbelastungen der Geschäftsvorfälle 1–6 in die leere Darstellung.
3. Schneiden Sie die Passivkonten mit einer Schere weg und legen Sie die beiden Soll- und Haben-spalten übereinander.

→ Jede Buchung hat immer eine Soll- und eine Habenbuchung.

Kopiervorlage:

	Aktivkonto		Passivkonto	
	Soll	Haben	Soll	Haben
1. Frau Weber beginnt mit ihrer Geschäftstätigkeit und legt CHF 50 000.– in die Kasse.				
2. Frau Weber erhält die bestellten Einrichtungen für CHF 20 000.– vom Bürogeschäft H. Sieber.				
3. Frau Weber nimmt CHF 35 000.– aus der Geschäftskasse und eröffnet damit ein Bankkonto.				
4. Frau Weber erhält vom Bürogeschäft Sieber ein Darlehen über CHF 5 000.–. Der Betrag wird mit der Lieferantenschuld verrechnet.				
5. Herrn Sieber wird die restliche Lieferantenschuld von CHF 15 000.– durch die Bank überwiesen.				
6. Mit CHF 5 000.– aus der Geschäftskasse kauft Frau Weber weitere Büromobilien.				

www.klv.ch

3.1

a) Kinderhort Kids, Konto **Kasse**

Datum	Text	Soll	Haben
01.11.	Kassenbestand	95.30	
03.11.	Barauslagen Dekoration		37.45
05.11.	Bareinnahmen Spenden	45.00	
07.11.	Kinderbeiträge Adventsarbeiten	144.00	
08.11.	Barbezug vom Bankkonto	200.00	
11.11.	Barauslage Bastelmaterial Adventsarbeiten		258.35
17.11.	Einkäufe für Kaffeeküche		36.90
25.11.	Geburtstagspräsent		21.60
30.11.	Saldo		130.00
		484.30	484.30

b) Web Design Hutter, Konto **Kasse**

Datum	Text	Soll	Haben
01.06.	Anfangsbestand	178.20	
04.06.	Barkauf Kleinmaterial Büro		37.30
07.06.	Barbezug Bancomat	300.00	
08.06.	Bareinkäufe Kaffeeküche		46.50
10.06.	Bareinnahmen Beratung Peyer	180.00	
17.06.	Barentnahme, Essen mit Kunden		200.00
22.06.	diverse Bareinnahmen	165.40	
25.06.	Bareinzahlung auf Bankkonto		300.00
30.06.	Saldo		239.80
		823.60	823.60

Web Design Hutter, Konto **Bankguthaben**

Datum	Text	Soll	Haben
01.06.	Anfangsbestand	567.90	
02.06.	Gutschrift Annen	267.00	
05.06.	Belastung Softwarehandbuch, Bankkarte		98.00
07.06.	Barbezug Bancomat		300.00
14.06.	Gutschrift Jenni, Gestaltung Website	300.00	
25.06.	Bareinzahlung	300.00	
30.06.	Belastung Kontogebühren		15.70
30.06.	Saldo		1 021.20
		1 434.90	1 434.90

c) Fahrzeugvermietung, D. Meier, Konto **Passivdarlehen**

Datum	Text	Soll	Haben
01.09.	Anfangsbestand		15 000.00
30.09.	Teilrückzahlung	1 000.00	
31.10.	Teilrückzahlung	1 000.00	
15.11.	Erhöhung Darlehen		7 000.00
30.11.	Teilrückzahlung	1 500.00	
31.12.	Teilrückzahlung	1 500.00	
31.12.	Saldo	17 000.00	
		22 000.00	22 000.00

3.2

Nr.	Text	Soll	Haben	Betrag
1.	Barbezug Bankkonto	Kasse	Bank	3
2.	Barzahlung Lieferantenschuld	Verbindlichkeiten	Kasse	16
3.	Kauf Bürostühle gegen Rechnung	Mobiliar	Verbindlichkeiten	4
4.	Rückgabe Bürostuhl (vgl. 3.)	Verbindlichkeiten	Mobiliar	1
5.	Kundenüberweisungen	Bank	Forderungen	2
6.	Kapitaleinlage bar	Kasse	Eigenkapital	10
7.	Barkauf Mobiliar	Mobiliar	Kasse	3
8.	Bankgutschrift Wertschriftenverkauf	Bank	Wertschriften UV	12
9.	Privatrechnung Inhaber	Eigenkapital	Bank	1
10.	Autokauf auf Rechnung	Fahrzeuge	Verbindlichkeiten	28
11.	Darlehensgewährung an B	Aktivdarlehen	Kasse	4
12.	Wertschriftenkauf, Bank	Wertschriften UV	Bank	9

3.3

Nr.	Text	Soll	Haben	Betrag
1.	Rückzahlung Hypothek	Bankdarlehen	Bank	15
2.	Barbezug Bank	Kasse	Bank	2
3.	Kreditkauf Grundstück	Immobilien	Verbindlichkeiten	65
4.	Aufnahme Hypothek, Bank	Bank	Bankdarlehen	45
5.	Kundenüberweisungen, Bank	Bank	Forderungen	6
6.	Barkauf Schneidemaschine	Mobiliar	Kasse	1
7.	Rückzahlung unserer Darlehensschuld	Passivdarlehen	Bank	5
8.	Bareinzahlung am Bankschalter	Bank	Kasse	2
9.	Beteiligung an Rohstofflieferant	Beteiligungen	Bank	45
10.	Wertschriftenverkauf, Bank	Bank	Wertschriften UV	15
11.	Verrechnung Kundenguthaben	Mobiliar	Forderungen	2
12.	Umwandlung Lieferantenschuld	Verbindlichkeiten	Passivdarlehen	3

3.4

Nr.	Text	Soll	Haben	Betrag
1.	Bankbelastung für langfristige Wertschriften	Wertschriften AV	Bank	12
2.	Barverkauf zweier gebrauchter PC-Stationen	Kasse	Büromaschinen, IT	1
3.	Liegenschaftskauf, Bankcheck	Immobilien	Bank	655
4.	Hypothekaraufnahme	Bank	Bankdarlehen	450
5.	Zahlungseingang Inhaber privat	Bank	Eigenkapital	2
6.	Verkauf des alten Fahrzeugs auf Rechnung	Forderungen	Fahrzeuge	4
7.	Sacheinlage Fahrzeug	Fahrzeuge	Eigenkapital	16
8.	Kauf von zwei Computern gegen Rechnung	Büromaschinen, IT	Verbindlichkeiten	6
9.	Überweisung an Lieferanten	Verbindlichkeiten	Bank	5
10.	Umwandlung Kundenguthaben	Aktivdarlehen	Forderungen	5
11.	Teilrückzahlung Hypothek	Bankdarlehen	Bank	15
12.	Teilamortisation Darlehen (vgl. 10.)	Kasse	Aktivdarlehen	3

3.5

Nr.	Text	Soll	Haben	Betrag
1.	Barverkauf Aktenschrank	Kasse	Mobiliar	1
2.	Banküberweisung	Bank B	Bank A	2
3.	Kapitalrückzug Inhaber	Eigenkapital	Kasse	10
4.	Sautter, seine Überweisung	Bank	Forderungen	2
5.	Barbezug Bank	Kasse	Bank	4
6.	Darlehensamortisation bar	Kasse	Aktivdarlehen	1
7.	Banküberweisungen an Lieferanten	Verbindlichkeiten	Bank	3
8.	Kundenüberweisungen Bank	Bank	Forderungen	6
9.	Verkauf Lieferwagen	Kasse	Fahrzeuge	4
10.	Kauf eines neuen Lieferwagens gegen Rechnung	Fahrzeuge	Verbindlichkeiten	29
11.	Banküberweisung für gekauftes Fahrzeug	Verbindlichkeiten	Bank	29
12.	Darlehen an Mitarbeiter	Aktivdarlehen	Kasse	2

3.6

Von Buchungssätzen kann man nicht auf einen bestimmten Geschäftsvorfall schliessen. Wichtig ist, dass man von den genannten Geschäftsvorfällen eindeutig wieder auf den vorgegebenen Buchungssatz gelangt:

Nr.	Buchungssatz			Betrag	Text
1.	Bank	an	Forderungen	650	Kunden zahlen fällige Rechnungen über die Bank
2.	Verbindlichkeiten	an	Bank	852	Lieferantenschulden werden mit Banküberweisung beglichen
3.	Kasse	an	Forderungen	750	Kunden zahlen fällige Rechnungen bar
4.	Fahrzeuge	an	Verbindlichkeiten	35 000	Kauf eines Fahrzeuges gegen Rechnung
5.	Verbindlichkeiten	an	Fahrzeuge	3 500	nachträglicher Rabatt auf das eingekaufte Fahrzeug (vgl. 4.)
6.	Büromaschinen, IT	an	Verbindlichkeiten	15 290	Kauf von IT-Anlage gegen Rechnung
7.	Bank	an	Kasse	900	Bareinzahlung auf Bankkonto
8.	Immobilien	an	Bankdarlehen	250 000	Kauf einer Liegenschaft mit Hypothekarfinanzierung durch die Bank
9.	Eigenkapital	an	Bank	15 000	Privatrechnungen des Inhabers über die Bank bezahlt
10.	Bank	an	Kasse	2 000	Bareinzahlung aufs Bankkonto
11.	Verbindlichkeiten	an	Passivdarlehen	5 000	Lieferant wandelt sein Guthaben in ein Darlehen um
12.	Kasse	an	Mobiliar	350	Barverkauf alter Büromöbel

3.7

Nr.	Buchungssatz			Betrag	Text
1.	Mobiliar	an	Verbindlichkeiten	3 600	Kauf von Büroeinrichtungen gegen Rechnung
2.	Verbindlichkeiten	an	Bank	3 600	Zahlung von Lieferantenschulden über die Bank
3.	Bank	an	Wertschriften UV	8 258	Verkauf von börsengehandelten Wertpapieren durch die Bank
4.	Bank	an	Forderungen	3 654	Kunden zahlen fällige Rechnungen auf unser Bankkonto
5.	Beteiligungen	an	Bank	26 000	Wir beteiligen uns an einer Unternehmung und überweisen den Betrag per Bank
6.	Verbindlichkeiten	an	Passivdarlehen	4 120	Ein Lieferant gewährt uns ein Darlehen und verrechnet den Gegenwert mit seinem Guthaben
7.	Forderungen	an	Büromaschinen, IT	100	Verkauf eines alten Druckers an einen Mitarbeiter gegen Rechnung
8.	Immobilien	an	Bank	350 000	Kauf einer Liegenschaft mit Banküberweisung
9.	Bank	an	Bankdarlehen	250 000	Auf der gekauften Liegenschaft wird ein Grundpfand zugunsten der Bank errichtet und der Betrag dem Bankkonto gutgeschrieben
10.	Fahrzeuge	an	Kasse	28 500	Barkauf eines Lieferwagens
11.	Aktivdarlehen	an	Forderungen	6 280	Wir wandeln eine Kundenforderung in ein Darlehen um
12.	Bank	an	Aktivdarlehen	3 600	Der Kunde zahlt einen Teil seiner Darlehensschuld mit Banküberweisung zurück

3.8

a) Der **Buchungssatz** ist eine Verbuchungsanweisung, welche als erstes jenes Konto benennt, bei dem im Soll gebucht wird und als zweites jenes Konto, bei dem im Haben gebucht wird.

b) Der **Saldo** entspricht der Differenz zwischen Soll- und Habenseite eines Kontos. Zur Saldierung eines Kontos wird er auf der schwächeren (falschen) Seite eingesetzt, damit Soll und Haben ausgeglichen sind.

c) Ein **Konto** ist eine zweiseitige Rechnung, wobei die linke Seite mit Soll, die rechte mit Haben bezeichnet wird. Die Anfangsbestände der Bilanzkonten werden auf jener Seite eingetragen, auf welcher die jeweilige Bilanzposition in der Bilanz steht, d. h. bei Aktivkonten im Soll und bei Passivkonten im Haben.

d) Die Aktiv- und Passivkonten werden mit den Buchungssätzen

Aktivkonto (z. B. Kasse) an *Bilanz*
Bilanz an *Passivkonto (z. B. Passivdarlehen)* eröffnet.

e) Ein Aktivkonto, das zunimmt, hat stets einen Solleintrag (wie der Anfangsbestand). Folglich muss das andere Konto im Haben stehen. Ein Passivkonto, mit einem Habeneintrag, nimmt immer zu (der Eintrag erfolgt dann auf derselben Seite wie der Anfangsbestand des Passivkontos

f) Aus dem Buchungssatz *Bank an Forderungen* kann man entnehmen, dass im Konto *Bank* ein Solleintrag erfolgen muss. Einen Solleintrag können aber Aktivkonten (Zunahme eines Bankguthabens) und Passivkonten (Abnahme einer Bankschuld) haben. Mit anderen Worten: Die Frage lässt sich nicht beantworten; fest steht nur, dass sich das Konto *Bank* zugunsten des Buchenden verändert.

3.9

Buchungen

Nr.	Text	Soll	Haben	Betrag
1.	Eröffnung Aktivkonten	Aktivkonten	Bilanz	585
	Eröffnung Passivkonten	Bilanz	Passivkonten	585
2.	Barkauf zweier PC's	Büromaschinen, IT	Kasse	5
3.	Kundenüberweisungen, Bank	Bank	Forderungen	22
4.	Bareinlage, Bank	Bank	Kasse	29
5.	Barverkauf Auto	Kasse	Fahrzeuge	10
6.	Barbezug Bank	Kasse	Bank	19
7.	Kundenüberweisungen, Bank	Bank	Forderungen	26
8.	Kapitaleinlage bar	Kasse	Eigenkapital	10
9.	Banküberweisung an Lieferanten	Verbindlichkeiten	Bank	24
10.	Barkauf neues Auto	Fahrzeuge	Kasse	25
11.	Maschinenkauf gegen Rechnung	Maschinen	Verbindlichkeiten	25
12.	Verkauf alte Maschine gegen Rechnung	Forderungen	Maschinen	2
13.	Kontenabschluss	Bilanz	Aktivkonten	562
	Kontenabschluss	Passivkonten	Bilanz	562

Konten

S	**Kasse**		H
AB	35	5	②
⑤	10	29	④
⑥	19	25	⑩
⑧	10	**15**	**S**
	74	74	

S	**Forderungen**		H
AB	60	22	③
⑫	2	26	⑦
		14	**S**
	62	62	

S	**Maschinen**		H
AB	230	2	⑫
⑪	25	**253**	**S**
	255	255	

S	**Büromaschinen, IT**		H
AB	90		
②	5	**95**	**S**
	95	95	

S	**Fahrzeuge**		H
AB	170	10	⑤
⑩	25	**185**	**S**
	195	195	

S	**Verbindlichkeiten**		H
⑨	24	60	AB
		25	⑪
S	**61**		
	85	85	

S	**Bank**		H
③	22	45	AB
④	29	19	⑥
⑦	26	24	⑨
S	**11**		
	88	88	

S	**Eigenkapital**		H
		480	AB
		10	⑧
S	**490**		
	490	490	

Schlussbilanz

Aktiven	Schlussbilanz		Passiven
Kasse	15	Verbindlichkeiten	61
Forderungen	14	Bank	11
Maschinen	253	Eigenkapital	490
Büromaschinen, IT	95		
Fahrzeuge	185		
	562		562

b) **Konto Bank**

Das Konto *Bank* wechselt während den Aufzeichnungen mehrmals vom Minus ins Plus und wieder zurück, ohne dass dies bei der Erstellung der Buchungssätze ersichtlich ist.

S	Bank		H	Saldo
		45	AB	− 45
③	22			− 23
④	29			+ 6
		19	⑥	− 13
⑦	26			+ 13
⑩		24	⑨	− 11
S	**11**			
	88	88		

3.10 Tenniscenter

a) **Buchungen**

Nr.	Text	Soll	Haben	Betrag
1.	Eröffnung Aktivkonten	Aktivkonten	Bilanz	124
	Eröffnung Passivkonten	Bilanz	Passivkonten	124
2.	Banküberweisung an Lieferanten	Verbindlichkeiten	Bank	5
3.	Bareinzahlung Bank	Bank	Kasse	4
4.	Cheminéeeinbau Clubhaus	Immobilien	Verbindlichkeiten	8
5.	Kreditverkauf alter Geräte	Forderungen	Mobiliar	2
6.	Überweisung fälliger Rechnungen	Verbindlichkeiten	Bank	8
7.	Kapitalerhöhung über Bank	Bank	Eigenkapital	10
8.	Ausbau Clubhaus	Immobilien	Verbindlichkeiten	35
9.	Banküberweisung von Kunden	Bank	Forderungen	8
10.	Erhöhung Hypothek	Bank	Bankdarlehen	15
11.	Banküberweisung an Lieferanten	Verbindlichkeiten	Bank	38
12.	Barkauf neuer Übungsgeräte	Mobiliar	Kasse	5
13.	Kontenabschluss	Bilanz	Aktivkonten	147
	Kontenabschluss	Passivkonten	Bilanz	147

Konten

Kasse

S			H
AB	13	4	③
		5	⑫
		4	**S**
	13	13	

Bank

S			H
AB	8	5	②
③	4	8	⑥
⑦	10	38	⑪
⑨	8		
⑩	15		
S	**6**		
	51	51	

Forderungen

S			H
AB	13	8	⑨
⑤	2	**7**	**S**
	15	15	

Mobiliar

S			H
AB	10	2	⑤
⑫	5	**13**	**S**
	15	15	

Immobilien

S			H
AB	80		
④	8		
⑧	35	**123**	**S**
	123	123	

Verbindlichkeiten

S			H
②	5	14	AB
⑥	8	8	④
⑪	38	35	⑧
S	**6**		
	57	57	

Bankdarlehen

S			H
		60	AB
		15	⑩
S	**75**		
	75	75	

Eigenkapital

S			H
		50	AB
		10	⑦
S	**60**		
	60	60	

Schlussbilanz

Aktiven	Schlussbilanz		Passiven
Kasse	4	Verbindlichkeiten	6
Forderungen	7	Bank	6
Mobiliar	13	Bankdarlehen	75
Immobilien	123	Eigenkapital	60
	147		147

b) Konto *Bank*

Kommentar zum Konto *Bank:*
Der Saldo des Kontos Bank wechselt während den Aufzeichnungen vom Plus ins Minus, ohne dass dies bei der Erstellung der Buchungssätze erkennbar ist. Erst die Aufzeichnung des laufenden Saldos zeigt dies. Für die Buchungen auf dem Konto Bank spielt es keine Rolle, ob Sie sich ein Bankguthaben oder eine Bankschuld vorstellen.

Bank

S			H	Saldo
AB	8			8
		5	②	3
③	4			7
		8	⑥	− 1
⑦	10			9
⑨	8			17
⑩	15			32
		38		− 6
S	**6**			
	51	51		

3.11 Hotel Sonnenblick

Eröffnungsbilanz

Aktiven	Eröffnungsbilanz		Passiven
Kasse	8	Verbindlichkeiten	22
Wertschriften UV	12	Bankschuld	8
Forderungen	17	Bankdarlehen	170
Lebensmittelvorräte	9	Eigenkapital	130
Beteiligung Bergbahn	10		
Aktivdarlehen an M	8		
Mobiliar	26		
Immobilien	240		
	330		330

Buchungen

Nr.	Text	Soll	Haben	Betrag
1.	Eröffnung Aktivkonten	Aktivkonten	Bilanz	330
	Eröffnung Passivkonten	Bilanz	Passivkonten	330
2.	Banküberweisung von Kunden	Bank	Forderungen	9
3.	Darlehensrückzahlung	Kasse	Aktivdarlehen	2
4.	Rechnung Swimmingpool	Immobilien	Verbindlichkeiten	7
5.	Wertschriftenverkauf	Bank	Wertschriften UV	12
6.	Erhöhung Beteiligung	Beteiligungen	Bank	15
7.	Überweisung diverser Rechnungen	Verbindlichkeiten	Bank	24
8.	Barbezug Bank	Kasse	Bank	5
9.	Barkauf Mobiliar	Mobiliar	Kasse	10
10.	Verkauf altes Mobiliar gegen Rechnung	Forderungen	Mobiliar	2
11.	Amortisation Hypothek	Bankdarlehen	Bank	3
12.	Kauf Trinkgläser gegen Rechnung	Mobiliar	Verbindlichkeiten	2
13.	Kontenabschluss	Bilanz	Aktivkonten	338
	Kontenabschluss	Passivkonten	Bilanz	338

Schlussbilanz

Aktiven	Schlussbilanz		Passiven
Kasse	5	Verbindlichkeiten	7
Forderungen	10	Bankschuld	34
Lebensmittelvorräte	9	Bankdarlehen	167
Beteiligung Bergbahn	25	Eigenkapital	130
Aktivdarlehen	6		
Mobiliar	36		
Immobilien	247		
	338		338

3.12 Schreinerei

Eröffnungsbilanz

Aktiven	Eröffnungsbilanz	Passiven	
Kasse	4	Verbindlichkeiten	28
Bank	29	Passivdarlehen	30
Forderungen	18	Eigenkapital	93
Holzvorräte	10		
Wertschriften AV	15		
Maschinen	25		
Mobiliar	10		
Büromaschinen, IT	12		
Fahrzeuge	28		
	151		151

Buchungen

Nr.	Text	Soll	Haben	Betrag
1.	Eröffnung Aktivkonten	Aktivkonten	Bilanz	151
	Eröffnung Passivkonten	Bilanz	Passivkonten	151
2.	Maschinenkauf auf Rechnung	Maschinen	Verbindlichkeiten	9
3.	Rücksendung Kettensäge	Verbindlichkeiten	Maschinen	4
4.	Überweisungen Lieferantenrechnungen	Verbindlichkeiten	Bank	8
5.	Kundenzahlungen bar	Kasse	Forderungen	1
	Bank	Bank	Forderungen	3
6.	Kapitaleinlage Bank	Bank	Eigenkapital	12
7.	Rückzahlung Darlehensschuld	Passivdarlehen	Bank	10
8.	Kundenüberweisungen Bank	Bank	Forderungen	6
9.	PC-Kauf mit Zusatzgeräten auf Rechnung	Büromaschinen, IT	Verbindlichkeiten	5
10.	Barverkauf alte Buchungsmaschine	Kasse	Büromaschinen, IT	1
11.	Bareinlage Bank	Bank	Kasse	3
12.	Kontenabschluss	Bilanz	Aktivkonten	155
	Kontenabschluss	Passivkonten	Bilanz	155

Schlussbilanz

Aktiven		Schlussbilanz	Passiven
Kasse	3	Verbindlichkeiten	30
Bank	35	Passivdarlehen	20
Forderungen	8	Eigenkapital	105
Holzvorräte	10		
Wertschriften AV	15		
Maschinen	30		
Mobiliar	10		
Büromaschinen, IT	16		
Fahrzeuge	28		
	155		155

3.13 Bergbahn

Eröffnungsbilanz

Aktiven	Eröffnungsbilanz		Passiven
Kasse	5	Verbindlichkeiten	5
Bank	7	Passivdarlehen	30
Forderungen	3	Bankdarlehen	60
Kabinen und Ersatzteile	18	Eigenkapital	83
Maschinen	20		
Mobiliar	5		
Immobilien	120		
	178		178

Buchungen

Nr.	Text	Soll	Haben	Betrag
1.	Eröffnung Aktivkonten	Aktivkonten	Bilanz	178
	Eröffnung Passivkonten	Bilanz	Passivkonten	178
2.	Ausbau Bergstation	Immobilien	Verbindlichkeiten	52
3.	Darlehenserhöhung	Bank	Passivdarlehen	20
4.	Kauf Spezialkabinen	Kabinen und Ersatzteile	Verbindlichkeiten	6
5.	Erhöhung Hypothek	Bank	Bankdarlehen	20
6.	Kapitalerhöhung	Bank	Eigenkapital	40
7.	diverse Rechnungen überweisen	Verbindlichkeiten	Bank	60
8.	Barzahlungen Kunde	Kasse	Forderungen	2
9.	Bareinzahlung Bank	Bank	Kasse	4
10.	Kauf Alp Zital	Immobilien	Bank	10
11.	Schlepplift auf Rechnung	Maschinen	Verbindlichkeiten	8
12.	Barverkauf altes Mobiliar	Kasse	Mobiliar	1
13.	Kontenabschluss	Bilanz	Aktivkonten	264
	Kontenabschluss	Passivkonten	Bilanz	264

Schlussbilanz

Aktiven	Schlussbilanz		Passiven
Kasse	4	Verbindlichkeiten	11
Bank	21	Passivdarlehen	50
Forderungen	1	Bankdarlehen	80
Kabinen und Ersatzteile	24	Eigenkapital	123
Maschinen	28		
Mobiliar	4		
Immobilien	182		
	264		264

4 Unternehmenserfolg und seine Verbuchung

 Didaktische Hinweise

Als Einstieg in das Kapitel bzw. um aufzuzeigen wie Bilanz und Erfolgsrechnung zusammenspielen, schlagen die Autoren folgende Aufgabe vor. Sie finden nachfolgend die Aufgabe mit Lösung und auf der nächsten Seite die Aufgabenstellung als Kopiervorlage.

 **Einführungsaufgabe**

Sie erben CHF 20 000.–. Wie sollen Sie das Geld anlegen?
Auf einem Sparkonto würden Sie höchstens 3 % Zins = CHF 600.– pro Jahr erhalten. In Ihrem Dorf vermisst man einen Spielsalon! Warum nicht einen Spielsalon eröffnen? Sie mieten eine leerstehende Garage, kaufen die nötigen Flipperkästen, «Töggelikästen» usw. und stellen Hausfrauen an, die gerne als Teilzeitbeschäftigte bei Ihnen arbeiten. Sie müssen nicht selber arbeiten, sondern überwachen als Inhaber den Betrieb. Am Ende des Jahres machen Sie den Abschluss.

Geschäftsvorfälle:
1. Bareinlage   20 000.–
2. Kauf von «Maschinen» gegen bar   15 000.–
3. Barzahlung für Plakate und Inserate   500.–
4. Bareinnahmen   17 000.–
5. Zahlung der Miete, bar   2 400.–
6. Zahlung für Strom, Heizung und Reinigung, bar   2 300.–
7. Löhne total, bar   8 000.–
8. Abschreibungen, 10 % auf Anschaffungswert der Maschinen   1 500.–

Aufgabe
a) Berechnen Sie den Gewinn!
b) Verbuchen Sie die Geschäftsvorfälle. Sie dürfen beliebige Konten eröffnen.

Lösung
a) Gewinn = 2 300.–
b) Buchungen:

1. Kasse	an	Eigenkapital	20 000.–
2. Spielmaschinen	an	Kasse	15 000.–
3. Werbeaufwand	an	Kasse	500.–
4. Kasse	an	Spielertrag	17 000.–
5. Raumaufwand	an	Kasse	2 400.–
6. Raumaufwand	an	Kasse	2 300.–
7. Lohnaufwand	an	Kasse	8 000.–
8. Abschreibungen	an	Spielmaschinen	1 500.–

Kopiervorlage:

Sie erben CHF 20 000.–. Wie sollen Sie das Geld anlegen?
Auf einem Sparkonto würden Sie höchstens 3 % Zins = CHF 600.– pro Jahr erhalten. In Ihrem Dorf vermisst man einen Spielsalon! Warum nicht einen Spielsalon eröffnen? Sie mieten eine leerstehende Garage, kaufen die nötigen Flipperkästen, «Töggelikästen» usw. und stellen Hausfrauen an, die gerne als Teilzeitbeschäftigte bei Ihnen arbeiten. Sie müssen nicht selber arbeiten, sondern überwachen als Inhaber den Betrieb. Am Ende des Jahres machen Sie den Abschluss.

Geschäftsvorfälle:

1. Bareinlage   20 000.–
2. Kauf von «Maschinen» gegen bar   15 000.–
3. Barzahlung für Plakate und Inserate   500.–
4. Bareinnahmen   17 000.–
5. Zahlung der Miete, bar   2 400.–
6. Zahlung für Strom, Heizung und Reinigung, bar   2 300.–
7. Löhne total, bar   8 000.–
8. Abschreibungen, 10 % auf Anschaffungswert der Maschinen   1 500.–

Aufgabe

a) Berechnen Sie den Gewinn!

_____

b) Verbuchen Sie die Geschäftsvorfälle. Sie dürfen beliebige Konten eröffnen.

_____

_____

_____

_____

_____

_____

_____

4.1

a) Kino	Aufwand	Gebühren für Filmverleih, Lohnaufwand, Werbeaufwand
	Ertrag	Verkaufsertrag / Eintritte, Einnahmen Kiosk, Werbeeinnahmen

b) Taxibetrieb	Aufwand	Fahrzeugunterhalt (Treibstoff, Mfz-Steuern, Reparaturen, Abschreibungen, usw.), Lohnaufwand Werbeaufwand
	Ertrag	Erträge aus Taxifahrten, Werbeeinnahmen

c) Privatschule	Aufwand	Lohnaufwand Lehrer, Raumaufwand, Verwaltungsaufwand
	Ertrag	Schulgelder, Subventionen

d) Schreinerei	Aufwand	Materialaufwand, Lohnaufwand, Raumaufwand
	Ertrag	Ertrag aus Schreinerarbeiten

e) Hotel	Aufwand	Lohnaufwand, Aufwand aus betrieblichen Liegenschaften, Einkauf Lebensmittel + Getränke
	Ertrag	Beherbergungsertrag, Restaurantertrag

f) Speditions- und Lagerhaus	Aufwand	Transportaufwand, Lohnaufwand, Versicherungsaufwand
	Ertrag	Speditionsertrag, Lagergebühren

g) landwirtschaftlicher Grossbetrieb	Aufwand	Einkauf Futtermittel, Einkauf Saatgut, Lohnaufwand, Unterhalt Maschinen
	Ertrag	Ertrag aus Ackerbau, Ertrag aus Milchwirtschaft, Ertrag aus Viehhandel

4.2

a) Haushaltgeschäft	Aufwand	Handelswarenaufwand
	Ertrag	Handelswarenertrag

b) Rechtsanwaltskanzlei	Aufwand	Lohnaufwand, Verwaltungsaufwand
	Ertrag	Dienstleistungsertrag

c) Fabrikationsbetrieb	Aufwand	Materialaufwand, Lohnaufwand
	Ertrag	Produktionsertrag

d) Radio-TV-Geschäft	Aufwand	Handelswarenaufwand, Materialaufwand, Lohnaufwand
	Ertrag	Handelswarenertrag, Reparaturertrag

e) Bergbahn	Aufwand	Aufwand aus betrieblichen Liegenschaften, Lohnaufwand, Unterhalt
	Ertrag	Transportertrag, Werbeeinnahmen

4.3

a) Handelswarenaufwand, Lohnaufwand, Abschreibungen, übriger Betriebsaufwand, Finanzertrag, Handelswarenertrag, Verwaltungsaufwand

b) Materialaufwand, Aufwand aus betrieblichen Liegenschaften, Produktionsertrag, Lohnaufwand, Finanzertrag, Verwaltungsaufwand, Vertriebsaufwand, übriger Betriebsaufwand, Abschreibungen

c) Lohnaufwand, Finanzaufwand, Verwaltungsaufwand, Kommissionsaufwand, Finanzertrag, Bankbehörden und Personal, Immobilienertrag, Steuern und Abgaben

4.4

a) Hotel-Restaurant

Aufwände	Erfolgsrechnung		Erträge
Lebensmitteleinkäufe	487 400	Einnahmen Restaurationsbetrieb	620 800
Lohnaufwand	150 000	Einnahmen Hotelbetrieb	418 500
Verpflegung Personal	16 700	Einnahmen Vermietung Sitzungslokale	16 200
Reinigung	18 600	verschiedene Einnahmen	1 600
übriger Betriebsaufwand	52 100		
Abschreibung Einrichtungen	88 000		
Schuldzinsen	72 000		
Heizung und Beleuchtung	41 500		
Jahresgewinn	**130 800**		
	1 057 100		1 057 100

b) Druckerei

Aufwände	Erfolgsrechnung		Erträge
Papierverbrauch	176 200	Leistungen an Kunden	486 000
übriger Materialverbrauch	26 800	Verkauf Druckerzeugnisse	27 300
Lohnaufwand	145 700	**Jahresverlust**	**21 800**
Miete Geschäftsräume	72 000		
Unterhalt Einrichtungen	2 700		
übriger Betriebsaufwand	43 100		
Abschreibung Einrichtungen	60 000		
Zinsen Darlehensschuld	8 600		
	535 100		535 100

c) Treuhandbüro

Aufwände	Erfolgsrechnung		Erträge
Lohnaufwand	233 500	Finanzerträge	8 200
Raumaufwand	16 500	Beratungshonorare	92 800
Verwaltungsaufwand	9 100	Provisionen Vermittlung Immobilien	113 500
Reisespesen	6 400	Honorare Buchführungen	87 300
übriger Betriebsaufwand	34 700	**Jahresverlust**	**4 400**
Abschreibungen	6 000		
	306 200		306 200

d) Versicherung

Aufwände	Erfolgsrechnung		Erträge
Schadenszahlungen	3 300 000	Prämieneingänge	3 936 700
Lohnaufwand	337 500	Rückvergütung Versicherungen	117 500
Provisionen Vertreter	196 800	Finanzertrag	725 600
Verwaltungsaufwand	82 800		
Werbeaufwand	118 000		
Reiseentschädigungen Vertreter	93 500		
Abschreibungen	27 300		
Immobilienaufwand	102 500		
Jahresgewinn	**521 400**		
	4 779 800		4 779 800

4.5

Nr.	Text	Buchungssatz			W	U
1.	Zahlung Lieferantenrechnung durch Banküberweisung, 1 700	Verbindlichkeiten an Bank		1 700		X
2.	Gutschrift Bankdarlehen auf Bankkonto, 20 000	Bank	an Passivdarlehen	20 000		X
3.	Belastung Kreditzinsen auf Bankkonto, 700	**Finanzaufwand** an Bank		700	X	
4.	Mietzinszahlung bar an Vermieter der Lagerhalle, 5 400	**Raumaufwand** an Kasse		5 400	X	
5.	Darlehensgewährung an Arbeitnehmer, 2 000 bar	Aktivdarlehen	an Kasse	2 000		X
6.	Verkauf von Erzeugnissen gegen Rechnung, 3 100	Forderungen	an **Produktionsertrag**	3 100	X	
7.	Kauf Werkzeugmaschine, 2 100 bar	Maschinen	an Kasse	2 100		X
8.	Rücksendung fehlerhaftes Rohmaterial, 1 300	Verbindlichkeiten an **Materialaufwand**		1 300	X	
9.	Rückzahlung Darlehen an Gläubiger, 12 000 bar	Passivdarlehen	an Kasse	12 000		X
10.	Kauf von Briefpapier, Banküberweisung, 80	**Verwaltungsaufwand** an Bank		80	X	

W = erfolgswirksam, U = erfolgsunwirksam

4.6

Nr.	Text	Buchungssatz			
1.	Bankgutschrift Mietzinszahlungen, 9 300	Bank	an	Immobilienertrag	9 300
2.	Barauslagen Geschäftsreise, 1 400	übriger Betriebsaufwand	an	Kasse	1 400
3.	Kauf Büromaterial gegen Rechnung, 300	Verwaltungsaufwand	an	Verbindlichkeiten	300
4.	Zinsgutschrift Bank, 140	Bank	an	Finanzertrag	140
5.	Lohnüberweisung an Mitarbeiter durch die Bank, 23 500	Lohnaufwand	an	Bank	23 500
6.	Bank belastet Kontogebühren, 70	Finanzaufwand	an	Bank	70
7.	Ein Kunde erhält Preisnachlass wegen Mängeln auf Lieferung, 300	Handelswarenertrag	an	Forderungen	300
8.	Barkauf von Briefmarken wurde doppelt verbucht; Korrektur, 50	Kasse	an	Verwaltungsaufwand	50
9.	Rechnungsstellung an Kunden für Reparaturarbeiten, 1 700	Forderungen	an	Reparaturertrag	1 700
10.	Gutschrift eines Lieferanten für zuviel berechnete Warenbezüge, 800	Verbindlichkeiten	an	Handelswarenaufwand	800

4.7

1.	Maschinen / Werkzeuge	an Verbindlichkeiten	2 200
2.	Forderungen	an Reparaturertrag	3 100
3.	übriger Betriebsaufwand	an Forderungen	2 900
4.	Lohnaufwand	an Bank	14 300
5.	Bank	an Forderungen	5 600
6.	übriger Betriebsaufwand	an Kasse	310
7.	übriger Betriebsaufwand	an Bank	120
8.	Ersatzteile	an Verbindlichkeiten	1 700
9.	Bankschuld	an Provisionen	350
10.	Abschreibungen	an Maschinen / Werkzeuge	1 700

4.8

1. positiv
2. positiv
3. negativ
4. neutral
5. negativ
6. negativ
7. positiv
8. neutral
9. negativ
10. neutral

4.9 Abschlussbuchungen

Nr.	Soll	Haben	Betrag
a)	Erfolgsrechnung	Lohnaufwand	42 000
	Bilanz	Maschinen	160 000
	Produktionsertrag	Erfolgsrechnung	320 000
b)	Bilanz	Kasse	34 000
	Dienstleistungsertrag	Erfolgsrechnung	201 000
	Erfolgsrechnung	übriger Betriebsaufwand	36 000

4.10 Buchungssätze, Erfolgsrechnung

Nr.	Text	Soll	Haben	a)	b)
1.	Mietzinszahlungen, Bank	Raumaufwand	Bank	22 000	19 600
2.	Kauf Rohmaterial gegen Rechnung	Materialaufwand	Verbindlichkeiten	180 000	109 900
3.	Kauf Schreibtisch, bar	Mobiliar	Kasse	700	1 500
4.	Kauf Maschine gegen Rechnung	Maschinen	Verbindlichkeiten	36 000	41 000
5.	Verkauf Erzeugnisse gegen Rechnung	Forderungen	Produktionsertrag	238 000	172 400
6.	Lohnzahlungen, Bank	Lohnaufwand	Bank	96 600	58 000
7.	Barverkauf Fertigerzeugnisse	Kasse	Produktionsertrag	107 400	89 400
8.	Einkauf Rohmaterial, Bank	Materialaufwand	Bank	15 200	48 300
9.	Abschreibung Maschinen	Abschreibungen	Maschinen	16 000	25 000
10.	Rücksendung durch Kunde	Produktionsertrag	Forderungen	1 500	3 800

a)

Aufwände	Erfolgsrechnung		Erträge
Materialaufwand	195 200	Produktionsertrag	343 900
Lohnaufwand	96 600		
Raumaufwand	22 000		
Abschreibungen	16 000		
Jahresgewinn	**14 100**		
	343 900		343 900

b)

Aufwände	Erfolgsrechnung		Erträge
Materialaufwand	158 200	Produktionsertrag	258 000
Lohnaufwand	58 000	**Jahresverlust**	**2 800**
Raumaufwand	19 600		
Abschreibungen	25 000		
	260 800		260 800

4.11 Spenglerei

a) Buchungen

Nr.	Text	Soll	Haben	Betrag
1.	Kauf Bleche, Rohre	Materialaufwand	Verbindlichkeiten	57 200
2.	Kundenrechnungen	Forderungen	Produktionsertrag	126 700
3.	Zahlungen Kunden	Bank	Forderungen	55 200
4.	Gutschrift	Produktionsertrag	Forderungen	1 600
5.	Lohnzahlungen	Lohnaufwand	Bank	10 600
6.	Lieferantenzahlungen	Verbindlichkeiten	Bank	36 000
7.	Fette / Putzfäden	übriger Betriebsaufwand	Kasse	800
8.	Miete Werkstatt	Raumaufwand	Bank	10 800
9.	Verkauf Altmetalle	Kasse	Materialaufwand	2 700
10.	Schrauben / Muttern	Materialaufwand	Verbindlichkeiten	1 100
11.	Rechnung Drahtwerke Gossau	Materialaufwand	Verbindlichkeiten	25 300
12.	Rücksendung	Verbindlichkeiten	Materialaufwand	2 600
13.	Reinigungsmaterial	übriger Betriebsaufwand	Kasse	600
14.	Abschreibung Einrichtung	Abschreibungen	Mobiliar	3 000
15.	Bankzinsen	Finanzaufwand	Bank	1 800

b) Konten

S	Materialaufwand		H
	57 200	2 700	
	1 100	2 600	
	25 300	**78 300**	S
	83 600	83 600	

S	Lohnaufwand		H
	10 600		
		10 600	S
	10 600	10 600	

S	übriger Betriebsaufwand		H
	800		
	600		
		1 400	S
	1 400	1 400	

S	Raumaufwand		H
	10 800	**10 800**	S
	10 800	10 800	

S	Abschreibungen		H
	3 000	**3 000**	S
	3 000	3 000	

S	Finanzaufwand		H
	1 800	**1 800**	S
	1 800	1 800	

S	Produktionsertrag		H
	1 600	126 700	
S	**125 100**		
	126 700	126 700	

c) Erfolgsrechnung

Aufwände	Erfolgsrechnung		Erträge
Materialaufwand	78 300	Produktionsertrag	125 100
Lohnaufwand	10 600		
Raumaufwand	10 800		
übriger Betriebsaufwand	1 400		
Abschreibungen	3 000		
Finanzaufwand	1 800		
Jahresgewinn	**19 200**		
	125 100		125 100

4.12 Handelsunternehmen

a) Eröffnungsbilanz

Aktiven	Eröffnungsbilanz		Passiven
Kasse	2 000	Verbindlichkeiten	12 800
Bank	102 100	Darlehen	100 000
Forderungen	25 200	Eigenkapital	100 000
Mobiliar	83 500		
	212 800		212 800

b) Buchungen

Nr.	Text	Soll	Haben	Betrag
–	Eröffnung Aktiven	Aktivkonten	Bilanz	212 800
	Eröffnung Passiven	Bilanz	Passivkonten	212 800
1.	Miete	Raumaufwand	Bank	2 600
2.	PC-Kauf	Mobiliar	Verbindlichkeiten	7 000
3.	Warenbezüge	Handelswarenaufwand	Verbindlichkeiten	99 500
4.	Barbezug Bank	Kasse	Bank	11 300
5.	Kundenzahlungen	Bank	Forderungen	19 800
6.	Warenverkäufe	Forderungen	Handelswarenertrag	137 400
7.	Telefongebühren	übriger Betriebsaufwand	Bank	1 200
8.	Heizkosten	Raumaufwand	Verbindlichkeiten	1 900
9.	Lieferantenrechnungen	Verbindlichkeiten	Bank	62 800
10.	Zinsgutschrift	Bank	Finanzertrag	600
11.	Zeitungsinserat	übriger Betriebsaufwand	Kasse	1 100
12.	Warenrücksendung	Handelswarenertrag	Forderungen	400
13.	Bareinzahlung	Bank	Kasse	10 000
14.	Abschreibungen Einrichtung	Abschreibungen	Mobiliar	3 000

15.	Schuldzinsen	Finanzaufwand	Bank	6 000
	Teilrückzahlung	Passivdarlehen	Bank	25 000
c)	Abschluss Aufwandkonten	Erfolgsrechnung	Aufwandkonten	115 300
	Abschluss Ertragskonten	Ertragskonten	Erfolgsrechnung	137 600
	Erfolg	Erfolgsrechnung	Eigenkapital	22 300
d)	Abschluss Aktiven	Bilanz	Aktivkonten	255 700
	Abschluss Passiven	Passivkonten	Bilanz	255 700

Konten

S	Kasse		H
AB	2 000	1 100	
	11 300	10 000	
		2 200	S
	13 300	13 300	

S	Bank		H
AB	102 100	2 600	
	19 800	11 300	
	600	1 200	
	10 000	62 800	
		6 000	
		25 000	
		23 600	S
	132 500	132 500	

S	Forderungen		H
AB	25 200	19 800	
	137 400	400	
		142 400	S
	162 600	162 600	

S	Mobiliar		H
AB	83 500	3 000	
	7 000		
		87 500	S
	90 500	90 500	

S	Verbindlichkeiten		H
	62 800	12 800	AB
		7 000	
		99 500	
S	58 400	1 900	
	121 200	121 200	

S	Passivdarlehen		H
	25 000	100 000	AB
S	**75 000**		
	100 000	100 000	

S	Eigenkapital		H
		100 000	AB
S	**122 300**	22 300	
	122 300	122 300	

S	Handelswarenaufwand		H
	99 500		
		99 500	S
	99 500	99 500	

S	Raumaufwand		H
	2 600		
	1 900	**4 500**	S
	4 500	4 500	

S	Abschreibungen		H
	3 000		
		3 000	S
	3 000	3 000	

S	Finanzaufwand		H
	6 000		
		6 000	S
	6 000	6 000	

S	übriger Betriebsaufwand		H
	1 200		
	1 100	**2 300**	S
	2 300	2 300	

S	Handelswarenertrag		H
	400	137 400	
S	**137 000**		
	137 400	137 400	

S	Finanzertrag		H
		600	
S	**600**		
	600	600	

c) Erfolgsrechnung

Aufwände	Erfolgsrechnung		Erträge
Handelswarenaufwand	99 500	Handelswarenertrag	137 000
Raumaufwand	4 500	Finanzertrag	600
übriger Betriebsaufwand	2 300		
Abschreibungen	3 000		
Finanzaufwand	6 000		
Jahresgewinn	**22 300**		
	137 600		137 600

d) Schlussbilanz

Aktiven	Schlussbilanz		Passiven
Kasse	2 200	Verbindlichkeiten	58 400
Bank	23 600	Passivdarlehen	75 000
Forderungen	142 400	Eigenkapital	122 300
Mobiliar	87 500		
	255 700		255 700

4.13 Personalberatung und Stellenvermittlung

a) Eröffnungsbilanz

Aktiven	Eröffnungsbilanz		Passiven
Kasse	2 000	Verbindlichkeiten	3 800
Bank	41 100	Passivdarlehen	70 000
Forderungen	25 800	Eigenkapital	58 600
Mobiliar	63 500		
	132 400		132 400

b) Buchungen

Nr.	Text	Soll	Haben	Betrag
–	Eröffnung Aktiven	Aktivkonten	Bilanz	132 400
	Eröffnung Passiven	Bilanz	Passivkonten	132 400
1.	Büromiete	Raumaufwand	Bank	2 600
2.	PC-Kauf	Mobiliar	Verbindlichkeiten	11 000
3.	Büromaterialbezüge	übriger Betriebsaufwand	Verbindlichkeiten	700
4.	Barbezug Bank	Kasse	Bank	11 300
5.	Kundenzahlungen	Bank	Forderungen	22 600
6.	Beratungshonorare	Forderungen	Beratungsertrag	12 500
7.	Telefongebühren	übriger Betriebsaufwand	Bank	1 200

8.	Heizkosten	Raumaufwand	Verbindlichkeiten	1 900
9.	Lieferantenrechnungen	Verbindlichkeiten	Bank	5 100
10.	Zinsgutschrift	Bank	Finanzertrag	600
11.	Zeitungsinserat	übriger Betriebsaufwand	Kasse	1 100
12.	Lohnzahlungen	Lohnaufwand	Bank	22 000
13.	Bareinzahlung	Bank	Kasse	10 000
14.	Vermttlungsprovisionen	Forderungen	Vermittlungsertrag	34 800
15.	Abschreibungen Einrichtung	Abschreibungen	Mobiliar	3 000
16.	Schuldzinsen	Finanzaufwand	Bank	5 600
	Teilamortisation	Passivdarlehen	Bank	15 000
c)	Abschluss Aufwandkonten	Erfolgsrechnung	Aufwandkonten	38 100
	Abschluss Ertragskonten	Ertragskonten	Erfolgsrechnung	47 900
	Erfolg	Erfolgsrechnung	Eigenkapital	9 800
d)	Abschluss Aktiven	Bilanz	Aktivkonten	135 700
	Abschluss Passiven	Passivkonten	Bilanz	135 700

Konten

S	Kasse		H
AB	2 000	1 100	
	11 300	10 000	
		2 200	S
	13 300	13 300	

S	Bank		H
AB	41 100	2 600	
	22 600	11 300	
	600	1 200	
	10 000	5 100	
		22 000	
		5 600	
		15 000	
		11 500	S
	74 300	74 300	

S	Forderungen		H
AB	25 800	22 600	
	12 500		
	34 800		
		50 500	S
	73 100	73 100	

S	Mobiliar		H
AB	63 500	3 000	
	11 000		
		71 500	S
	74 500	74 500	

S	Verbindlichkeiten		H
	5 100	3 800	AB
		11 000	
		700	
S	**12 300**	1 900	
	17 400	17 400	

S	Passivdarlehen		H
	15 000	70 000	AB
S	**55 000**		
	70 000	70 000	

S	Eigenkapital		H
		58 600	AB
S	**68 400**	9 800	
	68 400	68 400	

S	Lohnaufwand		H
22 000			
	22 000	**S**	
22 000	22 000		

S	Raumaufwand		H
2 600			
1 900	**4 500**	**S**	
4 500	4 500		

S	Abschreibungen		H
3 000			
	3 000	**S**	
3 000	3 000		

S	Finanzaufwand		H
5 600			
	5 600	**S**	
5 600	5 600		

S	übriger Betriebsaufwand		H
700			
1 200			
1 100	**3 000**	**S**	
3 000	3 000		

S	Beratungsertrag		H
		12 500	
S	**12 500**		
12 500	12 500		

S	Vermittlungsertrag		H
S	**34 800**	34 800	
34 800	34 800		

S	Finanzertrag		H
	600	600	**S**
600	600		

c) Erfolgsrechnung

Aufwände	Erfolgsrechnung		Erträge
Lohnaufwand	22 000	Beratungsertrag	12 500
Raumaufwand	4 500	Vermittlungsertrag	34 800
übriger Betriebsaufwand	3 000	Finanzertrag	600
Abschreibungen	3 000		
Finanzaufwand	5 600		
Jahresgewinn	**9 800**		
	47 900		47 900

d) Schlussbilanz

Aktiven	Schlussbilanz		Passiven
Kasse	2 200	Verbindlichkeiten	12 300
Bank	11 500	Passivdarlehen	55 000
Forderungen	50 500	Eigenkapital	68 400
Mobiliar	71 500		
	135 700		135 700

4.14

	a)	b)	c)	d)
betriebliche Aufwände	1 000	**2 400**	9 900	**2 150**
neutrale Aufwände	200	**600**	**400**	**200**
Gesamtaufwand	**1 200**	3 000	**10 300**	2 350
betriebliche Erträge	1 300	**2 900**	**10 000**	2 000
neutrale Erträge	300	900	200	**300**
Gesamtertrag	**1 600**	3 800	**10 200**	2 300
Betriebserfolg	**300**	500	100	**– 150**
neutraler Erfolg	**100**	**300**	– 200	100
Jahreserfolg	**400**	800	**– 100**	– 50

4.15 Autogarage

a) einstufige Erfolgsrechnung

Aufwände	Erfolgsrechnung		Erträge
Neuwageneinkauf	800	Neuwagenverkäufe	1 100
Eintausch Occasionen	220	Verkauf Occasionen	250
Material- und Ersatzteilaufwand	400	Reparaturertrag	1 200
Lohnaufwand	350	Finanzertrag	20
Raumaufwand	200	Immobilienertrag	210
Verwaltungsaufwand	70		
Werbung	30		
Abschreibungen	110		
Finanzaufwand	60		
Immobilienaufwand	180		
Jahresgewinn	**360**		
	2 780		2 780

zweistufige Erfolgsrechnung

Aufwände	Erfolgsrechnung		Erträge
Betriebsaufwände	2 240	Betriebserträge	2 570
Betriebsgewinn	**330**		
	2 570		2 570

neutrale Aufwände	180	Betriebsgewinn	330
Jahresgewinn	**360**	neutrale Erträge	210
	540		540

b) einstufige Erfolgsrechnung = **Jahresgewinn 20**

zweistufige Erfolgsrechnung

Aufwände		Erfolgsrechnung	Erträge
Betriebsaufwände	2 180	Betriebserträge	2 160
		Betriebsverlust	**20**
	2 180		2 180
Betriebsverlust	20	Immobilienertrag	300
Immobilienaufwand	260		
Jahresgewinn	**20**		
	300		300

c) einstufige Erfolgsrechnung = **Verlust 10**

zweistufige Erfolgsrechnung

Aufwände		Erfolgsrechnung	Erträge
Betriebsaufwände	2 560	Betriebserträge	2 570
Betriebsgewinn	**10**		
	2 570		2 570
Immobilienaufwand	200	Betriebsgewinn	10
		Immobilienertrag	180
		Jahresverlust	**10**
	200		200

4.16 Treuhandunternehmen

Nr.	Text	Soll	Haben	Betrag
1.1.	Eröffnung Aktiven	Aktivkonten	Bilanz	57 000
	Eröffnung Passiven	Bilanz	Passivkonten	57 000
1.1.	Rechnung an Brunner	Forderungen	Dienstleistungsertrag	35 000
13.1.	Rechnung an Meier	Forderungen	Dienstleistungsertrag	8 000
15.2.	Bareinnahmen Eurosound	Kasse	Dienstleistungsertrag	1 000
25.2.	Lohnüberweisung	Lohnaufwand	Bank	12 000
26.2.	Miete Geschäftsräume	Raumaufwand	Kasse	6 000
26.2.	Drucksachen, Porti bar	Verwaltungsaufwand	Kasse	3 000
27.3.	Kauf PC	Mobiliar	Verbindlichkeiten	2 500
28.3.	Darlehenszinsen	Finanzaufwand	Bank	600
29.3.	Telefongebühren Lastschrift	Verwaltungsaufwand	Bank	1 500
29.3.	Autoversicherungsprämien	übriger Betriebsaufwand	Bank	900
31.3.	Abschluss Aufwandkonten	Erfolgsrechnung	Aufwandkonten	24 000
	Abschluss Ertragskonten	Ertragskonten	Erfolgsrechnung	44 000
	Erfolg (Gewinn)	Erfolgsrechnung	Eigenkapital	20 000
31.3.	Abschluss Aktiven	Bilanz	Aktivkonten	79 500
	Abschluss Passiven	Passivkonten	Bilanz	79 500

Konten

S	Kasse		H
AB	10 000	6 000	
	1 000	3 000	
		2 000	S
	11 000	11 000	

S	Bank		H
AB	21 000	12 000	
		600	
		1 500	
		900	
		6 000	S
	21 000	21 000	

S	Forderungen		H
AB	0		
	35 000		
	8 000	**43 000**	S
	43 000	43 000	

S	Mobiliar		H
AB	15 000		
	2 500		
		17 500	S
	17 500	17 500	

S	Fahrzeuge		H
AB	11 000		
		11 000	S
	11 000	11 000	

S	Verbindlichkeiten		H
		13 000	AB
S	**15 500**	2 500	
	15 500	15 500	

S	Passivdarlehen		H
		20 000	AB
S	**20 000**		
	20 000	20 000	

S	Eigenkapital		H
		24 000	AB
S	**44 000**	20 000	
	44 000	44 000	

S	Lohnaufwand		H
	12 000	12 000	S
	12 000	12 000	

S	Raumaufwand		H
	6 000	6 000	S
	6 000	6 000	

S	Finanzaufwand		H
	600	600	S
	600	600	

S	Verwaltungsaufwand		H
	3 000		
	1 500		
		4 500	S
	4 500	4 500	

S	übriger Betriebsaufwand		H
	900		
		900	S
	900	900	

S	Dienstleistungsertrag		H
		35 000	
		8 000	
S	44 000	1 000	
	44 000	44 000	

Aufwände	Erfolgsrechnung		Erträge
Lohnaufwand	12 000	Dienstleistungsertrag	44 000
Raumaufwand	6 000		
Verwaltungsaufwand	4 500		
übriger Betriebsaufwand	900		
Finanzaufwand	600		
Jahresgewinn	**20 000**		
	44 000		44 000

Aktiven	Schlussbilanz		Passiven
Kasse	2 000	Verbindlichkeiten	15 500
Bank	6 000	Passivdarlehen	20 000
Forderungen	43 000	Eigenkapital	44 000
Mobiliar	17 500		
Fahrzeuge	11 000		
	79 500		79 500

4.17 Fitness Center

Nr.	Text	Soll	Haben	Betrag
–	Eröffnung	Aktivkonten Bilanz	Bilanz Passivkonten	141 400 141 400
1.	Spinningvelo	Mobiliar	Verbindlichkeiten	1 800
2.	Bareinnahmen	Kasse	Ertrag Eintritte	80 000
3.	Teilrückzahlung Darlehensschuld	Passivdarlehen	Bank	6 000
4.	Gerätereparaturen	Reparaturaufwand	Verbindlichkeiten	2 600
5.	Rabattgutschrift (vgl. 1.)	Verbindlichkeiten	Mobiliar	100
6.	Löhne	Lohnaufwand	Bank	30 000
7.	Kundeneinzahlungen	Bank	Forderungen	11 000
8.	Abschreibungen Geräte	Abschreibungen	Mobiliar	12 000
9.	Reinigung Räumlichkeiten	Raumaufwand	Kasse	3 000
10.	Belastung Telefongebühren	übriger Betriebsaufwand	Bank	600
11.	Zeitungsinserate	übriger Betriebsaufwand	Kasse	1 500
12.	Bareinlage Bank	Bank	Kasse	70 000
13.	diverse Überweisungen	Verbindlichkeiten	Bank	5 000
14.	Miete	Raumaufwand	Bank	4 000
15.	Abschluss Aufwandkonten Abschluss Ertragskonten Erfolg (Gewinn)	Erfolgsrechnung Ertragskonten Erfolgsrechnung	Aufwandkonten Erfolgsrechnung Eigenkapital	53 700 80 000 26 300
16.	Abschluss Aktiven Abschluss Passiven	Bilanz Passivkonten	Aktivkonten Bilanz	161 000 161 000

Konten

S	Kasse		H
AB	800	3 000	
	80 000	1 500	
		70 000	
		6 300	S
	80 800	80 800	

S	Bank		H
AB	40 600	6 000	
	11 000	30 000	
	70 000	600	
		5 000	
		4 000	
		76 000	S
	121 600	121 600	

S	Forderungen		H
AB	15 000	11 000	
		4 000	S
	15 000	15 000	

S	Mobiliar		H
AB	85 000	100	
	1 800	12 000	
		74 700	S
	86 800	86 800	

S	Verbindlichkeiten		H
	100	32 000	AB
	5 000	1 800	
S	**31 300**	2 600	
	36 400	36 400	

S	Passivdarlehen		H
	6 000	50 000	AB
S	**44 000**		
	50 000	50 000	

S	Eigenkapital		H
		59 400	AB
S	**85 700**	26 300	
	85 700	85 700	

S	Lohnaufwand		H
	30 000		
		30 000	S
	30 000	30 000	

S	Raumaufwand		H
	4 000		
	3 000	**7 000**	S
	7 000	7 000	

S	Reparaturaufwand		H
	2 600		
		2 600	S
	2 600	2 600	

S	Abschreibungen		H
	12 000		
		12 000	S
	12 000	12 000	

S	übriger Betriebsaufwand		H
	600		
	1 500	**2 100**	S
	2 100	2 100	

S	Ertrag Eintritte		H
		80 000	
S	**80 000**		
	80 000	80 000	

Aufwände		Erfolgsrechnung	Erträge
Lohnaufwand	30 000	Ertrag Eintritte	80 000
Raumaufwand	7 000		
Reparaturaufwand	2 600		
übriger Betriebsaufwand	2 100		
Abschreibungen	12 000		
Jahresgewinn	**26 300**		
	80 000		80 000

Aktiven	Schlussbilanz		Passiven
Kasse	6 300	Verbindlichkeiten	31 300
Bank	76 000	Passivdarlehen	44 000
Forderungen	4 000	Eigenkapital	85 700
Mobiliar	74 700		
	161 000		161 000

4.18 Kino

Nr.	Text	Soll	Haben	Betrag
–	Eröffnung	Aktivkonten Bilanz	Bilanz Passivkonten	290 700 290 700
1.	Billettverkauf	Kasse	Ertrag Billette	125 000
2.	Löhne	Lohnaufwand	Kasse	62 000
3.	Filmmiete	Filmmiete	Kasse	20 000
4.	Rückvergütung Filmmängel	Bank	Filmmiete	300
5.	Bareinlage	Bank	Kasse	30 000
6.	Überweisung Darlehenszinsen	Finanzaufwand	Bank	6 000
7.	Teilamortisation Passivdarlehen	Passivdarlehen	Bank	10 000
8.	Kauf Filmprojektor	Apparate / Mobiliar	Kasse	5 000
9.	Abschreibungen Apparate Abschreibungen Immobilien	Abschreibungen Abschreibungen	Apparate / Mobiliar Immobilien	5 000 10 000
10.	Werbespoteinnahmen	Bank	Ertrag Werbung	7 500
11.	Verkauf alter Filmprojektor	Kasse	Apparate / Mobiliar	600
12.	Abschluss Aufwandkonten Abschluss Ertragskonten Erfolg (Gewinn)	Erfolgsrechnung Ertragskonten Erfolgsrechnung	Aufwandkonten Erfolgsrechnung Eigenkapital	102 700 132 500 29 800
13.	Abschluss Aktiven Abschluss Passiven	Bilanz Passivkonten	Aktivkonten Bilanz	310 500 310 500

Konten

S	Kasse		H
AB	6 500	62 000	
	125 000	20 000	
	600	30 000	
		5 000	
		15 100	S
	132 100	132 100	

S	Bank		H
AB	4 200	6 000	
	300	10 000	
	30 000		
	7 500		
		26 000	S
	42 000	42 000	

S	Apparate/Mobiliar		H
AB	30 000	5 000	
	5 000	600	
		29 400	S
	35 000	35 000	

S	Immobilien		H
AB	250 000	10 000	
		240 000	S
	250 000	250 000	

S	Passivdarlehen		H
		10 000	170 000	AB
	S	**160 000**		
		170 000	170 000	

S	Eigenkapital		H
			120 700	AB
	S	**150 500**	29 800	
		150 500	150 500	

S	Filmmiete		H
	20 000	300	
		19 700	S
	20 000	20 000	

S	Finanzaufwand		H
	6 000		
		6 000	S
	6 000	6 000	

S	Lohnaufwand		H
	62 000		
		62 000	S
	62 000	62 000	

S	Abschreibungen		H
	5 000		
	10 000	**15 000**	S
	15 000	15 000	

S	Ertrag Billette		H
		125 000	
	S	**125 000**	
	125 000	125 000	

S	Ertrag Werbung		H
		7 500	
	S	**7 500**	
	7 500	7 500	

Aufwände	Erfolgsrechnung	Erträge	
Filmmiete	19 700	Ertrag Billette	125 000
Lohnaufwand	62 000	Ertrag Werbung	7 500
Abschreibungen	15 000		
Finanzaufwand	6 000		
Jahresgewinn	**29 800**		
	132 500		132 500

Aktiven	Schlussbilanz	Passiven	
Kasse	15 100	Passivdarlehen	160 000
Bank	26 000	Eigenkapital	150 500
Apparate / Mobiliar	29 400		
Immobilien	240 000		
	310 500		310 500

4.19 Reklameatelier

Nr.	Text	Soll	Haben	Betrag
–	Eröffnung	Aktivkonten	Bilanz	258 000
		Bilanz	Passivkonten	258 000
1.	Überweisung Forderungen	Bank	Forderungen	25 500
2.	Verrechnung Dekoration	Verbindlichkeiten	Dienstleistungsertrag	2 600
3.	Versicherung Auto	übriger Betriebsaufwand	Bank	750
4.	Rechnung Möbelhaus	Forderungen	Dienstleistungsertrag	14 500
5.	Möbelhaus Sachleistung	Mobiliar	Forderungen	12 000
	Möbelhaus Barzahlung	Kasse	Forderungen	2 500
6.	Rechnung Turnherr, Messestand	Forderungen	Dienstleistungsertrag	2 000
7.	nachträglicher Rabatt, Turnherr	Dienstleistungsertrag	Forderungen	200
8.	Lohnüberweisung	Lohnaufwand	Bank	110 000
9.	Rechnungen	Forderungen	Dienstleistungsertrag	180 000
10.	Stromrechnung	übriger Betriebsaufwand	Verbindlichkeiten	1 100
11.	Miete	Raumaufwand	Bank	10 500
12.	Abschreibung Auto	Abschreibungen	Fahrzeuge	2 500
13.	Abschluss Aufwandkonten	Erfolgsrechnung	Aufwandkonten	124 850
	Abschluss Ertragskonten	Ertragskonten	Erfolgsrechnung	198 900
	Erfolg (Gewinn)	Erfolgsrechnung	Eigenkapital	74 050
14.	Abschluss Aktiven	Bilanz	Aktivkonten	330 550
	Abschluss Passiven	Passivkonten	Bilanz	330 550

Konten

S	Kasse		H
AB	12 000		
	2 500		
		14 500	S
	14 500	14 500	

S	Bank		H
AB	150 000	750	
	25 500	110 000	
		10 500	
		54 250	S
	175 500	175 500	

S	Forderungen		H
AB	75 000	25 500	
	14 500	12 000	
	2 000	2 500	
	180 000	200	
		231 300	S
	271 500	271 500	

S	Mobiliar		H
AB	9 500		
	12 000	21 500	S
	21 500	21 500	

S	Fahrzeuge		H
AB	11 500	2 500	
		9 000	S
	11 500	11 500	

S	Verbindlichkeiten		H
		2 600	66 000	AB
S	64 500	1 100	
	67 100	67 100	

S	Eigenkapital		H
		192 000	AB
S	266 050	74 050	
	266 050	266 050	

S	Lohnaufwand		H
	110 000		
		110 000	S
	110 000	110 000	

S	Raumaufwand		H
	10 500		
		10 500	S
	10 500	10 500	

S	Abschreibungen		H
	2 500		
		2 500	S
	2 500	2 500	

S übriger Betriebsaufwand H			
	750		
	1 100		
		1 850	S
	1 850	1 850	

S	Dienstleistungsertrag		H
		200	2 600
			14 500
			2 000
	S	198 900	180 000
	199 100	199 100	

Aufwände	Erfolgsrechnung		Erträge
Lohnaufwand	110 000	Dienstleistungsertrag	198 900
Raumaufwand	10 500		
übriger Betriebsaufwand	1 850		
Abschreibungen	2 500		
Jahresgewinn	**74 050**		
	198 900		198 900

Aktiven	Schlussbilanz		Passiven
Kasse	14 500	Verbindlichkeiten	64 500
Bank	54 250	Eigenkapital	266 050
Forderungen	231 300		
Mobiliar	21 500		
Fahrzeuge	9 000		
	330 550		330 550

5 Konten des Eigentümers

 Lösungen

5.1

a) Das Eigenkapital entspricht dem Betrag, den der Geschäftsinhaber der Unternehmung langfristig zur Verfügung gestellt hat.

b) • für laufende Bezüge und Einlagen
  • Übersichtlichkeit
  • Das Konto *Privat* ist ein Unterkonto des Kontos *Eigenkapital*.

c) Der Saldo des Kontos *Eigenkapital* wird kleiner.

d) 1. Der Jahresgewinn wird kleiner.
  2. Das Einkommen des Geschäftsinhabers bleibt unverändert.
  3. Der Saldo des Kontos *Eigenkapital* bleibt unverändert.

e) Wenn Eigenlohn und Zinsansprüche nicht als Aufwand gebucht werden.

f) Der Habenüberschuss entspricht der rechnerischen Schuld gegenüber dem Eigentümer. Hätte das Eigenkapital einen Sollüberschuss, so wären die Ansprüche der Fremdkapitalgläubiger nicht mehr gedeckt. In diesem Fall haftet der Eigentümer mit seinem Privatvermögen.

5.2

a) Buchungen

Nr.	Text	Soll	Haben	Betrag
1.	Geschäftsspesen privat bezahlt	übriger Betriebsaufwand	Privat	50
2.	private Zahnarztrechnung	Privat	Bank	260
3.	Barentnahme Kasse	Privat	Kasse	1 000
4.	Kost / Logis Arbeitnehmer	Lohnaufwand	Privat	900
5.	Einbringung Liegenschaft	Immobilien	Eigenkapital	150 000
6.	Eigenzins	Finanzaufwand	Privat	5 000
7.	Übernahme Mobilien	Privat	Mobiliar	2 000
8.	Ausgleich Konto Privat	Eigenkapital	Privat	3 000

b) Ein Sollüberschuss des Kontos *Privat* bedeutet, dass der Geschäftsinhaber mehr bezogen hat, als ihm eigentlich zusteht. Deshalb wird der Saldo des Kontos *Privat* ins Soll des Konto *Eigenkapital* gebucht. Dies bedeutet eine Kapitalverminderung.

5.3

a) Buchungen

Nr.	Text	Soll	Haben	Betrag
1.	Eröffnung	Bilanz	Eigenkapital	50 000
2.	Sacheinlage Immobilien Übernahme Hypothek	Immobilien Eigenkapital	Eigenkapital Bankdarlehen	650 000 250 000
3.	private Zahnarztrechnung	Privat	Bank	2 250
4.	Gartenarbeit Mitarbeiter	Privat	Lohnaufwand	850
5.	Ferienjob Sohn	Lohnaufwand	Kasse	630
6.	Kapitalrückzug	Eigenkapital	Bank	6 000
7.	Kapitalerhöhung Sacheinlage	Bank Fahrzeuge	Eigenkapital Eigenkapital	15 000 18 000
8.	Eigenlohn Eigenzins	Lohnaufwand Finanzaufwand	Privat Privat	80 000 7 905*
9.	Ausgleich Privat	Privat	Eigenkapital	84 805
10.	Erfolg Abschluss Eigenkapital	Erfolgsrechnung Eigenkapital	Eigenkapital Bilanz	39 445 601 250

$$* \text{ durchschnittliches EK} = \frac{(50\,000 + 477\,000)}{2} \cdot \frac{3}{100} = 7\,905$$

S	Eigenkapital		H	S	Privat		H	A	Erfolgsrechnung		E
	250 000	50 000	AB		2 250	80 000			486 500	613 850	
	6 000	650 000			850	7 905			80 000		
		15 000			84 805				7 905		
		18 000						RG	39 445		
		84 805									
S	601 250	39 445									
	857 250	857 250			87 905	87 905			613 850	613 850	

b) Unternehmereinkommen

Eigenlohn	CHF	80 000
Eigenzins	CHF	7 905
Erfolg	CHF	39 445
Unternehmereinkommen	**CHF**	**127 350**

5.4

Nr.	Text	Soll	Haben	Betrag
1.	Weiterbildungspesen Hotel*	übr. Betriebsaufwand	Privat	426.–
2.	Kapitalrückzug	Eigenkapital	Bank	5 000.–
3.	Belastung für neuen PC	Mobiliar	Privat	1 430.–
4.	Arbeitslohn Tochter	Lohnaufwand	Kasse	820.–
5.	Barbezug aus Kasse	Privat	Kasse	600.–
6.	Privatrechnung	Privat	Bank	134.–
7.	Eigenlohn	Lohnaufwand	Privat	50 000.–
	Eigenzins	Finanzaufwand	Privat	2 000.–
8.	Jahresgewinn	ER	Eigenkapital	8 000.–
9.	Ausgleich Privat	Privat	Eigenkapital	40 248.–
10.	Abschluss EK	Eigenkapital	Bilanz	97 248.–

S	Eigenkapital		H
	5 000	54 000	AB
		8 000	JG
		40 248	
S	97 248		
	102 248	102 248	

S	Privat		H
	12 874	426	
	600	1 430	
	134	50 000	
	40 248	2 000	
	53 856	53 856	

* Unternehmen mit einer umfassenden Lohnbuchhaltung buchen Reise- und Weiterbildungsspesen im Konto *übriger Personalaufwand*.

5.5

Nr.	Text	Soll	Haben	Betrag
1.	Einkauf Briefpapier	Verwaltungsaufwand	Verbindlichkeiten	586.–
2.	Kapitaleinlage	Bank	Eigenkapital	50 000.–
3.	Eigenmiete	Raumaufwand	Privat	6 000.–
4.	Privatübernahme PC	Privat	Büromaschinen, IT	80.–
5.	Kapitalrückzug	Eigenkapital	Bank	24 000.–
6.	Eigenlohn	Lohnaufwand	Privat	80 000.–
7.	private Steuerrechnung	Privat	Bank	8 936.–
	Bankbezug, privat	Privat	Bank	18 000.–
8.	Eigenzins	Finanzaufwand	Privat	6 900.–
9.	Jahresgewinn	ER	Eigenkapital	21 000.–
10.	Ausgleich Privat	Privat	Eigenkapital	78 236.–
	Abschluss EK	Eigenkapital	Bilanz	250 236.–

durchschnittliches EK = (125 000 + 151 000)/2 * 5/100 = 6 900.–

S	Eigenkapital	H		S	Privat	H
	24 000	125 000	AB		5 648	6 000
		50 000			80	80 000
		21 000	JG		8 936	6 900
		60 236			18 000	
S	**232 236**				60 236	
	256 236	256 236			92 900	92 900

5.6

a)

S	Eigenkapital	H		S	Privat	H		A	Erfolgsrechnung	E
		220	AB		40	5			65	130
		15			15	50			50	
S	**250**	15	JG					**JG**	**15**	
	250	250			55	55			130	130

Eigenlohn /-zins	CHF	50 000
Jahresgewinn	CHF	15 000
Unternehmereinkommen	**CHF**	**65 000**

b)

S	Eigenkapital		H
	5	85	AB
		15	
S	127	32	JG
	132	132	

S	Privat		H
	10		
	15	25	
	25	25	

A	Erfolgsrechnung		E
	29	86	
	25		
JG	32		
	86	86	

Eigenlohn /-zins	CHF	25 000
Jahresgewinn	CHF	32 000
Unternehmereinkommen	**CHF**	**57 000**

c)

S	Eigenkapital		H
		180	AB
	15	15	
S	210	30	JG
	225	225	

S	Privat		H
	70	25	
		30	
		15	
	70	70	

A	Erfolgsrechnung		E
	250	310	
	30		
JG	30		
	310	310	

Eigenlohn /-zins	CHF	30 000
Jahresgewinn	CHF	30 000
Unternehmereinkommen	**CHF**	**60 000**

d)

S	Eigenkapital		H
JV	28	540	AB
	14	100	
S	598		
	640	640	

S	Privat		H
	130	26	
		90	
		14	
	130	130	

A	Erfolgsrechnung		E
	193	255	
	90	28	JV
	283	283	

Eigenlohn /-zins	CHF	90 000
Jahresverlust	CHF	− 28 000
Unternehmereinkommen	**CHF**	**62 000**

5.7

a)

S	Eigenkapital		H		S	Privat		H		S	Erfolgsrechnung		H
JV	2 000	150 000	AB			7 500	6 000				245 000	243 000	
		10 000				1 200	3 000					**2 000**	JV
S	**158 300**	300				300							
	160 300	160 300				9 000	9 000				245 000	245 000	

b)

Eigenlohn	CHF	6 000
Eigenzins	CHF	3 000
Jahresverlust	CHF	– 2 000
Unternehmereinkommen	**CHF**	**7 000**

5.8

a)

S	Privat		H	S	Eigenkapital		H	A	ER vor Lohn / Zins		E
	20 000	0	EL		20 000	255 000	AB	Lohn	0	75 321	prov. JG
		0	EZ			75 321	JG	Zins	0		
		20 000		**S**	**310 321**			**JG**	**75 321**		
	20 000	20 000			330 321	330 321			75 321	75 321	

Unternehmereinkommen

Eigenlohn	CHF	0
Eigenzins	CHF	0
Erfolg (Gewinn)	CHF	75 321
Unternehmereinkommen	**CHF**	**75 321**

b)

S	Privat		H	S	Eigenkapital		H	A	ER vor Lohn / Zins		E
	20 000	48 000	EL			255 000	AB	Lohn	48 000	75 321	prov. JG
	38 200	10 200	EZ			38 200		Zins	10 200		
				S	**310 321**	17 121	JG	**JG**	**17 121**		
	58 200	58 200			310 321	330 321			75 321	75 321	

Unternehmereinkommen

Eigenlohn	CHF	48 000
Eigenzins	CHF	10 200
Erfolg (Gewinn)	CHF	17 121
Unternehmereinkommen	**CHF**	**75 321**

c)

S	Privat		H	S	Eigenkapital		H	A	ER vor Lohn / Zins			E
	20 000	72 000	EL	JV	3 054	255 000	AB	Lohn	72 000	75 321	prov. JG	
	58 375	6 375	EZ			58 375		Zins	6 375	**3 054**	**JV**	
				S	**310 321**							
	78 375	78 375			313 375	313 375			78 375	78 375		

Unternehmereinkommen

Eigenlohn	CHF	72 000
Eigenzins	CHF	6 375
Erfolg (Verlust)	CHF	– 3 054
Unternehmereinkommen	**CHF**	**75 321**

Es macht keinen Unterschied, welchen Eigenlohn und Eigenzins sich die Unternehmerin Frieda Koller selber zuweist. Ihr Unternehmereinkommen verändert sich dadurch nicht, da der zusätzliche Aufwand sich im Jahreserfolg abbildet. Frieda Koller muss ihr Einkommen und den Erfolg des Unternehmens zusammen als Privatperson versteuern.

5.9

	Salden vor Abschluss			nach Abschluss	
	Eigenkapital	Privat		Erfolg	Eigenkapital
		Sollüberschuss	Habenüberschuss		
a)	38 000	3 000		+ 5 000	**40 000**
b)	52 000		4 000	– 2 000	**54 000**
c)	18 000		600	**+ 3 400**	22 000
d)	80 000	7 000		**0**	73 000
e)	100 000	**3 000**		+ 4 000	101 000
f)	65 000		**2 500**	– 2 500	65 000
g)	**87 500**	4 500		– 1 000	82 000
h)	**66 600**		5 400	+ 3 000	75 000

5.10

a)	Konto Privat	Sollüberschuss	CHF	12 025
b)	Privatbezüge		CHF	268 800
c)	Jahreserfolg	Gewinn	CHF	1 750

5.11

korrekt sind: a) 4   b) 4   c) 3   d) 1   e) 1

5.12

Soll		Privat Zuppiger	Haben
Privatbezüge	22 500	Eigenlohn	105 000
private Rechnungen	18 000	Eigenzins	30 000
Ausgleich	**148 500**	Mietwert der Werkstatt im	
		Privathaus von Zuppiger	54 000
	189 000		189 000

Abschlussbuchung: **Privat an Eigenkapital 148 500**

6 Warenkonten

 Hintergrundinformationen

Die Warenkonten lassen sich grundsätzlich in drei Varianten führen. Es sind dies

Variante A: Ein- und Verkäufe über das Konto *Vorräte Handelswaren*

Variante B: das dreigeteilte Warenkonto mit dem Konto *Vorräte Handelswaren* als ruhendes Konto sowie

Variante C: das dreigeteilte Warenkonto mit dem Konto *Vorräte Handelswaren* mit laufender Bestandeskorrektur.

Im Folgenden soll anhand eines einfachen Beispiels ein kurzer Überblick die Unterschiede in Führung und Aussagekraft sowie die Vor- und Nachteile der einzelnen Methoden aufzeigen.

Ausgangslage und Lagerbewegungen:

Alle Bewegungen und deren Bewertung erfolgen nach dem Prinzip «first in – first out» und der Wert des Lagerbestandes errechnet sich aus den zuletzt eingegangenen und aktuell vorhandenen Waren.

	Text	kg	CHF/kg	Betrag (CHF)	Bestand (kg)	
1.	Anfangsbestand	3 000	5.00	15 000.–	3 000	3 000 kg zu 5.00
2.	Einkauf	2 000	6.00	12 000.–	5 000	3 000 kg zu 5.00 2 000 kg zu 6.00
3.	Verkauf (Einstandspreis 5.–)	2 000	8.00	16 000.–	3 000	1 000 kg zu 5.00 2 000 kg zu 6.00
4.	Einkauf	1 000	7.00	7 000.–	4 000	1 000 kg zu 5.00 2 000 kg zu 6.00 1 000 kg zu 7.00
5.	Verkauf (Einstandspreis 5.–, bzw. 6.–)	2 000	9.00	18 000.–	2 000	1 000 kg zu 6.00 1 000 kg zu 7.00
6.	Schlussbestand	2 000	6.50	13 000.–	2 000	2 000 kg zu ø 6.50

Variante A: alle Buchungen über das Konto Vorräte Handelswaren

Wie in Kap. 6.1.2 angedeutet, können prinzipiell alle Geschäftsvorfälle über das Konto *Vorräte Handelswaren* abgewickelt werden. Am Schluss der Rechnungsperiode wird die Korrektur des Vorrates an Handelswaren auf das Konto *Handelswarenertrag* übertragen. Dieser Betrag zeigt die Differenz zwischen Einkauf und Verkauf auf und entspricht dem Bruttogewinn.

	Buchungen	Vorräte Handelswaren		Handelswarenertrag	
1.	Vorräte Handelswaren an Bilanz	AB 15 000			
2.	Vorräte Handelswaren an Verbindlichkeiten	12 000			
3.	Forderungen an Vorräte Handelswaren		16 000		
4.	Vorräte Handelswaren an Verbindlichkeiten	7 000			
5.	Forderungen an Vorräte Handelswaren		18 000		
6.	Vorräte Handelswaren an Handelswarenertrag Handelswarenertrag an Erfolgsrechnung Bilanz an Vorräte Handelswaren	13 000	S **13 000**	S **13 000**	13 000
		47 000	47 000	13 000	13 000

Aufwände	Erfolgsrechnung		Erträge
Bruttogewinn	13 000	Handelswarenertrag	13 000
	13 000		13 000

Variante B: dreigeteilte Warenkonten mit ruhendem Konto Vorräte Handelswaren

Bei dieser Variante werden die Einkäufe über das Konto *Handelswarenaufwand* und die Verkäufe über das Konto *Handelswarenertrag* gebucht. Das Konto *Vorräte Handelswaren* wird anfangs Jahr eröffnet und Ende Jahr wieder abgeschlossen. Während des Jahres werden im Konto *Vorräte Handelswaren* keine Einträge vorgenommen (ruhendes Konto). Vor dem Abschluss wird die Wertkorrektur der Vorratsänderung pauschal verbucht. Damit enthält das Konto *Vorräte Handelswaren* nur drei Einträge, die Eröffnung mit dem Anfangsbestand, die Bestandeskorrektur und den Endbestand für den Abschluss.

Aus der Differenz der Konten *Handelswarenertrag* und *Handelswarenaufwand* lässt sich nach der Bestandeskorrektur der Bruttogewinn ermitteln.

	Buchungen	Vorräte Handelswaren		Handelswarenaufwand		Handelswarenertrag	
1.	Vorräte Handelswaren an Bilanz	AB 15 000					
2.	Handelswarenaufwand an Verbindlichkeiten			12 000			
3.	Forderungen an Handelswarenertrag						16 000
4.	Handelswarenaufwand an Verbindlichkeiten			7 000			
5.	Forderungen an Handelswarenertrag						18 000
6.	Vorräte Handelswaren an Handelswarenaufwand	2 000		2 000			
	Handelswarenertrag an Erfolgsrechnung					S 34 000	
	Erfolgsrechnung an Handelswarenaufwand				S 21 000		
	Bilanz an Vorräte Handelswaren		S 13 000				
		15 000	15 000	21 000	21 000	34 000	34 000

Aufwände	Erfolgsrechnung		Erträge
Handelswarenaufwand	21 000	Handelswarenertrag	34 000
Bruttogewinn	13 000		
	34 000		34 000

Variante C: dreigeteilte Warenkonten mit laufender Bestandeskorrektur des Kontos Vorräte Handelswaren

Hier werden die Einkäufe in das Konto *Vorräte Handelswaren* und die Verkäufe über das Konto *Handelswarenertrag* gebucht. Bei jedem Verkauf muss der verkaufte Bestand aus dem Vorratskonto in den *Handelswarenaufwand* umgebucht werden (laufendes Inventar). Dabei zeigt das Konto *Vorräte Handelswaren* immer den aktuellen Wert der Lagervorräte. Aus der Differenz der Konten *Handelswarenertrag* und *Handelswarenaufwand* lässt sich am Ende der Geschäftsperiode der Bruttogewinn ermitteln.

	Buchungen	Vorräte Handelswaren		Handelswaren-aufwand		Handelswarenertrag	
1.	Vorräte Handelswaren an Bilanz	AB 15 000					
2.	Vorräte Handelswaren an Verbindlichkeiten	12 000					
3.	Forderungen an Handelswarenertrag						16 000
	Handelswarenaufwand an Vorräte Handelswaren		10 000	10 000			
4.	Vorräte Handelswaren an Verbindlichkeiten	7 000					
5.	Forderungen an Handelswarenertrag						18 000
	Handelswarenaufwand an Vorräte Handelswaren		11 000	11 000			
6.	Handelswarenertrag an Erfolgsrechnung					S 34 000	
	Erfolgsrechnung an Handelswarenaufwand				S 21 000		
	Bilanz an Vorräte Handelswaren		S 13 000				
		34 000	34 000	21 000	21 000	34 000	34 000

Aufwände	Erfolgsrechnung		Erträge
Handelswarenaufwand	21 000	Handelswarenertrag	34 000
Bruttogewinn	13 000		
	34 000		34 000

Vergleich der drei Buchungsvarianten

Variante A Das Konto *Vorräte Handelswaren* enthält während der Geschäftsperiode neben den Beständen auch Aufwände und Erträge. Die Erfolgsrechnung gibt keine detaillierte Auskunft über Warenaufwand und -ertrag. Die Warenkalkulation ist somit erschwert.
Zudem schreibt das Obligationenrecht im Art. 959b die Minimalgliederung für Kapitalgesellschaften fest, nach der Erträge und Aufwände gesondert auszuweisen sind. Diese Minimalgliederung ist mit der Variante A nicht eingehalten.

Variante B Das Konto *Vorräte Handelswaren* gibt im Laufe des Jahres keine Auskunft über die Bestände. Die (meist) erforderliche Lagerkontrolle gibt uns aber die nötigen Auskünfte. Diese Variante erfüllt die oben erwähnten Vorschriften über die Minimalgliederung. Sie ist aus buchhalterischer Sicht die rationellste Lösung.

Variante C Der Buchungsaufwand ist bei den Verkäufen am grössten, weil bei jedem Verkauf auch der Einstandspreis der verkauften Waren ermittelt werden muss. Falls sich am Ende einer Rechnungsperiode eine Bewertung ergibt, die sich vom Saldo des Konto *Vorräte Handelswaren* unterscheidet, ist am Jahresende auch eine zusätzliche Korrekturbuchung erforderlich.

Dieses Lehrbuch bezieht sich auf das dreigeteilte Warenkonto mit ruhendem Konto *Vorräte Handelswaren* (Variante B).

Verbuchung des Eigenverbrauchs:
Der neue Kontenrahmen fordert die Verbuchung von Entnahmen des Inhabers im Konto *Eigenverbrauch* (vgl. Theorie Kap. 6.5). Für einfache Buchhaltungen ohne Mehrwertsteuerabrechnung kann auch das Konto *Handelswarenertrag* gewählt werden. Falls zu einem späteren Zeitpunkt eine Unterstellung unter die Mehrwertsteuer erforderlich würde, müssten diese Entnahmen bei der Abrechnung mit der Mehrwertsteuerbehörde jedoch nachträglich ausgesondert und separat aufgeführt werden.

Dieses Lehrbuch führt den Eigenverbrauch über das entsprechende Konto *Eigenverbrauch*.

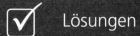
6.1

	Text	Soll	Haben	Betrag
1.	Warenkauf bar	Handelswarenaufwand	Kasse	36 300
2.	Warenverkauf bar	Kasse	Handelswarenertrag	23 000
3.	Warenrücksendung von Kunden	Handelswarenertrag	Forderungen	730
4.	Eingangsfrachten	Handelswarenaufwand	Bank	900
	Ausgangsfrachten	Handelswarenertrag	Bank	1 200
5.	Verkäufe gegen Rechnung	Forderungen	Handelswarenertrag	18 700
6.	Umsatzbonus Kunde	Handelswarenertrag	Forderungen	2 100
7.	Wareneinkauf gegen Rechnung	Handelswarenaufwand	Verbindlichkeiten	38 000
8.	Rabatt (vgl. 7.)	Verbindlichkeiten	Handelswarenaufwand	1 900
	Skonto (vgl. 7.)	Verbindlichkeiten	Handelswarenaufwand	722
	Zahlung	Verbindlichkeiten	Kasse	35 378
9.	Regale Warenlager	Mobiliar	Verbindlichkeiten	2 490
10.	Mängelrabatt	Verbindlichkeiten	Mobiliar	300
	Zahlung	Verbindlichkeiten	Kasse	2 190
11.	Warenlieferung bar	Kasse	Handelswarenertrag	25 000
	Rechnung	Forderungen	Handelswarenertrag	50 000
12.	Skonto	Handelswarenertrag	Forderungen	70
	Verrechnung Aktenschrank	Mobiliar	Forderungen	1 880
	Zahlung	Kasse	Forderungen	1 550

6.2

	Text	Soll	Haben	Betrag
1.	Warenverkauf bar Warenverkauf Rechnung	Kasse Forderungen	Handelswarenertrag Handelswarenertrag	8 000.00 24 000.00
2.	Wareneinkauf gegen Rechnung	Handelswarenaufwand	Verbindlichkeiten	35 000.00
3.	Skonto Banküberweisung	Verbindlichkeiten Verbindlichkeiten	Handelswarenaufwand Bank	700.00 34 300.00
4.	Abgaben Einfuhr Auslandzölle Ausgangsfrachten Eingangsfrachten	Handelswarenaufwand Handelswarenertrag Handelswarenertrag Handelswarenaufwand	Verbindlichkeiten Verbindlichkeiten Verbindlichkeiten Verbindlichkeiten	300.00 2 500.00 7 000.00 7 500.00
5.	Warenrücksendung Kunden	Handelswarenertrag	Forderungen	3 040.00
6.	Rabatte Überweisungen	Handelswarenertrag Bank	Forderungen Forderungen	600.00 19 400.00
7.	Verrechnung Büromaterial	Verwaltungsaufwand	Forderungen	1 000.00
8.	Skonto Überweisung	Handelswarenertrag Bank	Forderungen Forderungen	17.60 862.40
9.	nachträglicher Rabatt	Verbindlichkeiten	Handelswarenaufwand	200.00
10.	Korrekturbuchung	Forderungen	Handelswarenertrag	90.00
11.	Ausgangsfracht bar	Handelswarenertrag	Kasse	50.00
12.	Umsatzbonus	Verbindlichkeiten	Handelswarenaufwand	1 600.00

6.3

	a)	b)	c)	d)
Warenanfangsbestand	900	6 000	**200**	**5 490**
Warenendbestand	600	**8 000**	1 400	3 650
Bestandeszunahme	–	2 000	**1 200**	–
Bestandesabnahme	**300**	–	–	1 840
Einstandspreis eingekaufte Waren	28 400	**90 000**	80 800	92 540
Handelswarenaufwand	**28 700**	88 000	79 600	**94 380**

Korrekturbuchungen			
a)	Handelswarenaufwand	Vorräte Handelswaren	300
b)	Vorräte Handelswaren	Handelswarenaufwand	2 000
c)	Vorräte Handelswaren	Handelswarenaufwand	1 200
d)	Handelswarenaufwand	Vorräte Handelswaren	1 840

6.4

a)

S	Vorräte Handelswaren	H			S	Handelswarenaufwand	H			S	Handelswarenertrag	H		
①	312	⑮	38		②	409	⑥	30		④	8	⑪	718
		⑩	**274**		③	74	⑧	8		⑤	54		
					⑨	21	⑬	17		⑫	13		
					⑮	38				⑭	41		
							S	**487**		**S**	**602**		
	312		312			542		542			718		718

b)

S	Vorräte Handelswaren	H			S	Handelswarenaufwand	H			S	Handelswarenertrag	H		
①	117	⑮	15		②	335	⑥	7		④	13	⑪	552
		⑩	**102**		③	41	⑧	–		⑤	3		
					⑨	6	⑬	18		⑫	12		
					⑮	15				⑭	5		
							S	**372**		**S**	**519**		
	117		117			397		397			552		552

c)

S	Vorräte Handelswaren	H			S	Handelswarenaufwand	H			S	Handelswarenertrag	H		
①	68	⑩	**75**		②	416	⑥	8		④	2	⑪	692
⑦	7				③	65	⑧	9		⑤	21		
					⑨	–	⑬	–		⑫	11		
							⑦	7		⑭	8		
							S	**457**		**S**	**650**		
	75		75			481		481			692		692

6.5

	Text	Soll	Haben	Betrag
1.	Wareneinkauf bar Wareneinkauf Rechnung	Handelswarenaufwand Handelswarenaufwand	Kasse Verbindlichkeiten	35 000.00 305 000.00
2.	Maschinenkauf	Maschinen	Verbindlichkeiten	18 000.00
3.	Warenverkauf	Forderungen	Handelswarenertrag	540 540.00
4.	Wareneingangsfrachten Maschinenlieferung Fracht Warenausgangsfrachten	Handelswarenaufwand Maschinen Handelswarenertrag	Verbindlichkeiten Verbindlichkeiten Verbindlichkeiten	540.00 130.00 930.00
5.	Skonto Wareneinkauf Skonto Maschine Skonto Warenverkauf Banküberweisung (vgl. 4.)	Verbindlichkeiten Verbindlichkeiten Verbindlichkeiten Verbindlichkeiten	Handelswarenaufwand Maschinen Handelswarenertrag Bank	10.80 2.60 18.60 1 568.00
6.	Rabatt Skonto Überweisung	Verbindlichkeiten Verbindlichkeiten Verbindlichkeiten	Handelswarenaufwand Handelswarenaufwand Bank	600.00 228.00 11 172.00
7.	Warenentnahme	Privat	Eigenverbrauch	76.00
8.	Kundenüberweisung Skonto inkl. Fehlbetrag	Bank Handelswarenertrag	Forderungen Forderungen	727.00 23.00
9.	Verrechnung Speichermedium	Büromaschinen, IT	Forderungen	80.00
10.	Barverkäufe Mitarbeiter	Kasse	Handelswarenertrag	458.75
11.	Umsatzbonus Lieferant	Verbindlichkeiten	Handelswarenaufwand	1 660.00
12.	Bestandeskorrektur Warenlager	Handelswarenaufwand	Vorräte Handelswaren	23 000.00
13.	Kapitaleinlage	Bank	Eigenkapital	10 000.00

6.6

	Text	Soll	Haben	Betrag
1.	Warenverkauf	Forderungen	Handelswarenertrag	232 000.00
2.	Rabatt	Handelswarenertrag	Forderungen	1 900.00
	Skonto	Handelswarenertrag	Forderungen	722.00
	Banküberweisung	Bank	Forderungen	35 378.00
3.	Skonto	Verbindlichkeiten	Handelswarenaufwand	57.00
	Banküberweisung	Verbindlichkeiten	Bank	1 822.00
4.	Warenbezug privat	Privat	Eigenverbrauch	300.00
	Warenbezug privat	Privat	Eigenverbrauch	35.40
	Werbegeschenke	Werbeaufwand	Handelswarenaufwand	150.00
	Barverkäufe	Kasse	Handelswarenertrag	870.00
5.	Velos für privat	Privat	Verbindlichkeiten	1 200.00
6.	Eingangsfrachten	Handelswarenaufwand	Verbindlichkeiten	300.00
	Ausgangsfrachten	Handelswarenertrag	Verbindlichkeiten	480.00
	Velofrachten (vgl. 5.)	Privat	Verbindlichkeiten	29.00
7.	Skonto Eingang (vgl. 6.)	Verbindlichkeiten	Handelswarenaufwand	6.00
	Skonto Ausgang (vgl. 6.)	Verbindlichkeiten	Handelswarenertrag	9.60
	Skonto Velofrachten (vgl. 6.)	Verbindlichkeiten	Privat	0.60
	Banküberweisung	Verbindlichkeiten	Bank	792.80
8.	Auslagen Prospekt	Werbeaufwand	Kasse	800.00
9.	Skonto	Handelswarenertrag	Forderungen	160.00
	Banküberweisungen	Bank	Forderungen	7 840.00
10.	Rücksendung	Handelswarenertrag	Forderungen	1 200.00
	Banküberweisung	Bank	Forderungen	1 650.00
11.	Korrekturbuchung Ausgangsfracht (vgl. 6.)	Forderungen	Handelswarenertrag	160.00
12.	Bestandeskorrektur Warenlager	Handelswarenaufwand	Vorräte Handelswaren	1 800.00

6.7 Tony Frei

	Text	Soll	Haben	Betrag
1.	Eröffnung Aktiven	Aktivkonten	Bilanz	312 230
	Eröffnung Passiven	Bilanz	Passivkonten	312 230
2.	Rabatt	Handelswarenertrag	Forderungen	250
	Bankzahlung Traube	Bank	Forderungen	4 750
3.	Barverkäufe	Kasse	Handelswarenertrag	255 000
4.	Einzahlung bei Bank	Bank	Kasse	190 000
5.	Löhne	Personalaufwand	Bank	45 600
	Eigenlohn	Personalaufwand	Privat	44 800
6.	Wareneinkauf Bankzahlung	Handelswarenaufwand	Bank	122 990
7.	Miete Lager	Raumaufwand	Kasse	13 000
8.	Lieferwagen	Fahrzeuge	Verbindlichkeiten	36 000
9.	Telefongebühren	übriger Betriebsaufwand	Bank	2 280
10.	Geschäftsessen mit Kunden	Werbeaufwand	Privat	223
	Warenbezug privat	Privat	Eigenverauch	836
	Barentnahme durch Eigentümer	Privat	Kasse	23 570
11.	Rabatt Lieferwagen (vgl. 8.)	Verbindlichkeiten	Fahrzeuge	1 080
	Warenlieferung	Verbindlichkeiten	Handelswarenertrag	400
	Barzahlung	Verbindlichkeiten	Kasse	34 520
12.	Kapitaleinlage	Bank	Eigenkapital	30 000
13.	Fahrzeugverkauf	Forderungen	Fahrzeuge	12 300
	Abschreibungen	Abschreibungen	Fahrzeuge	700
14.	Steuerrechnung	Steueraufwand	Verbindlichkeiten	12 000
15.	Reparaturen Einfamilienhaus	Immobilienaufwand	Verbindlichkeiten	5 400
16.	Abschreibung Mobiliar	Abschreibung	Mobiliar	4 400
	Abschreibung Fahrzeuge	Abschreibung	Fahrzeuge	3 600
17.	Darlehenszins	Finanzaufwand	Bank	4 500
	Rückzahlung Darlehen	Passivdarlehen	Bank	20 000
	Lieferantenzahlung	Verbindlichkeiten	Bank	26 000
18.	Mieteingang Einfamilienhaus	Bank	Immobilienertrag	24 000
19.	Bestandeskorrektur	Handelswarenaufwand	Vorräte Handelswaren	6 000
20.	Ausgleich Privat	Privat	Eigenkapital	20 617
21.	Abschluss Aufwandkonten	Erfolgsrechnung	Aufwandkonten	265 493
	Abschluss Ertragskonten	Ertragskonten	Erfolgsrechnung	279 986
	Erfolg (Gewinn)	Erfolgsrechnung	Eigenkapital	14 493
	Abschluss Aktiven	Bilanz	Aktivkonten	348 740
	Abschluss Passiven	Passivkonten	Bilanz	348 740

a) dreistufige Erfolgsrechnung

Aufwände	Erfolgsrechnung		Erträge
Handelswarenaufwand	128 990	Handelswarenertrag	255 150
Bruttogewinn	**126 996**	Eigenverbrauch	836
	255 986		255 986
Personalaufwand	90 400	Bruttogewinn	126 996
Raumaufwand	13 000		
Werbeaufwand	223		
übriger Betriebsaufwand	2 280		
Abschreibungen	8 700		
Finanzaufwand	4 500		
Betriebsgewinn	**7 893**		
	126 996		126 996
Immobilienaufwand	5 400	Betriebsgewinn	7 893
Steueraufwand	12 000	Immobilienertrag	24 000
Jahresgewinn	**14 493**		
	31 893		31 893

b) Schlussbilanz

Aktiven	Schlussbilanz		Passiven
Kasse	910	Verbindlichkeiten	13 630
Bank	53 610	Passivdarlehen	63 000
Forderungen	22 700	Eigenkapital	272 110
Vorräte Handelswaren	27 000		
Mobiliar	13 200		
Fahrzeuge	31 320		
Immobilien	200 000		
	348 740		348 740

6.8

S	Vorräte Handelswaren			H
Anfangsbestand	86	14	Bestandesabnahme	
		72	**Saldo**	
	86	86		

S	Handelswarenaufwand			H
Lieferantenrechnung	833	39	Rabatte / Skonto	
Bestandesabnahme	14	**808**	**Saldo**	
	847	847		

S	Handelswarenertrag			H
Rabatte / Skonto / Spesen	64	1 564	Verkäufe	
Saldo	**1 500**			
	1 564	1 564		

a) Handelswarenaufwand 808
b) Bruttogewinn 692

6.9

a) Während wir bei Rücksendungen die eingekauften Waren an den Lieferanten zurückschicken, bleiben uns die Waren bei Skontogutschriften verbilligt erhalten. Buchhalterisch werden beide Tatsachen mit demselben Buchungssatz, nämlich *Verbindlichkeiten* an *Handelswarenaufwand* behandelt.

b) Der Handelswarenaufwand vor der Bestandeskorrektur zeigt wie teuer die Ware kam, welche für den Handelsverkehr eingekauft wurde (= Einstandspreis der eingekauften Waren). Nachdem meistens mehr oder weniger verkauft wird, zeigt der Handelswarenaufwand nach Bestandeskorrektur, wie teuer die Ware war, welche im Handelsverkehr verkauft wurde (= Einstandspreis der verkauften Waren).

c) Warenentnahmen zu Einstandspreisen entsprechen Verkaufshandlungen an den Eigentümer und damit ohne Gewinnabsicht. Sie werden über das Konto *Eigenverbrauch* verbucht.
Anmerkung: Der Verkauf an den Eigentümer ist jedoch mit Sonderkonditionen (Einstandspreis) verbunden und wird als Eigenverbrauch bei der Mehrwertsteuer speziell abgerechnet. Für den Eigenbezug kann im Kontenrahmen KMU auch alternativ das Ertragskonto *Handelswarenertrag* gewählt werden. In diesem Fall muss bei der Mehrwertsteuerabrechnung der Eigenverbrauch noch separat ausgeschieden werden.

d) Die Buchung *Werbeaufwand* an *Handelswarenaufwand* …
  - hat auf den Betriebsgewinn keinen Einfluss, weil beide Konten Betriebsaufwände sind (das eine wird vermindert, das andere um denselben Betrag erhöht).
  - vergrössert den Bruttogewinn, weil der Handelswarenaufwand verkleinert wird.

e) *Handelswarenaufwand* an *Vorräte Handelswaren* 180.–

f) 20 %

6.10

S **Vorräte Handelswaren** H	
AB 87 200	
3 800	
	S 91 000
91 000	91 000

S **Handelswarenaufwand** H	
528 000	4 300
25 600	12 900
43 600	400
1 300	1 000
800	3 800
	S 576 900
599 300	599 300

S **Handelswarenertrag** H	
8 700	764 000
14 700	61 300
7 800	
1 900	
700	
S 791 500	
825 300	825 300

a) Einstandspreis eingekaufter Waren CHF 580 700
b) Einstandspreis verkaufter Waren CHF 576 900
c) Bruttogewinn CHF 214 600
d) Bruttogewinnzuschlag 37.20 %
e) Bruttogewinnquote 27.11 %

6.11

S **Vorräte Handelswaren** H	
AB 71	15
	S 56
71	71

S **Handelswarenaufwand** H	
258	23
15	
	S 250
273	273

S **Handelswarenertrag** H	
5	348
	3
S 346	
351	351

S **übriger Betriebsaufwand** H	
54	
6	S 60
60	60

	Text	Soll	Haben	Betrag
1.	Warenverkauf	Kasse	Handelswarenertrag	3
2.	Mengenrabatt an E	Handelswarenertrag	Forderungen	5
3.	Bestandeskorrektur	Handelswarenaufwand	Vorräte Handelswaren	15
4.	Abschreibung Mobiliar	übriger Betriebsaufwand	Mobiliar	6
5.	Abschluss Warenaufwand	Erfolgsrechnung	Handelswarenaufwand	250
	Abschluss Warenertrag	Handelswarenertrag	Erfolgsrechnung	346
	Abschluss Vorräte Waren	Bilanz	Vorräte Handelswaren	56
	Abschluss Betriebsaufwand	Erfolgsrechnung	übriger Betriebsaufwand	60
	Eröffnung Vorräte Waren	Vorräte Handelswaren	Bilanz	56

a) Einstandspreis eingekaufter Waren	235
b) Einstandspreis verkaufter Waren	250
c) Selbstkosten	310
d) Bruttogewinn	96
e) Bruttogewinnzuschlag	38.40 %
f) erzielter Betriebsgewinn	36
Betriebsgewinn neu	54
Bruttogewinn neu (60 + 54)	114
Bruttogewinnzuschlag neu (114 x 100/250)	45.60 %

6.12

			a)		b)	
Einstandspreis			CHF	20 000.–	CHF	1 600.00
+ Gemeinkosten	110 %	85 %	CHF	22 000.–	CHF	1 360.00
= Selbstkosten			CHF	42 000.–	CHF	2 960.00
+ Reingewinn	5 %	4 %	CHF	2 100.–	CHF	118.40
= Nettoerlös			CHF	44 100.–	CHF	3 078.40
+ Versandspesen	–	87.–	CHF	–	CHF	87.00
= Nettobarverkauf			CHF	44 100.–	CHF	3 165.40
+ Skonto	2 %	2 %	CHF	900.–	CHF	64.60
= Nettokreditverkauf			CHF	45 000.–	CHF	3 230.00
+ Rabatt	10 %	15 %	CHF	5 000.–	CHF	570.00
= Bruttokreditverkauf			CHF	50 000.–	CHF	3 800.00

6.13

a)

Einstandspreis	**CHF**	**80 000.–**	100 %	
+ Gemeinkosten	CHF	13 000.–		
= Selbstkosten	**CHF**	**93 000.–**		
+ Reingewinn	CHF	7 000.–		7 %
Nettoertrag	**CHF**	**100 000.–**	125 %	100 %
Bruttogewinn	**CHF**	**20 000.–**	25 %	

b)

Einstandspreis	CHF	50 000.–	100 %	
+ Gemeinkosten	CHF	20 000.–	**40 %**	
= Selbstkosten	CHF	70 000.–		87.5 %
+ Reingewinn	CHF	10 000.–		12.5 %
Nettoertrag	CHF	80 000.–		100 %	100 %
Bruttogewinn	CHF	30 000.–			**37.5 %**

c)

Einstandspreis	CHF	127 500.–	100 %	85 %
+ Gemeinkosten	CHF	22 500.–		15 %
= Selbstkosten	CHF	150 000.–		100 %
+ Reingewinn	CHF	7 500.–		5 %
Nettoertrag	**CHF**	**157 500.–**		105 %
Bruttogewinn	CHF	30 000.–	**23.53 %**	20 %

6.14

	Text	Soll	Haben	Betrag
a)	Bestellung	keine Buchung		
b)	Barzahlung Einkauf	Handelswarenaufwand	Kasse	630
c)	Lieferung an Kundin	Forderungen	Handelswarenertrag	1 200
d)	Skonto Überweisung	Handelswarenertrag Bank	Forderungen Forderungen	24 1 176
e)	Bruttogewinnzuschlag = (1176 − 630) / 630 = 86.67 %			

6.15

a) 1. der Reingewinn   CHF   48 000.–
   2. der Einstandspreis der verkauften Waren   CHF   768 000.–
   3. Nettoertrag   CHF 1 008 000.–

b) 1. die Bestandesänderung der Vorräte an Handelswaren   Abnahme 560
   2. die Bruttogewinnquote   28.57 %
   3. den Bruttogewinnzuschlag   40 %

6.16

a) Einstandspreis der eingekauften Waren   CHF   213 600
b) Einstandspreis der verkauften Waren   CHF   219 900
c) Bruttogewinn   CHF   166 500
d) Bruttogewinnzuschlag   CHF   75.72 %
e) Betriebserfolg   Gewinn   11 000
f) Selbstkosten   CHF   375 400
g) Gemeinkostenzuschlag = 155 500 x 100 / 219 900   =   70.71 %
h) Reingewinnzuschlag = 11 000 x 100 / 375 400   =   2.93 %

7 Konten des Zahlungsverkehrs

 Hintergrundinformationen

In der Praxis unterscheiden insbesondere Kleinbetriebe **nicht** zwischen *Forderungen aus Lieferung und Leistung* und *sonstige Forderungen* bzw. *Verbindlichkeiten aus Lieferung und Leistung* und *sonstige Verbindlichkeiten*. Ab 2015 müssen von Gesetzes wegen alle buchführungspflichtigen Unternehmen diese Unterscheidung vornehmen. Diese ist für die Erstellung einer korrekten Geldflussrechnung und einer aussagekräftigen Analyse des Jahresabschlusses (vgl. Teil 4 Geschäftsbericht, Geldflussrechnung und Jahresabschlussanalyse) notwendig.

Alle Geschäftsvorfälle welche sowohl die Kontenklasse 3 oder 4 (vgl. Kapitel 8) als auch Verbindlichkeiten oder Forderungen betreffen, werden über *Verbindlichkeiten aus Lieferung und Leistung* bzw. *Forderungen aus Lieferung und Leistung* verbucht. **Alle** anderen Geschäftsvorfälle sind als *sonstige Forderungen* oder *sonstige Verbindlichkeiten* zu buchen. Dieser Vorgehensweise schliesst sich auch dieses Lehrmittel ab Kapitel 7.3 an.

Die Post untersteht seit Sommer 2013 dem Bankengesetz. Seither wird das Konto *Post* im Kontenrahmen KMU nicht mehr separat geführt, sondern in der Kontenuntergruppe **Bank** subsumiert. In diesem Lehrmittel wird deshalb nur noch das Konto *Bank* geführt, ausser es wird bei einer Aufgabe ausdrücklich etwas anderes erwähnt.

7.1

a)

Datum	Text	Soll	Haben	Betrag
1.1.	Anfangsbestand	Kasse	Bilanz	2 830.40
3.1.	Barbezug Postkonto	Kasse	Bank	4 000.00
12.1.	Barzahlung Lieferantenrechnung	Verbindlichkeiten	Kasse	5 270.00
13.1.	Barzahlung Frachtspesen	Handelswarenertrag	Kasse	131.20
15.1.	Barverkäufe Waren	Kasse	Handelswarenertrag	6 172.50
18.1.	Barkauf Briefmarken	Verwaltungsaufwand	Kasse	250.00
22.1.	Barbezug Geschäftsinhaberin	Privat	Kasse	7 000.00
31.1.	Kassendifferenz	Kasse	übriger Betriebsertrag	27.10
31.1.	Abschluss	Bilanz	Kasse	378.80

b) Kassendifferenz = Kassenüberschuss
Mögliche Ursachen:
- Fehler beim Geldwechsel: Der Kunde erhielt zuwenig Geld
- Verbuchung einer Bareinnahme wurde vergessen.

c) Eine fehlerhafte Kassenführung darf nicht verschleiert werden. Sie muss aus der Buchhaltung erkennbar sein (anhand der Korrektur mit dem Buchungssatz).

7.2

a) Nein, das Wechselgeld bleibt ja Eigentum des Restaurantinhabers.
   Anmerkung: Man könnte ein Konto Forderungen Kellnerin führen.
   Dann hiesse die Buchung: *Forderungen Kellnerin* an *Kasse* 500.–.
   Bei der Rückgabe des Portemonnaies müsste dies wieder zurückgebucht werden.

b)

Nr.	Text	Soll	Haben	Betrag
3.	Bareinlage	Bank	Kasse	2 850.00

c)

Nr.	Text	Soll	Haben	Betrag
	Bareinnahmen	Kasse	Dienstleistungsertrag Restaurant	2 640.00
	Kassenmanko	übriger Betriebsaufwand	Kasse	12.00

d)

Nr.	Text	Soll	Haben	Betrag
	Bareinnahmen	Kasse	Dienstleistungsertrag Restaurant	2 640.00
	Kassenmanko	keine Buchung, da die Kellnerin einfach 3 140.– abliefern muss (zulasten ihres Trinkgeldes)		

7.3

Nr.	Text	Soll	Haben	Betrag
a)	Kassenmanko	übriger Betriebsaufwand	Kasse	31.40
b¹)	Korrekturbuchung	Kasse	Bank	1 000.00
b²)	richtige Buchung	Kasse	Bank	1 000.00
c)	Frachtspesen	Verbindlichkeiten	Handelswarenaufwand	200.00
d)	Postkontogebühren	Finanzaufwand	Bank	27.80
e)	Korrekturbuchung	Forderungen	Bank	4.50
f)	Privatentnahmen Kasse	Privat	Kasse	860.00
g)	Spesen Inhaberin	übriger Betriebsaufwand	Kasse	600.00

7.4 Bankkonto

Datum	Text	Soll	Haben	Saldo
1.3.	Saldovortrag		45 200	45 200
8.3.	Gutschrift von Kunden		3 700	48 900
9.3.	Überweisung auf das Konto bei der Post	40 000		8 900
17.3.	Vergütungen an Lieferanten	32 100		− 23 200
21.3.	Barbezug	10 000		− 33 200
31.3.	Schuldzinsen	200		− 33 400
31.3.	Kommissionen, Spesen	120		− 33 520

7.5 Forderungen O. Steiner, Basel

Soll	Forderungen O. Steiner, Basel		Haben
01.01. Anfangsbestand	3 875.00	14.01. Gutschrift Rücksendung	1 220.00
12.02. Rechnung	1 950.00	28.01. Zahlung, Bankkonto	2 575.35
14.02. Fracht	84.00	28.01. Skonto 3 %	79.65
		02.03. Mängelgutschrift	250.00
		15.03. Teilzahlung Bank	1 000.00
		18.03. Verrechnung Warenlieferung	400.00
		31.03. Saldo/Übertrag Sammelkonto	**384.00**
	5 909.00		5 909.00

7.6 Forderungen N. Waser, Brugg

Datum	Text	Soll	Haben	Betrag
1.3.	Eröffnung	Forderungen Waser	Forderungen L&L	5 200
6.3.	Zahlung	Bank	Forderungen Waser	2 700
16.3.	Rücksendung	Handelswarenertrag	Forderungen Waser	800
18.3.	Rechnung Nr. 138	Forderungen Waser	Handelswarenertrag	4 000
21.3.	Banküberweisung	Bank	Forderungen Waser	1 700
23.3.	Rechnung Nr. 217	Forderungen Waser	Handelswarenertrag	5 000
28.3.	Skonto Zahlung Nr. 138	Handelswarenertrag Bank	Forderungen Waser Forderungen Waser	80 3 920
31.3.	Abschluss	Forderungen L&L	Forderungen Waser	5 000

Soll		Forderungen N. Waser, Brugg	Haben
01.03. Anfangsbestand	5 200	06.03.	2 700
18.03.	4 000	16.03.	800
23.03.	5 000	21.03.	1 700
		28.03.	80
		28.03.	3 920
		Saldo/Übertrag Sammelkonto	**5 000**
	14 200		14 200

7.7

a)	Text	Soll	Haben	Betrag
1.	Barverkäufe	Kasse	Handelswarenertrag	490.00
2.	Warenverkäufe auf Rechnung	Forderungen L&L	Handelswarenertrag	1 340.00
3.	Warenverkäufe Kreditkarten	Forderungen Kartenorganisationen	Handelswarenertrag	250.00
4.	Warenbezüge Mitarbeiter	Kasse	Handelswarenertrag	130.00
5.	Überweisung Kartenorganisation	Bank	Forderungen Kartenorganisationen	242.50
	Kommission	Finanzaufwand	Forderungen Kartenorganisationen	7.50
b)				
1.	Bareinlage Bankkonto	Bank	Kasse	367.00
2.	Krankenkasse Inhaber	Privat	Bank	289.00
3.	Barbezug Bancomat	Kasse	Bank	500.00
4.	Kundeneinzahlungen	Bank	Forderungen L&L	1 730.00
5.	Bankkontogebühren	Finanzaufwand	Bank	25.00

7.8

a)

Soll		**Bank**		Haben
01.06. Anfangsbestand	2 780.00	02.06. Belastungen		7 214.00
04.06. Einzahlung	2 000.00	18.06. Barbezug		2 500.00
18.06. Gutschrift	3 260.00	24.06. Belastung		4 216.00
30.06. Saldo (Schuld)	**5 980.00**	30.06. Schuldzinsen		73.40
		30.06. Kommissionen, Spesen		16.60
	14 020.00			14 020.00

b)

Datum	Text	Soll	Haben	Betrag
1.6.	Eröffnung	Bank	Bilanz	2 780.00
2.6.	Überweisungen an Lieferanten	Verbindlichkeiten L&L	Bank	7 214.00
4.6.	Bareinzahlung	Bank	Kasse	2 000.00
18.6.	Barbezug	Kasse	Bank	2 500.00
18.6.	Gutschrift	Bank	Forderungen L&L	3 260.00
24.6.	Belastung	Verbindlichkeiten L&L	Bank	4 216.00
30.6.	Schuldzins	Finanzaufwand	Bank	73.40
30.6.	Kommission / Spesen	Finanzaufwand	Bank	16.60
30.6.	Abschluss	Bank	Bilanz	5 980.00

Hinweis: Diese Aufgabe zeigt anschaulich, dass man nur aufgrund der Buchungssätze nicht erkennen kann, ob das Bankkonto im jeweiligen Moment ein Aktiv- oder Passivkonto ist. In der Aufgabe wechselt das Bankkonto gleich nach der ersten Buchung von einem Aktiv- zu einem Passivkonto, was aber erst durch die Berechnung des Saldos ersichtlich wird.

7.9 Lieferant B. Looser, Aarau

Datum	Text	Soll	Haben	Betrag
1.1.	Eröffnung	Verbindlichkeiten L&L	Verbindlichkeiten Looser	72 000
7.1.	Rechnung	Handelswarenaufwand	Verbindlichkeiten Looser	7 000
9.1.	Gegenlieferung	Verbindlichkeiten Looser	Handelswarenertrag	12 600
13.1.	Skonto	Verbindlichkeiten Looser	Handelswarenaufwand	780
	Banküberweisung	Verbindlichkeiten Looser	Bank	38 220
19.1.	Warenrücksendung	Verbindlichkeiten Looser	Handelswarenaufwand	2 000
26.1.	Fracht zu Lasten Looser	Verbindlichkeiten Looser	Kasse	100
28.1.	Rabatt	Verbindlichkeiten Looser	Handelswarenaufwand	2 400
	Banküberweisung	Verbindlichkeiten Looser	Bank	18 000
31.1.	Abschluss / Übertrag	Verbindlichkeiten Looser	Verbindlichkeiten L&L	4 900

Soll	Verbindlichkeiten Looser, Aarau		Haben
09.01.	12 600	01.01.	72 000
13.01.	780	07.01.	7 000
13.01.	38 220		
19.01.	2 000		
26.01.	100		
28.01.	2 400		
28.01.	18 000		
31.01. Saldo/Übertrag Sammelkonto	**4 900**		
	79 000		79 000

7.10 Lieferant Müller AG, Luzern aus Sicht N. Waser, Brugg

Datum	Text	Soll	Haben	Betrag
1.3.	Eröffnung / Übertrag	Verbindlichkeiten L&L	Verbindlichkeiten Müller	5 200
6.3.	Zahlung	Verbindlichkeiten Müller	Kasse	2 700
16.3.	Rücksendung	Verbindlichkeiten Müller	Handelswarenaufwand	800
18.3.	Rechnung Nr. 138	Handelswarenaufwand	Verbindlichkeiten Müller	4 000
21.3.	Banküberweisung	Verbindlichkeiten Müller	Bank	1 700
23.3.	Rechnung Nr. 217	Handelswarenaufwand	Verbindlichkeiten Müller	5 000
28.3.	Zahlung Nr. 138	Verbindlichkeiten Müller	Handelswarenaufwand	80
	Zahlung Nr. 138	Verbindlichkeiten Müller	Bank	3 920
	Abschluss / Übertrag	Verbindlichkeiten Müller	Verbindlichkeiten L&L	5 000

Soll	Verbindlichkeiten Müller, Luzern		Haben
06.03.	2 700	01.03. Anfangsbestand	5 200
16.03.	800	18.03.	4 000
21.03.	1 700	23.03.	5 000
28.03.	80		
28.03.	3 920		
28.03. Saldo/Übertrag	**5 000**		
	14 200		14 200

7.11 Bergrestaurant «Alpenglöggli»

Datum	Text	Soll	Haben	Betrag
5.5.	Anzahlung	Kasse	erhaltene Anzahlungen	300.00
21.6.	Übernachtungen, Frühstück	Forderungen L&L	Dienstleistungsertrag Beherbergung	720.00
	Getränke, Nachtessen	Forderungen L&L	Dienstleistungsertrag Restaurant	1 677.00
	Rückbuchung, Anzahlung	erhaltene Anzahlungen	Forderungen L&L	300.00
	Zahlung Kreditkarte	Forderungen Kartenorganisationen	Forderungen L&L	2 097.00
22.6.	Verfall Anzahlung	erhaltene Anzahlungen	übriger Betriebsertrag	300.00
30.6.	Überweisung Kartenorganisation	Bank	Forderungen Kartenorganisationen	2 023.60
	Kommission	Finanzaufwand	Forderungen Kartenorganisationen	73.40
2.7.	Schuldzinsen Bank	Finanzaufwand	Bank	208.45
	Spesen	Finanzaufwand	Bank	24.55
5.7.	Kassenmanko	übriger Betriebsaufwand	Kasse	49.00

7.12

a) Verbuchungen Architekturbüro Sotta, Lieferant

Datum	Text	Soll	Haben	Betrag
18.4.	Auftragseingang	Keine Buchung		
20.4.	Zahlung	Bank	erhaltene Anzahlungen	31 000
29.6.	Lieferung	Forderungen L&L	Dienstleistungsertrag	93 000
	Rückbuchung Anzahlung	erhaltene Anzahlungen	Forderungen L&L	31 000
3.7.	2. Rate	Bank	Forderungen L&L	31 000
15.7.	Rabatt	Dienstleistungsertrag	Forderungen L&L	3 000
2.8.	Restzahlung	Bank	Forderungen L&L	28 000

b) Verbuchungen Bosshardt, Käufer

Datum	Text	Soll	Haben	Betrag
18.4.	Auftragserteilung	Keine Buchung		
20.4.	Zahlung	geleistete Anzahlungen	Bank	31 000
29.6.	Lieferung	Immobilien	sonstige Verbindlichkeiten	93 000
	Rückbuchung Anzahlung	sonstige Verbindlichkeiten	geleistete Anzahlungen	31 000
3.7.	2. Rate	sonstige Verbindlichkeiten	Bank	31 000
15.7.	Rabatt	sonstige Verbindlichkeiten	Immobilien	3 000
2.8.	Restzahlung	sonstige Verbindlichkeiten	Bank	28 000

Lösungen Repetitionsaufgaben

7.13

a) • Geldwechselfehler: Kunde erhält zuviel oder zuwenig Geld.
   • Buchungsfehler: Ein Einnahme- oder Ausgabebetrag wird gar nicht oder mit einem falschen Betrag gebucht.

b) • Bankkonto und Kontoauszug punktieren (= Stichprobenartig auf ihre Übereinstimmung überprüfen)
   • Bei festgestellten Differenzen Buchungsbeleg überprüfen (korrekte Verbuchung?)
   • Verbleibende Differenzen durch Rücksprache mit der Bank klären.

c) • Bank
   • Verbindlichkeiten aus Lieferung und Leistung
   • erhaltene Anzahlungen

d) Schlussbuchungen

Datum	Text	Soll	Haben
31.12.	Kasse	Bilanz	Kasse
31.12.	Bank Aktiv (Guthaben, Sollüberschuss) Bank Passiv (Schuld, Habenüberschuss)	Bilanz Bank	Bank Bilanz
31.12.	Forderungen aus L&L	Bilanz	Forderungen L&L
31.12.	Verbindlichkeiten aus L&L	Verbindlichkeiten L&L	Bilanz
31.12.	geleistete Anzahlungen	Bilanz	geleistete Anzahlungen
31.12.	erhaltene Anzahlungen	erhaltene Anzahlungen	Bilanz

7.14

Datum	Text	Soll	Haben	Betrag
2.12.	Rechnung Reparatur	Forderungen L&L	Dienstleistungsertrag	170.00
3.12.	Anzahlung Maschine	geleistete Anzahlungen	Bank	1 500.00
4.12.	Kreditkartenzahlung	Forderungen Kartenorganisationen	Handelswarenertrag	2 500.00
5.12.	Gutschrift Kartenorganisation	Bank	Forderungen Kartenorganisationen	2 425.00
	Kommission	Finanzaufwand	Forderungen Kartenorganisationen	75.00
11.12.	Rabatt	Verbindlichkeiten L&L	Handelswarenaufwand	500.00
	Skonto	Verbindlichkeiten L&L	Handelswarenaufwand	90.00
	Zahlung	Verbindlichkeiten L&L	Bank	4 410.00
11.12.	Kassenmanko	übriger Betriebsaufwand	Kasse	19.00
12.12.	Werbeinserat	Werbeaufwand	sonstige Verbindlichkeiten	395.00
14.12.	Rücksendung	Verbindlichkeiten L&L	Handelswarenaufwand	740.00
17.12.	Lieferung Maschine	Maschinen	sonstige Verbindlichkeiten	3 000.00
	Verrechnung	sonstige Verbindlichkeiten	geleistete Anzahlungen	1 500.00
19.12.	Restzahlung	sonstige Verbindlichkeiten	Bank	1 500.00
28.12.	Umsatzbonus	Verbindlichkeiten L&L	Handelswarenaufwand	300.00
31.12.	Bestandeskorrektur	Handelswarenaufwand	Vorräte Handelswaren	1 250.00
31.12.	Schuldzinsen	Finanzaufwand	Bank	156.75
	Bankspesen	Finanzaufwand	Bank	24.80

8 Buchhaltungsorganisation

2013 hat der Kontenrahmen KMU des Gewerbeverbandes einschneidende Änderungen erfahren. Das neue Rechnungslegungsrecht lehnt sich stärker an allgemein anerkannte Rechnungslegungsstandards an. Dadurch ergeben sich Anpassungen im Kontenrahmen. Es wurden

- neue Kontengruppen eingeführt (kurzfristig gehaltene Aktiven mit Börsenkurs),
- Kontengruppen getauscht (Abschreibungen und Finanzerfolg),
- Kontengruppen inhaltlich neu zusammengeführt (Erträge und Aufwände von Finanzanlagen in den Finanzerfolg integriert) oder
- einzelne Konten gelöscht (aktivierte Aufwände)

Die Grösse EBT wird teilweise unterschiedlich definiert. Die Autoren des Kontenrahmens 2013 sehen dies als Pendent zum EBIT, indem sie ein Ergebnis aus ordentlicher Betriebstätigkeit vor Steuern zeigen wollen. Im Unterschied dazu findet man international häufig kein ausserordentliches Ergebnis sowie auch keine betrieblichen Nebenerfolge. Der Schweizerische Gesetzgeber hat dies aber nicht gewollt. Die Autoren des vorliegenden Lehrmittels gehen von der internationalen Interpretation aus, d. h. wenn es international die Kontenklassen 7 und 8 nicht geben darf, müssen diese Geschäftsfälle in den sechs ersten Kontenklassen eingebucht werden. Entsprechend ist der EBT im schweizerischen Sinne bei internationaler Vergleichbarkeit nach der Kontenklasse 8 einzuordnen.

 Lösungen

8.1
Der Kontenrahmen ist eine Richtlinie für den Kontenplan einer Unternehmung. Der Kontenrahmen ist ein Musterrahmen für ganze Branchen. Der Kontenplan ist die systematische Zusammenstellung der Konten für ein Unternehmen.

8.2
a) Kontenklasse
b) Kontenhauptgruppe
c) Kontengruppe
d) Einzelkonto

8.3

a) 11
b) 12
c) 14
d) 16
e) 20
f) 24
g) 28

8.4

a) Baraus- und -einzahlungen
b) Zu- und Abnahmen von Guthaben von Kunden
c) Zu- und Abnahmen des Mobiliars, bzw. Einrichtungen
d) Zu- und Abnahmen bei Bankschulden

8.5

Nr	Text	Soll	Haben	Betrag
1.	Rückzahlung Bankhypothek	2400	1020	15
2.	Barbezug Bank	1000	1020	2
3.	Kreditkauf Grundstück	1600	2210	65
4.	Aufnahme Hypothek, Bank	1020	2400	45
5.	Kundenüberweisungen, Bank	1020	1100	6
6.	Barkauf Schneidemaschine	1520	1000	1
7.	Rückzahlung unserer Darlehensschuld bei der Bank, Bank	2400	1020	5
8.	Bareinzahlung am Bankschalter	1020	1000	2
9.	Beteiligung an Rohstofflieferant, Bank	1480	1020	45
10.	Wertschriftenverkauf, Bank	1020	1060	15
11.	Verrechnung Kundenguthaben mit Mobiliarlieferung	1510	1100	2
12.	Umwandlung Lieferantenschuld in Passivdarlehen	2000	2450	3

8.6

a) 32
b) 42
c) 52
d) 60
e) 62
f) 89

8.7

a) Erträge und Ertragsminderungen aus erbrachten Dienstleistungen
b) Lohnaufwände und Lohnaufwandsminderungen des Bereichs Handel
c) Energie- und Entsorgungsaufwände
d) Zinserträge von Bankkonten sowie Erträge aus Wertschriften

8.8

a) Rückzahlung der Darlehensschuld bei der Bank zu Lasten Bankguthaben
b) Abschreibung auf Fahrzeugen
c) Kunden zahlen Rechnungen durch die Bank
d) Barverkauf eines gebrauchten PC's
e) Barbezug vom Bankkonto
f) Wertschriftenkauf durch die Bank als Liquiditätsreserve
g) Empfang der Steuerrechnung
h) Barzahlung von Werbeausgaben
i) Gutschrift der Bank für Zinsen, bzw. Wertschriftenerträge
k) Versand der Kundenrechnung für erbrachte Dienstleistungen

8.9

a) Aus den Kontenklassen 3 bis 8
b) Aus den Kontenklassen 3 bis 6
c) Aus den Kontenklassen 3 bis 6, ohne Kontengruppe 69

8.10

a)	Betriebsergebnis (Erfolg Kerngeschäft)	CHF	210 000
	EBIT	CHF	220 000
b)	EBITDA	CHF	300 000
	Jahresgewinn	CHF	155 000
c)	EBIT	CHF	240 000
	Jahresgewinn	CHF	170 000
d)	EBT	CHF	210 000
	Bruttoergebnis 1	CHF	500 000
e)	Bruttoergebnis 1	CHF	530 000
	EBITDA	CHF	250 000
f)	EBIT	CHF	185 000
	Betriebsergebnis (Erfolg Kerngeschäft)	CHF	195 000

8.11

a) Erfolgsrechnung Kontenform

Aufwände	Erfolgsrechnung		Erträge
Handelswarenaufwand	128 990	Handelswarenertrag	255 150
Bruttogewinn	**126 996**	Eigenverbrauch	836
	255 986		255 986
Lohnaufwand	90 400	Bruttogewinn	126 996
Raumaufwand	13 000		
Werbeaufwand	223		
übriger Betriebsaufwand	2 280		
Abschreibungen	8 700		
Finanzaufwand	4 500		
Betriebsgewinn			
(Erfolg Kerngeschäft)	**7 893**		
	126 996		126 996
Immobilienaufwand	5 400	Betriebsgewinn	7 893
Jahresgewinn vor Steuern (EBT)	**26 493**	Immobilienertrag	24 000
	31 893		31 893
Steueraufwand	12 000	Jahresgewinn vor Steuern	26 493
Jahresgewinn	**14 493**		
	26 493		26 493

b) Erfolgsrechnung in Berichtsform

Erfolgsrechnung		
Handelswarenertrag		255 150
Eigenverbrauch		836
Handelswarenaufwand		– 128 990
Bruttoergebnis 1		**126 996**
Lohnaufwand	**– 90 400**	**– 90 400**
Bruttoergebnis 2		**36 596**
Raumaufwand	– 13 000	
Werbeaufwand	– 223	
übriger Betriebsaufwand	– 2 280	
übriger betrieblicher Aufwand (ohne Finanzerfolg und Abschreibungen)	**– 15 503**	**– 15 503**
Betriebliches Ergebnis 1 (EBITDA)		**21 093**
Abschreibungen		– 8 700
Betriebliches Ergebnis 2 (EBIT)	**–**	**12 393**
Finanzertrag	0	
Finanzaufwand	– 4 500	
Finanzergebnis	**– 4 500**	**– 4 500**
Betriebsgewinn (Erfolg Kerngeschäft)		**7 893**
Immobilienertrag	24 000	
Immobilienaufwand	– 5 400	
Liegenschaftsergebnis	**18 600**	**18 600**
Jahresgewinn vor Steuern (EBT)		**26 493**
Steueraufwand		– 12 000
Jahresgewinn		**14 493**

8.12

Die Erfolgsrechnung entspricht in den Proportionen jener der Pilatusbahnen bei Luzern.

Erfolgsrechnung		
Transportertrag		14 976
Umsatz Gastronomie		7 568
Umsatz Merchandising		2 046
übriger Betriebsertrag		1 353
Warenaufwand Gastronomie	– 1 681	
Warenaufwand Merchandising	– 828	
Warenaufwand total	**– 2 509**	**– 2 509**
Bruttoergebnis 1		**23 434**
Personalaufwand		**– 10 392**
Bruttoergebnis 2		**13 042**
Unterhalt und Reparaturen	– 1 244	
Sachversicherungsaufwand	– 489	
Gebühren und Konzessionen	– 406	
Energie- und Entsorgungsaufwand	– 710	
Verwaltungs- und Informatikaufwand	– 576	
Werbeaufwand	– 1 547	
übriger Betriebsaufwand	– 486	
sonstiger Betriebsaufwand (ohne Finanzerfolg und Abschreibungen)	**– 5 458**	**– 5 458**
Betriebsergebnis 1 (EBITDA)		**7 584**
Abschreibungen		– 6 644
EBIT		**940**
Finanzertrag	130	
Finanzaufwand	– 15	
Finanzergebnis	**115**	**115**
Betriebsergebnis (Erfolg Kerngeschäft)		**1 055**
Immobilienertrag	76	
Immobilienaufwand	– 35	
Liegenschaftsergebnis	**41**	**41**
EBT		**1 096**
Steueraufwand		– 341
Jahresgewinn		**755**

8.13

Kontenplan Seewer			Kto Nr.
Klasse 1	100	Kasse	1000
	102	Bank	1020
	110	Forderungen aus Lieferung und Leistung	1100
	114	sonstige Forderungen	1190
	121	Vorräte Handelswaren	1200
	150	Mobiliar und Einrichtungen	1510
Klasse 2	200	Verbindlichkeiten aus Lieferung und Leistung	2000
	200	sonstige Verbindlichkeiten	2210
	240	Passivdarlehen	2450
	280	Kapital	2800
	285	Privat	2850
Klasse 3	320	Handelswarenertrag	3200
Klasse 4	420	Handelswarenaufwand	4200
Klasse 5	520	Lohnaufwand	5200
	570	Sozialversicherungsaufwand	5700
Klasse 6	600	Raumaufwand	6000
	640	Energie- und Entsorgungsaufwand	6400
	650	Verwaltungsaufwand	6500
	650	Informatikaufwand	6570
	660	Werbeaufwand	6600
	670	übriger Betriebsaufwand	6700
	680	Abschreibungen	6800
	690	Finanzaufwand	6900
	695	Finanzertrag	6950
Klasse 8	800	ausserordentlicher, einmaliger oder periodenfremder Ertrag	8500
	801	ausserordentlicher, einmaliger oder periodenfremder Aufwand	8510
	890	Steueraufwand	8900
Klasse 9	900	Erfolgsrechnung	9000
	910	Bilanz	9100

8.14

Kontenplan Detailhandelsgeschäft		
Klasse 1	**10 Umlaufvermögen**	
	100 flüssige Mittel	
		1000 Kasse
	110 Forderungen	
		1100 Forderungen aus Lieferung und Leistung
		1190 sonstige Forderungen
	120 Vorräte	
		1200 Vorräte Handelswaren
	14 Anlagevermögen	
	150 mobile Sachanlagen	
		1510 Mobiliar und Einrichtungen
		1520 Büromaschinen, IT
Klasse 2	**20 kurzfristiges Fremdkapital**	
	2000 Verbindlichkeiten aus Lieferung und Leistung	
	2100 Bankschuld (Kontokorrent)	
	2210 sonstige Verbindlichkeiten	
	24 langfristiges Fremdkapital	
	2400 Bankdarlehen	
	28 Eigenkapital	
	2800 Eigenkapital	
	2850 Privat	
Klasse 3	**betrieblicher Ertrag aus Lieferung und Leistung**	
	3200 Handelswarenertrag	
Klasse 4	**Aufwand für Material, Handelswaren, Dienstleistungen und Energie**	
	4200 Handelswarenaufwand	
Klasse 5	**Personalaufwand**	
	5200 Lohnaufwand	
	5700 Sozialversicherungsaufwand	
Klasse 6	**übriger betrieblicher Aufwand, Abschreibungen sowie Finanzergebnis**	
	6000 Raumaufwand	
	6100 Unterhalt und Reparaturen	
	6300 Sachversicherungsaufwand	
		6310 Schaufensterversicherung
		6320 Mobiliarversicherung
	6400 Energie- und Entsorgungsaufwand	
	6500 Verwaltungsaufwand	
	6570 Informatikaufwand	
	6600 Werbeaufwand	
	6700 übriger Betriebsaufwand	
	6800 Abschreibungen	
	6900 Finanzaufwand	
	6950 Finanzertrag	
Klasse 8	**betriebsfremder, ausserordentlicher, einmaliger oder periodenfremder Aufwand und Ertrag**	
	8000 ausserordentlicher, einmaliger oder periodenfremder Ertrag	
	8010 ausserordentlicher, einmaliger oder periodenfremder Aufwand	
	8900 Steueraufwand	
Klasse 9	**Abschluss**	
	9000 Erfolgsrechnung	
	9100 Bilanz	

8.15

Teilaufgabe 1	Erfolgsrechnung	a)	b)
a) Das Unternehmen schreibt Einrichtungen mit CHF 10 000.– ab.	Bruttoergebnis 1	0	0
	EBITDA	0	0
Abschreibungen / Mobiliar und Einrichtungen CHF 10 000	EBIT	–	0
b) Das Unternehmen erhält die provisorische Steuerrechnung über CHF 23 000.–.	Erfolg Kerngeschäft	–	0
	EBT	–	0
Steueraufwand / sonstige Verbindlichkeiten CHF 23 000	Jahresgewinn/-verlust	–	–

Teilaufgabe 2	Erfolgsrechnung	a)	b)
a) Das Handelsunternehmen verkauft Waren für CHF 5 000.– auf Rechnung an Kunden.	Bruttoergebnis 1	+	+
	EBITDA	+	+
Forderungen L&L / Handelswarenertrag CHF 5 000	EBIT	+	+
b) Der Einzelunternehmer bezieht Waren im Werte von CHF 5 000.– für seinen Privathaushalt.	Erfolg Kerngeschäft	+	+
	EBT	+	+
Privat / Eigenverbrauch CHF 5 000	Jahresgewinn/-verlust	+	+

Teilaufgabe 3	Erfolgsrechnung	a)	b)
a) Die Bank schreibt den Zins eines Aktivdarlehens von CHF 1 200.– auf unserem Bankkonto gut.	Bruttoergebnis 1	0	0
	EBITDA	0	0
Bank / Finanzertrag CHF 1 200	EBIT	0	0
b) Die Bank schreibt uns die Mietzinsen von CHF 12 000.– für vermietete Büroräume gut.	Erfolg Kerngeschäft	+	0
	EBT	+	+
Bank / Immobilienertrag CHF 12 000	Jahresgewinn/-verlust	+	+

Teilaufgabe 4	Erfolgsrechnung	a)	b)
a) Das Handelsunternehmen erhält nachträglich CHF 4 000.– Mengenrabatt für eingekaufte Waren.	Bruttoergebnis 1	+	+
	EBITDA	+	0
Verbindlichkeiten L&L / Handelswarenaufwand CHF 4 000	EBIT	+	0
b) Der Eigentümer des Unternehmens bezieht für CHF 200.– Waren vom Lager und benützt diese als Werbegeschenke für einen Grosskunden.	Erfolg Kerngeschäft	+	0
	EBT	+	0
	Jahresgewinn/-verlust	+	0
Werbeaufwand / Handelswarenaufwand CHF 200			

Teilaufgabe 5	Erfolgsrechnung	a)	b)
a) Ein Unternehmen erhält eine Rechnung für eine Maschine inkl. Installationskosten über CHF 30 000.–	Bruttoergebnis 1	0	0
	EBITDA	0	–
Maschinen / sonstige Verbindlichkeiten CHF 30 000	EBIT	0	–
b) Ein Unternehmen erhält eine Rechnung für die Maschinenreparatur über CHF 4 800.–	Erfolg Kerngeschäft	0	–
	EBT	0	–
Unterhalt und Reparaturen / sonstige Verbindlichkeiten CHF 4 800	Jahresgewinn/-verlust	0	–

8.16

Journal:

Datum	Text	Soll	Haben	Betrag
1.1.	Eröffnung	Aktivkonten Bilanz	Bilanz Passivkonten	57 500 57 500
3.1.	Barausgabe Schreibmaterial	Verwaltungsaufwand	Kasse	800
5.1.	Kundenhonorar Kägi bar	Kasse	Dienstleistungsertrag	2 200
7.1.	Rechnung an Eugster	Forderungen aus L&L	Dienstleistungsertrag	3 500
8.1.	Bankzahlung für Fahrzeug-versicherung und -steuern	übriger Betriebsaufwand	Bank	1 300
10.1.	Rechnung an Suhner	Forderungen aus L&L	Dienstleistungsertrag	800
15.1.	Bürosessel, Apell-Line	Mobiliar	sonstige Verbindlichkeiten	1 700
16.1.	Bareinnahme für Abschluss Fitnesscenter Alpiger	Kasse	Dienstleistungsertrag	12 900
18.1.	Rabatt Bankzahlung Apell-Line	sonstige Verbindlichkeiten sonstige Verbindlichkeiten	Mobiliar Bank	170 1 530
25.1.	Lohnzahlungen	Lohnaufwand	Bank	16 000
30.1.	Büromiete	Raumaufwand	Kasse	2 500

Konten:

S	Kasse		H
AB	1 500		800
	2 200		2 500
	12 900		
		S	13 300
	16 600		16 600

S	Bank		H
AB	22 000		1 300
			1 530
			16 000
		S	3 170
	22 000		22 000

S	Forderungen aus L&L		H
AB	11 500		
	3 500		
	800		
		S	15 800
	15 800		15 800

S	sonstige Forderungen		H
AB	500		
		S	500
	500		500

S	Mobiliar		H
AB	15 800		170
	1 700	S	17 330
	17 500		17 500

S	Fahrzeuge		H
AB	6 200		
		S	6 200
	6 200		6 200

S	Verbindlichkeiten aus L&L		H
		AB	800
S	800		
	800		800

S	sonstige Verbindlichkeiten		H
	170	AB	13 700
	1 530		1 700
S	13 700		
	15 400		15 400

S	Eigenkapital		H
		AB	43 000
S	43 000		
	43 000		43 000

S	Lohnaufwand		H
	16 000	S	16 000
	16 000		16 000

S	Raumaufwand		H
	2 500	S	2 500
	2 500		2 500

S	Verwaltungsaufwand		H
	800	S	800
	800		800

S	übriger Betriebsaufwand		H
	1 300		
		S	1 300
	1 300		1 300

S	Dienstleistungsertrag		H
			2 200
			3 500
			800
S	19 400		12 900
	19 400		19 400

8.17 Rechtsanwalt

a) Eröffnungsbilanz

Aktiven	Eröffnungsbilanz		Passiven
Umlaufvermögen	**Fremdkapital**		
Kasse	90 000	Bankdarlehen	100 000
Bank	160 000		
Forderungen aus L&L	248 000		
sonstige Forderungen	2 000		
Anlagevermögen	**Eigenkapital**		
Mobiliar	20 000	Eigenkapital	420 000
	520 000		520 000

b) Journal

Datum	Text	Soll	Haben	Betrag
1.1.	Eröffnung	Aktivkonten Bilanz	Bilanz Passivkonten	520 000 520 000
3.1.	Bareinzahlung Post	Bank	Kasse	80 000
6.1.	Rechnung Näf	Forderungen aus L&L	Dienstleistungsertrag	30 500
8.1.	Sitzungsgelder	Bank	Nebenertrag	500
12.1.	Sicherheitsüberwachung	übriger Betriebsaufwand	Kasse	1 200
16.1.	Überweisung Signer	Bank	Forderungen aus L&L	40 600
25.1.	Rechnung Bänziger	Forderungen aus L&L	Dienstleistungsertrag	1 750
26.1.	Büromöbel v. Klient Preisig	Mobiliar	Forderungen aus L&L	21 000
27.1.	Darlehenszinsen	Finanzaufwand	Bank	4 800
29.1.	Lohnzahlungen	Lohnaufwand	Bank	120 000
30.1.	Miete	Raumaufwand	Bank	10 800
30.1.	Barzahlung Hotelierverein	Kasse	Forderungen aus L&L	80

c) Konten

S	Kasse		H
AB	90 000		80 000
	80		1 200
		S	8 880
	90 080		90 080

S	Bank		H
AB	160 000		4 800
	80 000		120 000
	500		10 800
	40 600	S	145 500
	281 100		281 100

S	Forderungen aus L&L		H
AB	248 000		40 600
	30 500		21 000
	1 750		80
		S	218 570
	280 250		280 250

S	sonstige Forderungen		H
AB	2 000		
		S	2 000
	2 000		2 000

S	Mobiliar		H
AB	20 000		
	21 000	S	41 000
	41 000		41 000

S	Bankdarlehen		H
		AB	100 000
S	100 000		
	100 000		100 000

S	Eigenkapital		H
S	420 000	AB	420 000
	420 000		420 000

S	Lohnaufwand		H
	120 000	S	120 000
	120 000		120 000

S	Raumaufwand		H
	10 800	S	10 800
	10 800		10 800

S	Finanzaufwand		H
	4 800		
		S	4 800
	4 800		4 800

S	übriger Betriebsaufwand		H
	1 200		
		S	1 200
	1 200		1 200

S	Dienstleistungsertrag		H
			30 500
S	32 250		1 750
	32 250		32 250

S	Nebenertrag		H
S	500		500
	500		500

8.18

a) Belegnummer 345

Konto	Soll	Haben
6300	291.25	
1020		291.25
Total	291.25	291.25
Datum:	1.9.20..	
Visum:		

b) Belegnummer 372

Konto	Soll	Haben
6000	5 600.–	
1020 oder 2100		5 600.–
Total	5 600.–	5 600.–
Datum:	02.10.20..	
Visum:		

c) Belegnummer 378

Konto	Soll	Haben
6000	2 340.30	
2001		2 340.30
Total	2 340.30	2 340.30
Datum:	02.12.20..	
Visum:		

d) Belegnummer 391

Konto	Soll	Haben
6500	346.80	
2001		346.80
Total	346.80	346.80
Datum:	17.12.20..	
Visum:		

Produktionsunternehmen

Als Einführung zu Kapitel 9.5 nicht fakturierte Dienstleistungen schlagen die Autoren folgende Aufgabe vor. Sie finden nachfolgend die Aufgabenstellung als Kopiervorlage und auf der nächsten Seite die Aufgabe mit Lösung.

Einführungsaufgabe zu Kapitel 9.5 nicht fakturierte Dienstleistungen

Ein Verkehrsplanungsunternehmen erhält im September des Jahres 20.1 einen Auftrag, der mehrere Jahre dauert. Es soll eine neue Strassenverkehrsführung durch ein städtisches Quartier planen und realisieren. Das erwartete Auftragsvolumen liegt bei ungefähr CHF 13 Mio. Dafür wird ein eigenes Konto *Dienstleistungsertrag* eingerichtet. Zur Vereinfachung erfolgt bei Rechnungsstellung gleichentags die Zahlung auf das Bankkonto.

a) Erstellen Sie die Buchungssätze während des Jahres sowie die jeweiligen Abschlussbuchungen.
b) Wie hoch waren die in den einzelnen Jahren erbrachten Leistungen?

	Buchungssatz		nicht fakturierte Dienstleistungen			Bestandesänderungen		Dienstleistungsertrag	
	Soll	Haben	Soll		Haben	Soll	Haben	Soll	Haben
Jahr 20.1 Im Oktober erhält das Planungsunternehmen für seine in Rechnung gestellten Leistungen CHF 1 Mio. auf das Bankkonto überwiesen. Ende Jahr errechnet es die eigenen Leistungen, die noch nicht in Rechnung gestellt wurden auf CHF 4 Mio.									
Jahr 20.2 Im November erhält das Planungsunternehmen für seine abgerechneten Leistungen CHF 7 Mio. auf die Bank überwiesen. Ende Jahr belaufen sich die noch nicht in Rechnung gestellten Leistungen auf CHF 3 Mio.									
Jahr 20.3 Im Oktober wird die neue Verkehrsführung von der Behörde dem Verkehr übergeben. Das Planungsunternehmen erhält für seine definitiv abgerechneten Leistungen CHF 5.5 Mio. auf das Bankkonto überwiesen.									

Lösung zur Einführungsaufgabe: Kapitel 9.5 nicht fakturierte Dienstleistungen

a) Journal

Jahr 20.1
Im Oktober erhält das Planungsunternehmen für seine in Rechnung gestellten Leistungen CHF 1 Mio. auf das Bankkonto überwiesen. Ende Jahr errechnet es die eigenen Leistungen, die noch nicht in Rechnung gestellt wurden auf CHF 4 Mio.

Buchungssatz Soll	Buchungssatz Haben	nicht fakt. DL Soll	nicht fakt. DL Haben	Bestandesänderungen Soll	Bestandesänderungen Haben	Dienstleistungsertrag Soll	Dienstleistungsertrag Haben
Bank	Dienstleistungsertrag						1
nicht fakt. Dienstleistungen	Bestandesänderung	4			4		
Bilanz	nicht fakt. Dienstleistungen		**S** 4				
Bestandesänderungen	Erfolgsrechnung			**S** 4			
Dienstleistungsertrag	Erfolgsrechnung					**S** 1	
		4	4	4	4	1	1

Jahr 20.2
Im November erhält das Planungsunternehmen für seine abgerechneten Leistungen CHF 7 Mio. auf die Bank überwiesen. Ende Jahr belaufen sich die noch nicht in Rechnung gestellten Leistungen auf CHF 3 Mio.

Buchungssatz Soll	Buchungssatz Haben	nicht fakt. DL Soll	nicht fakt. DL Haben	Bestandesänderungen Soll	Bestandesänderungen Haben	Dienstleistungsertrag Soll	Dienstleistungsertrag Haben
nicht fakt. Dienstleistungen	Bilanz	4					
Bank	Dienstleistungsertrag						7
Bestandesänderungen	nicht fakt. Dienstleistungen		1	1			
Bilanz	nicht fakt. Dienstleistungen		**S** 3				
Erfolgsrechnung	Bestandesänderungen				**S** 1		
Dienstleistungsertrag	Erfolgsrechnung					**S** 7	
		4	4	1	1	7	7

Jahr 20.3
Im Oktober wird die neue Verkehrsführung von der Behörde dem Verkehr übergeben. Das Planungsunternehmen erhält für seine definitiv abgerechneten Leistungen CHF 5.5 Mio. auf das Bankkonto überwiesen.

Buchungssatz Soll	Buchungssatz Haben	nicht fakt. DL Soll	nicht fakt. DL Haben	Bestandesänderungen Soll	Bestandesänderungen Haben	Dienstleistungsertrag Soll	Dienstleistungsertrag Haben
nicht fakt. Dienstleistungen	Bilanz	3					
Bank	Dienstleistungsertrag						5.5
Bestandesänderungen	nicht fakt. Dienstleistungen		3	3			
Erfolgsrechnung	Bestandesänderungen				**S** 3		
Dienstleistungsertrag	Erfolgsrechnung					**S** 5.5	
		3	3	3	3	5.5	5.5

b) Leistungsvergleich in den Jahren

	20.1	20.2	20.3
verrechnete Leistung im Konto Dienstleistungsertrag	1	7	5.5
Ausgewiesene Leistung in Erfolgsrechnung	5	6	2.5 (Ertrag +/– Bestandesänderungen)

9.1 Spannbetonwerke Ruderbach

Nr.	Text	Soll	Haben	Betrag
1.	Einkauf Rohmaterial	Materialaufwand	Verbindlichkeiten L&L	200
2.	Bezug Rohmaterial	Materialaufwand	Verbindlichkeiten L&L	50
3.	Skonto Überweisung	Verbindlichkeiten L&L Verbindlichkeiten L&L	Materialaufwand Bank	5 245
4.	Rechnung Spannbeton Rechnung Fertigbeton	Forderungen L&L Forderungen L&L	Ertrag Spannbeton Ertrag Fertigbeton	370 120
5.	Barverkauf Lastwagen	Kasse	Fahrzeuge	22
6.	Kauf Sattelschlepper	Fahrzeuge	sonstige Verbindlichkeiten	120
7.	Überweisung Bank	Bank	Forderungen L&L	460
8.	Lohnüberweisungen	Lohnaufwand	Bank	136
9.	Sattelschlepper Rabatt Verrechnung Überweisung	sonstige Verbindlichkeiten sonstige Verbindlichkeiten sonstige Verbindlichkeiten	Fahrzeuge Ertrag Spannbeton Bank	6 6 108
10.	Lieferung Kalkfabrik	Materialaufwand	Verbindlichkeiten L&L	12
11.	Bestandesänderungen	Materialaufwand Bestandesänderungen Vorräte Fertigfabrikate	Vorräte Rohmaterial Vorräte Halbfabrikate Bestandesänderungen	10 1 15

9.2 Lampenfabrik Delta

Nr.	Text	Soll	Haben	Betrag
1.	Rechnung Lagerhalle	Immobilien	sonstige Verbindlichkeiten	180 000
2.	Eigenleistung	Immobilien	Eigenleistungen	13 000
3.	Kauf Rohmaterial Kauf Hilfsmaterial	Materialaufwand Hilfsmaterialaufwand	Verbindlichkeiten L&L Verbindlichkeiten L&L	43 000 800
4.	Rabatt auf Glas	Verbindlichkeiten L&L	Materialaufwand	600
5.	Skonto Rohmaterial Skonto Hilfsmaterial Überweisung	Verbindlichkeiten L&L Verbindlichkeiten L&L Verbindlichkeiten L&L	Materialaufwand Hilfsmaterialaufwand Bank	848 16 42 336
6.	Lieferwagenkauf gegen Rechnung	Fahrzeuge	sonstige Verbindlichkeiten	24 000
7.	Skonto Lieferwagen Sachleistungen Leuchten Überweisung	sonstige Verbindlichkeiten sonstige Verbindlichkeiten sonstige Verbindlichkeiten	Fahrzeuge Produktionsertrag Bank	1 200 800 22 000
8.	Lampenverkäufe	Forderungen L&L	Produktionsertrag	86 000
9.	Versandspesen, bar	Produktionsertrag	Kasse	900
10.	Rücksendungen, defekt	Produktionsertrag	Forderungen L&L	3 000
11.	Rabatt Skonto Überweisung	Produktionsertrag Produktionsertrag Bank	Forderungen L&L Forderungen L&L Forderungen L&L	12 450 1 411 69 139
12.	Bestandesänderungen	Materialaufwand Vorräte Hilfsmaterial Bestandesänderungen Vorräte Fertigfabrikate	Vorräte Rohmaterial Hilfsmaterialaufwand Vorräte Halbfabrikate Bestandesänderungen	5 000 500 4 000 9 000

9.3 TOOLFIT AG

a) 1. Vorräte Rohmaterial   an Materialaufwand   4
      Bestandesänderungen   an Vorräte Fertigfabrikate   2
   2. Werkzeuge und Geräte an Eigenleistungen   3

b) 1. 1395   Einstandswert des verbrauchten Rohmaterials
   2. 136   Jahresgewinn TOOLFIT AG

Aufwände	Erfolgsrechnung		Erträge
Materialaufwand	1 395	Produktionsertrag	4 713
Hilfsmaterialaufwand	20	Bestandesänderungen	– 2
Lohnaufwand	2 230	Eigenleistungen	3
übriger Betriebsaufwand	933		
Jahresgewinn	**136**		
	4 714		4 714

9.4 Produktionsunternehmen

a)
1. falsch   Einstandswert eingekauftes Rohmaterial = 50 000
2. falsch   Rohmaterialbestandesabnahme 18 000, d. h. Verbrauch > Einkauf
3. falsch   Rabatte ja, aber Bezugskosten nein
4. richtig

b)

Nr.	Text	Soll	an	Haben	Betrag
1.	Einkauf Rohmaterial	Materialaufwand	an	Verbindlichkeiten L&L	5 000
2.	Verkauf Fabrikate	Forderungen L&L	an	Produktionsertrag	12 000
3.	Wärmepumpen	Immobilien	an	Eigenleistungen	30 000
4.	Bestandesänderung	Vorräte Rohmaterial	an	Materialaufwand	2 000
5.	Bestandesänderung	Bestandesänderungen	an	Vorräte Fertigfabrikate	4 000

9.5 Maschinenfabrik Gadient

a) Journal

Nr.	Text	Soll	Haben	Betrag
1.	Eröffnung	Vorräte Rohmaterial	Bilanz	90
		Vorräte Hilfsmaterial	Bilanz	40
		Vorräte Halbfabrikate	Bilanz	60
		Vorräte Fertigfabrikate	Bilanz	80
2.	Einkäufe	Hilfsmaterialaufwand	Verbindlichkeiten L&L	30
		Materialaufwand	Verbindlichkeiten L&L	120
3.	Verkäufe	Forderungen L&L	Produktionsertrag	16
		Forderungen L&L	Produktionsertrag	400
4.	Eigenleistungen	Maschinen	Eigenleistungen	100
5.	Bestandesänderungen	Materialaufwand	Vorräte Rohmaterial	30
		Vorräte Hilfsmaterial	Hilfsmaterialaufwand	12
		Bestandesänderungen	Vorräte Halbfabrikate	4
		Vorräte Fertigfabrikate	Bestandesänderungen	3

b) Konten

S	Vorräte Rohmaterial		H
AB	90		30
		S	60
	90		90

S	Vorräte Hilfsmaterial		H
AB	40		
	12	S	52
	52		52

S	Vorräte Halbfabrikate		H
AB	60		4
		S	56
	60		60

S	Vorräte Fertigfabrikate		H
AB	80		
	3	S	83
	83		83

S	Materialaufwand		H
	120		
	30	S	150
	150		150

S	Hilfsmaterialaufwand		H
	30		12
		S	18
	30		30

S	Bestandesänderungen		H
	4		3
		S	1
	4		4

S	Eigenleistungen		H
			100
	S	100	
	100		100

S	Produktionsertrag		H
			16
	S	416	400
	416		416

Nr.	Text	Soll	Haben	Betrag
	Abschluss	Bilanz	Vorräte Rohmaterial	60
		Bilanz	Vorräte Hilfsmaterial	52
		Bilanz	Vorräte Halbfabrikate	56
		Bilanz	Vorräte Fertigfabrikate	83
		Erfolgsrechnung	Materialaufwand	150
		Erfolgsrechnung	Hilfsmaterialaufwand	18
		Erfolgsrechnung	Bestandesänderungen	1
		Produktionsertrag	Erfolgsrechnung	416
		Eigenleistungen	Erfolgsrechnung	100

9.6

a)

Jahr	Text	Soll	Haben	Betrag
1	Veränderung n. fakt. Dienstleistungen	nicht fakturierte DL	Bestandesänderungen	220 000
	Abschluss	Bilanz	nicht fakturierte DL	220 000
	Abschluss Dienstleistungsertrag	Dienstleistungsertrag	Erfolgsrechnung	560 000
2	Veränderung n. fakt. Dienstleistungen	nicht fakturierte DL	Bestandesänderungen	360 000
	Abschluss	Bilanz	nicht fakturierte DL	580 000
	Abschluss Dienstleistungsertrag	Dienstleistungsertrag	Erfolgsrechnung	1 520 000
3	Veränderung n. fakt. Dienstleistungen	keine Buchung		
	Abschluss	Bilanz	nicht fakturierte DL	580 000
	Abschluss Dienstleistungsertrag	Dienstleistungsertrag	Erfolgsrechnung	2 130 000
4	Veränderung n. fakt. Dienstleistungen	nicht fakturierte DL	Bestandesänderungen	260 000
	Abschluss	Bilanz	nicht fakturierte DL	840 000
	Abschluss Dienstleistungsertrag	Dienstleistungsertrag	Erfolgsrechnung	1 940 000
5	Veränderung n. fakt. Dienstleistungen	Bestandesänderungen	nicht fakturierte DL	200 000
	Abschluss	Bilanz	nicht fakturierte DL	640 000
	Abschluss Dienstleistungsertrag	Dienstleistungsertrag	Erfolgsrechnung	2 550 000

b)

Jahr	fakturierte Dienstleistungen	erbrachte Dienstleistungen
1	560 000	780 000
2	1 520 000	1 520 000
3	2 130 000	2 130 000
4	1 940 000	2 200 000
5	2 550 000	2 350 000

9.7 Bau- und Planungsunternehmen Marron AG
(anspruchsvolle Aufgabe)

Nr.	Text	Soll	Haben	Betrag
1.	Einkauf Backsteine	Materialaufwand	Verbindlichkeiten L&L	8 645
2.	Erstellung Unterstand	Immobilien	Eigenleistungen	85 000
3.	Anzahlung Bagger	geleistete Anzahlungen	Bank	80 000
4.	Anzahlung Fernwärme	Bank	erhaltene Anzahlungen	50 000
5.	Lieferung Schalbretter	Hilfsmaterialaufwand	Verbindlichkeiten L&L	250
6.	1. Rate Bagger	geleistete Anzahlungen	Bank	67 500
7.	Rechnung Baumeisterarbeiten	Forderungen L&L	Produktionsertrag	85 000
8.	Rechnung Schalbretter	Hilfsmaterialaufwand	Verbindlichkeiten L&L	2 800
9.	Lieferung Bagger Verrechnung 2. Rate	Maschinen sonstige Verbindlichkeiten sonstige Verbindlichkeiten	sonstige Verbindlichkeiten geleistete Anzahlungen Bank	350 000 147 500 67 500
10.	Rechnung Fernwärme Verrechnung Anzahlung	Forderungen L&L erhaltene Anzahlungen	Dienstleistungsertrag Forderungen L&L	40 000 40 000
11.	3. Rate Mängelrabatt Bagger	sonstige Verbindlichkeiten sonstige Verbindlichkeiten	Bank Maschinen	67 500 10 000
12.	Teilzahlung Fernwärme	Bank	erhaltene Anzahlungen	50 000
13.	Zwischenabrechnung Verrechnung Anzahlung	Forderungen L&L erhaltene Anzahlungen	Dienstleistungsertrag Forderungen L&L	85 000 60 000
14.	Bestandesänderungen	Vorräte Rohmaterial Hilfsmaterialaufwand	Materialaufwand Vorräte Hilfsmaterial	5 369 1 211
15.	Skonto Bagger Überweisung	sonstige Verbindlichkeiten sonstige Verbindlichkeiten	Maschinen Bank	3 400 54 100
16.	Bestandesänderungen Kontenabschluss	nicht fakturierte DL Bilanz	Bestandesänderungen nicht fakturierte DL	45 000 45 000
17.	Schlussrechnung	Forderungen L&L	Dienstleistungsertrag	70 000
18.	Bestandesänderungen	nicht fakturierte DL	Bestandesänderungen	40 000

9.8 Schneiderei Seibelt

Nr.	Text	Soll	Haben	Betrag
1.	Einkauf Stoff	Materialaufwand	Verbindlichkeiten L&L	3 000
	Einkauf Knöpfe, Faden	Hilfsmaterialaufwand	Verbindlichkeiten L&L	150
2.	Skonto Rohmaterial (vgl. 1.)	Verbindlichkeiten L&L	Materialaufwand	60
	Skonto Hilfsmaterial (vgl. 1.)	Verbindlichkeiten L&L	Hilfsmaterialaufwand	3
	Überweisung	Verbindlichkeiten L&L	Bank	3 087
3.	Kleiderverkäufe bar	Kasse	Produktionsertrag	1 600
	Kleiderverkäufe Rechnung	Forderungen L&L	Produktionsertrag	3 200
4.	Privatbezug Hilfsmaterial	Privat	Hilfsmaterialaufwand	12
5.	Lieferung Nähnadeln	Hilfsmaterialaufwand	Verbindlichkeiten L&L	81
6.	Anzugänderung bar	Kasse	übriger Betriebsertrag	38
7.	Büroverbrauchsmaterial	Verwaltungsaufwand	sonstige Verbindlichkeiten	85
8.	Anzug Neffe Material	Privat	Eigenverbrauch	80
	Hilfsmaterial	Privat	Eigenverbrauch	7
9.	Einkauf Stoff	Materialaufwand	Verbindlichkeiten L&L	300
	Einkauf Nähmaschine	Maschinen	sonstige Verbindlichkeiten	4 000
10.	Rabatt Nähmaschine	sonstige Verbindlichkeiten	Maschinen	400
	Skonto Nähmaschine	sonstige Verbindlichkeiten	Maschinen	72
	Skonto Stoff	Verbindlichkeiten L&L	Materialaufwand	6
	Überweisung Stoff	Verbindlichkeiten L&L	Bank	294
	Überweisung Nähmaschine	sonstige Verbindlichkeiten	Bank	3 528
11.	Barverkauf Stoff	Kasse	übriger Betriebsertrag	65
12.	Bestandesänderungen	Vorräte Rohmaterial	Materialaufwand	1 000
		Bestandesänderungen	Vorräte Fertigfabrikate	2 800
		Hilfsmaterialaufwand	Vorräte Hilfsmaterial	120
		Vorräte Halbfabrikate	Bestandesänderungen	1 700

9.9 Automaten AG

a)

S	erhaltene Anzahlungen			H
Lieferung an A	117 000	Anzahlung A	117 000	
Lieferung an B	100 000	Anzahlung B	34 000	
		Anzahlung C	47 000	
Saldo	**47 000**	Teilzahlung B	66 000	
	264 000		264 000	
Storno C	47 000	**Anfangsbestand**	**47 000**	

Dat.	Text	Soll	Haben	Betrag
3.12.	Anzahlung C	Bank	erhaltene Anzahlungen	47 000
9.12.	Lieferung an A Verrechnung Anzahlung	Forderungen L&L erhaltene Anzahlungen	Produktionsertrag Forderungen L&L	240 000 117 000
13.12.	Teilzahlung B	Bank	erhaltene Anzahlungen	66 000
16.12.	Teilzahlung A	Bank	Forderungen L&L	43 000
20.12.	Lieferung an B Verrechnung Anzahlung	Forderungen L&L erhaltene Anzahlungen	Produktionsertrag Forderungen L&L	150 000 100 000
31.12.	Abschluss Anzahlungen	erhaltene Anzahlungen	Bilanz	47 000
1.1.	Eröffnung Anzahlungen	Bilanz	erhaltene Anzahlungen	47 000
8.1.	Restzahlung A	Bank	Forderungen L&L	80 000
12.1.	Storno Auftrag C	erhaltene Anzahlungen	Bank	47 000
18.1.	Rabatt an B	Produktionsertrag	Forderungen L&L	20 000
30.1.	Restzahung B	Bank	Forderungen L&L	30 000

b) Kunde B

Dat.	Text	Soll	Haben	Betrag
23.10.	Anzahlung 1	geleistete Anzahlungen	Bank	34 000
13.12.	Anzahlung 2	geleistete Anzahlungen	Bank	66 000
20.12.	Lieferung / Rechnung Verrechnung Anzahlung	Maschinen sonstige Verbindlichkeiten	sonstige Verbindlichkeiten geleistete Anzahlungen	150 000 100 000
18.1.	Rabatt	sonstige Verbindlichkeiten	Maschinen	20 000
30.1.	Restzahlung	sonstige Verbindlichkeiten	Bank	30 000

9.10 Kohler, Werkzeugbau

Nr.	Text	Soll	Haben	Betrag
1.	Kauf Schrauben	Materialaufwand	Verbindlichkeiten L&L	6 000
	Kauf Aluteile	Materialaufwand	Verbindlichkeiten L&L	17 000
	Kauf Gusseisen	Materialaufwand	Verbindlichkeiten L&L	11 000
	Kauf Fette, Öle	Hilfsmaterialaufwand	Verbindlichkeiten L&L	2 400
2.	Rücksendung Aluteile	Verbindlichkeiten L&L	Materialaufwand	8 500
3.	Fabrikateverkauf	Forderungen L&L	Produktionsertrag	620 000
4.	Kauf Motoren	Materialaufwand	Verbindlichkeiten L&L	120 000
5.	Rücksendung Motoren	Verbindlichkeiten L&L	Materialaufwand	40 000
	Skonto	Verbindlichkeiten L&L	Materialaufwand	1 600
	Überweisung	Verbindlichkeiten L&L	Bank	78 400
6.	Zölle Ausland	Produktionsertrag	Verbindlichkeiten L&L	1 300
	Eingangsfracht Fett, Öle,	Hilfsmaterialaufwand	Verbindlichkeiten L&L	90
	Eingangsfracht Schrauben	Materialaufwand	Verbindlichkeiten L&L	200
	Ausgangsfracht	Produktionsertrag	Verbindlichkeiten L&L	640
7.	Rechnung Inserate	Werbeaufwand	sonstige Verbindlichkeiten	5 400
8.	Kundenzahlungen	Bank	Forderungen L&L	534 900
	Rabatte	Produktionsertrag	Forderungen L&L	28 900
	Skonti	Produktionsertrag	Forderungen L&L	3 400
9.	Lohnüberweisungen	Lohnaufwand	Bank	368 400
	Überweisungen	Verbindlichkeiten L&L	Bank	83 800
	Darlehenszinsen	Finanzaufwand	Bank	1 000
	Darlehensrückzahlung	Bankdarlehen	Bank	2 000
10.	Eigenleistungen	Maschinen, Werkzeuge	Eigenleistungen	42 340
11.	Fahrzeugübernahme	Privat	Fahrzeuge	5 400
12.	Eigenzins Kohler	Finanzaufwand	Privat	16 000
13.	Abschluss Privat	Privat	Eigenkapital	10 600
14.	Bestandesänderungen	Hilfsmaterialaufwand	Vorräte Hilfsmaterial	600
		Vorräte Rohmaterial	Materialaufwand	8 000
		Bestandesänderungen	Vorräte Fertigfabrikate	18 800
		Vorräte Halbfabrikate	Bestandesänderungen	1 500

Aktiven	Schlussbilanz		Passiven
Kasse	2 000	Verbindlichkeiten aus L&L	12 630
Bank	118 360	sonstige Verbindlichkeiten	5 400
Forderungen aus L&L	66 600	Bankdarlehen	213 000
Vorräte Rohmaterial	55 000	Eigenkapital	420 260
Vorräte Hilfsmaterial	3 600	**Jahresgewinn**	**120 810**
Vorräte Fertigfabrikate	74 000		
Vorräte Halbfabrikate	7 800		
Maschinen, Werkzeuge	118 840		
Mobiliar und Einrichtungen	12 000		
Büromaschinen, IT	43 700		
Fahrzeuge	12 200		
Immobilien	258 000		
	772 100		772 100

Aufwände	Erfolgsrechnung		Erträge
Materialaufwand	96 100	Produktionsertrag	585 760
Hilfsmaterialaufwand	3 090	Bestandesänderungen	– 17 300
Lohnaufwand	368 400	Eigenleistungen	42 340
Werbeaufwand	5 400		
Finanzaufwand	17 000		
Jahresgewinn	**120 810**		
	610 800		610 800

Einstandswert	Rohmaterial	Hilfsmaterial
eingekaufte Materialien	104 100	2 490
verbrauchte Materialien	96 100	3 090
Bestandesänderung	+ 8 000	– 600

9.11 Stamm, Audiogeräte

a) Journal

Nr.	Text	Soll	Haben	Betrag
1.	Kauf Hilfsmaterial	Hilfsmaterialaufwand	Verbindlichkeiten L&L	8 400
	Kauf Platinen	Materialaufwand	Verbindlichkeiten L&L	34 700
	Kauf Metallgehäuse	Materialaufwand	Verbindlichkeiten L&L	16 400
2.	Rabatt Metallgehäuse	Verbindlichkeiten L&L	Materialaufwand	1 640
3.	Netzteillieferung	Handelswarenaufwand	Verbindlichkeiten L&L	55 000
4.	Verkäufe Audiogeräte	Forderungen L&L	Produktionsertrag	438 700
	Verkäufe Netzteile	Forderungen L&L	Handelswarenertrag	110 000
5.	Eigenleistungen	Mobiliar	Eigenleistungen	5 700
6.	Entwicklungssoftware	Büromaschinen, IT	sonstige Verbindlichkeiten	84 600
7.	Umsatzprovision	Verbindlichkeiten L&L	Handelswarenaufwand	3 800
8.	Lohnüberweisungen	Lohnaufwand	Bank	260 390
	Überweisungen an Lieferanten	Verbindlichkeiten L&L	Bank	216 200
	Zinszahlung Darlehen	Finanzaufwand	Bank	3 000
	Kundenzahlungen	Bank	Forderungen L&L	482 000
9.	Kapitaleinlage Stamm	Bank	Eigenkapital	100 000
10.	Rückzahlung Hypothek	Bankdarlehen	Bank	70 000
11.	Büromaterial	übriger Betriebsaufwand	Kasse	1 200
	Prospekte	Werbeaufwand	Kasse	2 300
12.	Kauf Werkzeuge	Werkzeuge und Geräte	sonstige Verbindlichkeiten	55 000
	Liquidationserlös	Kasse	Werkzeuge und Geräte	8 000
13.	Netzteillieferung	Handelswarenaufwand	Verbindlichkeiten L&L	6 000
	Transportschäden	Bank	Handelswarenaufwand	3 000
14.	Verkäufe Mitarbeiter	Kasse	Produktionsertrag	12 300
		Kasse	Handelswarenertrag	1 000
15.	Fracht Verrechnung	Verbindlichkeiten L&L (Lieferant)	Verbindlichkeiten L&L (Spediteur)	140
16.	Aufstockung Darlehen	Bank	Bankdarlehen	20 000
17.	Eigenzins	Finanzaufwand	Privat	20 000
18.	Bestandeskorrektur	Vorräte Hilfsmaterial	Hilfsmaterialaufwand	1 200
		Vorräte Rohmaterial	Materialaufwand	3 900
		Vorräte Halbfabrikate	Bestandesänderungen	800
		Bestandesänderungen	Vorräte Fertigfabrikate	77 500
		Handelswarenaufwand	Vorräte Handelswaren	11 050
19.	Abschreibungen	Abschreibungen	Fahrzeuge	10 000
		Abschreibungen	Mobiliar	7 000
		Abschreibungen	Werkzeuge und Geräte	25 000
		Abschreibungen	Büromaschinen, IT	30 000
20.	Ausgleich Privat	Privat	Eigenkapital	20 000

Aktiven			Schlussbilanz, 31.12.20_1			Passiven
Umlaufvermögen			**Fremdkapital**			
Kasse	22 900		Verbindlichkeiten aus L&L	18 860		
Bank	128 210	151 110	sonstige Verbindlichkeiten	145 900	164 760	
Forderungen aus L&L	106 700					
sonstige Forderungen	3 800	110 500	Bankdarlehen	300 000	300 000	
Vorräte Handelswaren	31 950					
Vorräte Rohmaterial	90 300					
Vorräte Hilfsmaterial	7 400					
Vorräte Fertigfabrikate	11 800					
Vorräte Halbfabrikate	13 200	154 650				
Anlagevermögen			**Eigenkapital**			
Mobiliar und Einrichtungen	15 700		Eigenkapital		506 300	
Büromaschinen, IT	138 300		**Jahresgewinn**		**14 100**	
Fahrzeuge	17 600					
Werkzeuge und Geräte	68 500	240 100				
Immobilien		328 800				
		985 160				985 160

Erfolgsrechnung (in CHF 1 000)		
Produktionsertrag	451 000	
Eigenleistungen	5 700	
Bestandesänderungen	– 76 700	
Materialaufwand	– 45 560	
Hilfsmaterialaufwand	– 7 200	327 240
Handelswarenertrag	111 000	
Handelswarenaufwand	– 65 250	45 750
Bruttoergebnis 1		**372 990**
Lohnaufwand	– 260 390	– 260 390
Bruttoergebnis 2		**112 600**
Werbeaufwand	– 2 300	
übriger Betriebsaufwand	– 1 200	– 3 500
betriebliches Ergebnis 1 (EBITDA)		**109 100**
Abschreibungen	– 72 000	– 72 000
betriebliches Ergebnis 2 (EBIT)		**37 100**
Finanzaufwand	– 23 000	– 23 000
Betriebsergebnis (Erfolg Kerngeschäft)		**14 100**

b)

Einstandswert	Rohmaterial	Hilfsmaterial	Handelswaren
eingekaufte Materialien	49 460	8 400	54 200
verbrauchte Materialien	45 560	7 200	65 250
Bestandesänderung	+ 3 900	+ 1 200	– 11 050

9.12 WASCHAG

a) Journal Nachtragsbuchungen

Nr.	Text	Soll	Haben	Betrag
1.	Fahrzeugaufrüstung	Fahrzeuge	Eigenleistungen	526
2.	Bestandesänderungen	Handelswarenaufwand	Vorräte Handelswaren	460
		Vorräte Rohmaterial	Materialaufwand	752
		Bestandesänderungen	Vorräte Halbfabrikate	450
		Vorräte Fertigfabrikate	Bestandesänderungen	307
3.	Abschreibungen	Abschreibungen	Fahrzeuge	4936
		Abschreibungen	Maschinen	2645
		Abschreibungen	Mobiliar	1650

b)

Aktiven			Schlussbilanz, 31.12.20_1			Passiven
Umlaufvermögen			**Fremdkapital**			
Kasse, Bank	97062		Verbindlichkeiten aus L&L	20823		
Wertschriften UV	159150	256212	sonstige Verbindlichkeiten	32912	53735	
Forderungen aus L&L	40531					
sonstige Forderungen	11086	51617	Bankdarlehen	64968	64968	
Vorräte Handelswaren	9856					
Vorräte Rohmaterial	13213					
Vorräte Fertigfabrikate	15229					
Vorräte Halbfabrikate	20186	58484				
Anlagevermögen			**Eigenkapital**			
Maschinen	17518		Aktienkapital	210000		
Mobiliar und Einrichtungen	8964		Reserven	170969		
Fahrzeuge	11931		Gewinnvortrag	1719		
Immobilien	113850	152263	**Jahresgewinn**	**17185**	399873	
		518576			518576	

Erfolgsrechnung (in CHF 1000)		
Produktionsertrag	226485	
Eigenleistungen	526	
Bestandesänderungen	– 143	
Materialaufwand	– 69777	157091
Handelswarenertrag	87440	
Handelswarenaufwand	– 53149	34291
Bruttoergebnis 1		**191382**
Lohnaufwand	– 107191	– 107191
Bruttoergebnis 2		**84191**
übriger Betriebsaufwand	– 43857	– 43857
betriebliches Ergebnis 1 (EBITDA)		**40334**
Abschreibungen	– 24660	– 24660
betriebliches Ergebnis 2 (EBIT)		**15674**
Finanzertrag	12118	
Finanzaufwand	– 10086	2032
Betriebsergebnis (Erfolg Kerngeschäft)		**17706**

Erläuterungen zu den Konten

Aktiven

Kasse (1000)
Bestände an Bargeld

Bank (1020)
alle Arten von kurzfristig verfügbaren Bank- und Postkonten (wie Kontokorrentguthaben), die am Bilanzstichtag ein Guthaben zugunsten des Unternehmens ausweisen
→ vgl. Bankschuld (2100)

Wertschriften UV (1060)
börsengängige Wertschriften im Umlaufvermögen, die als Liquiditätsreserve dienen und kurzfristig angelegt sind

WB Wertschriften UV (1069)
Wertberichtigungskonto zu Wertschriften UV

Forderungen aus Lieferung und Leistung (1100)
Forderungen, die aus der Haupttätigkeit des Unternehmens resultieren *(früher Debitoren)*
→ Gegenkonto von Kontenklasse 3

WB Forderungen (1109)
Wertberichtigungen für gefährdete Forderungen aus Lieferungen und Leistungen *(früher Delkredere)*

Forderungen Kartenorganisationen (1103)
Forderungen aus Kreditkartengeschäften, die von den Kartenorganisationen noch nicht beglichen worden sind

Vorschüsse und Darlehen (1140)
z. B. kurzfristige Darlehen, Lohnvorschüsse

Vorsteuer MWST (1170 und 1171)
Forderung gegenüber dem Staat für bereits geleistete Mehrwertsteuer aus Beschaffungsprozessen

Forderung Verrechnungssteuer (1176)
Beträge der von Finanzintermediären (z. B. Banken) abgezogenen Verrechnungssteuer, welche das Unternehmen später von der Steuerbehörde zurückfordern wird

sonstige Forderungen (1190)
kurzfristige Forderungen, die nicht direkt mit der Leistungserstellung des Unternehmens zusammenhängen
→ Gegenkonto <u>nicht</u> Kontenklasse 3

geleistete Anzahlungen (1192)
Vorauszahlungen an Lieferanten für Material- und Warenlieferungen, mobile und immobile Sachanlagen usw.

Vorräte Handelswaren (1200)
Lagerbestände von Waren, die das Unternehmen später in unverändertem Zustand weiterverkaufen will

Vorräte Rohmaterial (1210)
Lagerbestände von Rohstoffen, die bei der Herstellung in das Produkt eingehen

Vorräte Hilfs- und Verbrauchsmaterial (1230)
Lagerbestände von Materialien, welche bei der Herstellung oder beim Verkauf des Produktes verbraucht werden, ohne in dieses einzugehen oder nicht direkt in die Fabrikate eingerechnet werden, da sie von vernachlässigbarem Wert sind, z.B. Schmiermittel, Folien, Verpackungsmaterial, bzw. Schrauben, Leim o.ä.

Vorräte Fertigfabrikate (1260)
Bestand an fertig erstellten Erzeugnissen der Produktion

Vorräte Halbfabrikate (1270)
Bestand an noch nicht fertig erstellten Erzeugnissen der Produktion

nicht fakturierte Dienstleistungen (1280)
Leistungen für längerfristig laufende Aufträge, die dem Kunden noch nicht in Rechnung gestellt wurden, z.B. Bauplanungen

aktive Rechnungsabgrenzung (1300)
Guthaben aus Abgrenzungen zur periodengerechten Erfolgsermittlung

Wertschriften AV (1400)
Wertpapieranlagen mit geplanter Haltedauer > 1 Jahr, z.B. Aktien und Obligationen

Aktivdarlehen (1440)
langfristig gewährte Darlehen an Dritte

Beteiligungen (1480)
langfristig gehaltene Anteile an anderen Unternehmen, mit der Absicht massgeblichen Einfluss zu nehmen (stimmberechtigte Anteile von mindestens 20 %)

Maschinen und Apparate (1500)
maschinelle Einrichtungen, die der Produktion dienen

Mobiliar und Einrichtungen (1510)
Geschäftsmobiliar, Werkstatteinrichtungen, Ladeneinrichtungen, Büromobiliar, usw.

Büromaschinen, IT (1520)
Büromaschinen, IT-Anlagen (Hard- und Software), Kommunikationssysteme, automatische Steuerungssysteme, Sicherheitseinrichtungen, elektronische Mess- und Prüfgeräte, usw.

Fahrzeuge (1530)
Fahrzeuge aller Art, die zu geschäftlichen Zwecken eingesetzt werden

Werkzeuge und Geräte (1540)
Werkzeuge aller Art sowie Geräte

Immobilien (1600)
bebaute oder unbebaute Grundstücke

immaterielle Werte (1701, 1770)
nicht materielle Vermögenswerte wie z. B. Patente, Lizenzen oder Goodwill (= bezahlter Mehrwert beim Kauf eines Unternehmens)

WB Wertschriften AV (1409)
WB Aktivdarlehen (1449)
WB Beteiligungen (1489)
WB Maschinen und Apparate (1509)
WB Mobiliar und Einrichtungen (1519)
WB Büromaschinen und EDV (1529)
WB Fahrzeuge (1539)
WB Werkzeuge und Geräte (1549)
WB Immobilien (1609)
WB immaterielle Werte (1709, 1779)
Zeigt den Totalbetrag der am Bilanzstichtag auf dem jeweiligen Anlagekonto vorgenommenen Abschreibungen als Wertberichtigung auf dem Anschaffungsbetrag des Anlagekontos.

Passiven

Verbindlichkeiten aus Lieferung und Leistung (2000)
unbezahlte finanzielle Verpflichtungen gegenüber Lieferanten aus Beschaffungsgeschäften im Zusammenhang mit der betrieblichen Leistungserstellung *(früher Kreditoren)*
→   Gegenkonto von Kontenklasse 4

erhaltene Anzahlungen (2030)
Vorauszahlungen von Kunden für Material- und Warenlieferungen, mobile und immobile Sachanlagen usw.

Bankschuld (2100)
Bankkredite in Kontokorrentform

sonstige verzinsliche Verbindlichkeiten (2140)
kurzfristige verzinsliche Schulden bei Nichtbanken

Verbindlichkeiten MWST (2200)
geschuldete Umsatzsteuer aus Verkäufen

Verbindlichkeiten VST (2206)
der Steuerverwaltung geschuldete Verrechnungssteuer auf Gewinnausschüttungen

direkte Steuern (2208)
der Steuerverwaltung geschuldete Gewinn- und Kapitalsteuern

sonstige Verbindlichkeiten gegenüber Dritten (2010)
kurzfristige finanzielle Verpflichtungen Geschäften, die nicht direkt mit der Leistungserstellung des Betriebes im Zusammenhang stehen
→   Gegenkonto nicht Kontenklasse 4

Gewinnausschüttungen (2261)
den Eigentümern gutgeschriebene Dividenden, bzw. Tantièmen des Verwaltungsrates aus Gewinnverwendung

Verbindlichkeiten Sozialversicherung (2270)
Schulden gegenüber Sozialversicherungen aus Arbeitnehmer- und Arbeitgeber-Beiträgen

passive Rechnungsabgrenzung (2300)
Schuld aus Abgrenzungen zur periodengerechten Erfolgsermittlung

Bankdarlehen (2400)
sämtliche langfristigen Schulden gegenüber Banken, z.B. Hypotheken, Darlehen etc.

Obligationenanleihen (2430)
langfristige Schulden aus Emission von Obligationen

Passivdarlehen (2450)
langfristige Darlehensschulden gegenüber privaten Gläubigern (Nichtbanken)

Rückstellungen (2600)
langfristige Rücklagen für kommende Aufwände, bzw. drohende Risiken, z.B. grössere Revisions-
arbeiten, Garantieleistungen, Prozesse etc.

gesetzliche Kapitalreserve (2900)
Reserven aus Einzahlungen von Eigentümern z.B. bei Gründung, Kapitalerhöhung oder Fusionen etc.

gesetzliche Gewinnreserve (2950)
Reserven aus Gewinnverwendung nach Art. 671 OR

freiwillige Gewinnreserven (2960)
freiwillig (statutarisch, beschlussmässig) gebildete Reserven

betriebliche Erträge aus Lieferung und Leistung

Produktionsertrag (3000)
Erträge aus Erzeugnissen der Fabrikationsunternehmen

Handelswarenertrag (3200)
Erträge aus Verkäufen bei Handelsunternehmen

Dienstleistungsertrag (3400)
Erträge von Dienstleistungsunternehmen wie z.B. Treuhandunternehmen, Anwälten, Ärzten, bzw.
aus Transport und Beherbergung etc.

übriger Betriebsertrag (3600)
Ertrag aus betrieblicher Tätigkeit, der nicht direkt mit der Produktion, dem Handel oder der Dienstleis-
tungstätigkeit in Zusammenhang steht

Eigenleistungen (3700)
Arbeiten, die im Unternehmen für eigene Verwendungszwecke ausgeführt werden. Beispielsweise
können Gegenstände des Anlagevermögens zum eigenen Gebrauch hergestellt oder wertvermeh-
rend ergänzt werden.

Eigenverbrauch (3710)
Bezüge der Eigentümer zum Einstandspreis für die private Verwendung

Verluste aus Forderungen (3805)

Verluste aus Forderungen stellen eine Ertragsminderung dar. Veränderungen des Kontos WB Forderungen werden ebenfalls über dieses Konto gebucht.

Bestandesänderungen (3900)

Gegenkonto für Bestandesänderungen bei Vorräten Halb- und Fertigfabrikate sowie nicht fakturierten Dienstleistungen

Aufwand für Material, Waren, Dienstleistungen, Energie

Materialaufwand (Produktion) (4000)

Der Materialaufwand umfasst Rohstoffe, Bestand- und Zubehörteile, eingekaufte Halbfabrikate usw., die bei der Herstellung in das Produkt eingehen.

→   vgl. Vorräte Rohmaterial (1210)

Hilfs- und Verbrauchsmaterialaufwand (4010)

Hilfs- und Verbrauchsmaterial, welches bei der Herstellung oder beim Verkauf des Produktes verbraucht wird, ohne in dieses einzugehen (Hilfsmaterial) oder nicht direkt in die Fabrikate eingerechnet wird, da es von vernachlässigbarem Wert ist (Verbrauchsmaterial), z.B. Schmiermittel, Folien, Verpackungsmaterial, bzw. Schrauben, Leim o.ä.

→   vgl. Vorräte Hilfs- und Verbrauchsmaterial (1230)

Handelswarenaufwand (4200)

Einstandspreis der zugekauften Handelswaren, die in unverändertem Zustand mit einer Verkaufsmarge an die Kunden weiterveräussert werden

→   vgl. Vorräte Handelswaren (1200)

Aufwand für bezogene Dienstleistungen (4400)

Fremdleistungen Dritter, die zur Leistungserstellung in Anspruch genommen werden

Energieaufwand Leistungserstellung (4500)

Energie, die für die eigentliche Leistungserstellung benötigt wird, z.B. Strom bei Seilbahnunternehmen, Heizenergie bei Stahlproduktion etc.

Personalaufwand

Lohnaufwand Produktion, Handel, Dienstleistungen, Verwaltung (5000, 5200, 5400, 5600)
Bruttolöhne der Mitarbeiter in den jeweiligen Bereichen des Unternehmens

Sozialversicherungsaufwand (5700)
Arbeitgeberbeiträge an die Sozialversicherungen

übriger Personalaufwand (5800)
Aufwände im Zusammenhang mit Personal, z.B. Stelleninserate, Reisespesen o.ä.

Arbeitsleistungen Dritter (5900)
eingekaufte Dienstleistungen des Unternehmens, z.B. Beratungen, befristete Mitarbeiter aus temporärer Arbeitsvermittlung o.ä.

Übriger betrieblicher Aufwand, Abschreibungen und Wertberichtigungen sowie Finanzergebnis

Raumaufwand (6000)
Miet- und Unterhaltsaufwände im Zusammenhang mit betrieblichen Räumen, z.B. Miete, Reinigung, Nebenkosten

Unterhalt, Reparaturen, Ersatz (6100)
Unterhalts- und Reparaturarbeiten, bzw. Ersatzanschaffungen für den laufenden Unterhalt, z.B. Leuchtmittel

Fahrzeugaufwand (6200)
Versicherungen, Reparaturen, Betriebskosten des Fahrzeugparks

Sachversicherungsaufwand, Abgaben, Gebühren, Bewilligungen (6300)
betriebliche Versicherungen, staatliche Bewilligungen etc.

Energie- und Entsorgungsaufwand (6400)
Aufwände für Energie (Strom, Gas, Heizung) und Wasser, die nicht direkt in die Produktion einfliessen sowie Aufwände für Entsorgung

Verwaltungsaufwand (6500)
Aufwände der Administration, z.B. Kopierpapier, Büromaterial, Kommunikation etc.

Informatikaufwand (6570)
Aufwände für Betrieb und Unterhalt von Hard- und Software der IT-Anlagen

Werbeaufwand (6600)
Werbekosten, Spenden, Sponsoring, Essen mit Kunden o. ä.

übriger Betriebsaufwand (6700)
restliche betriebliche Aufwände, denen kein eigentliches Konto zugewiesen ist, aber auch (Prozess-)Kosten aus betrieblichen Risiken

Abschreibungen (6800)
Wertverminderungen des Anlagevermögens

Finanzaufwand (6900)
Spesen des Zahlungsverkehrs, Schuldzinsen und Aufwände des betrieblichen Finanzvermögens

Finanzertrag (6950)
Bank- und Verzugszinsen sowie Erträge des betrieblichen Finanzvermögens

Betriebliche Nebenerfolge

betrieblicher Nebenertrag (7000) und **betrieblicher Nebenaufwand** (7010)
Der gesonderte Ausweis der betrieblichen Nebenerfolge dient der buchhalterischen Trennung der Kerngeschäfte (Haupttätigkeit des Unternehmens) von den Nebenbereichen.

Immobilienertrag (7500) und **Immobilienaufwand** (7510)
Mieteinnahmen und Eigenmiete sowie Aufwände im Zusammenhang mit mehrheitlich betrieblich genutzten Immobilien, inkl. Abschreibung von Immobilien und Hypothekarzinsen

Betriebsfremder, ausserordentlicher, einmaliger, oder periodenfremder Aufwand und Ertrag

betriebsfremder Aufwand (8000) und **betriebsfremder Ertrag** (8100)
Aufwände und Erträge aus Bereichen, die nicht mit der betrieblichen Tätigkeit zusammenhängen.

a. o., einmaliger oder periodenfremder Aufwand (8500) und Ertrag (8510)

- ausserordentlich bedeutet, dass der Geschäftsvorfall in seiner Art einmalig und/oder in seinem Ausmass von ausserordentlicher Bedeutung ist
- periodenfremd sind Erträge und Aufwendungen, deren Ursprung auf frühere, bereits abgeschlossene Perioden zurückgehen, z. B. Zahlungen aus abgeschriebenen Forderungsverlusten oder Auflösung von nicht mehr benötigten Rückstellungen früherer Perioden
- einmalig sind Erträge und Aufwendungen, deren Entstehung auf vergangene Einzelereignisse z. B. Veräusserungsgewinne, bzw. Ereignisse von grosser Bedeutung oder Auswirkung zurückgehen, z. B. Verluste bei Überschwemmungen etc. Diese können unter Umständen (Bedeutung, Dimension) auch als ausserordentlich charakterisiert werden

Notizen

Notizen

Notizen

BAND 2
LEHRERAUSGABE

Kampfer Barbara
Kampfer Hannes
Schwizer Thomas

GRUNDLAGEN DER
FINANZBUCHHALTUNG

Layout, Satz und Cover: KLV Verlag AG

3. Auflage 2014

ISBN 978-3-85612-296-6

KLV Verlag AG
Quellenstrasse 4e
9402 Mörschwil
Tel.: 071 845 20 10
Fax: 071 845 20 91
www.klv.ch
info@klv.ch

Vorwort

Vorwort zur 3. Auflage

Das Jahr 2013 brachte für die Buchführung einschneidende Änderungen auf Gesetzesebene.

- Das neue Rechnungslegungsrecht, das zwingend ab dem Jahr 2015 Anwendung findet, wurde in Kraft gesetzt
- Im Juni wurde die Postfinance dem Schweizer Bankengesetz unterstellt

Dem neuen Rechnungslegungsrecht unterstehen neu, neben den Kapitalgesellschaften, alle Rechtsformen abgestuft nach ihrer wirtschaftlichen Bedeutung. Das bedeutet, dass grundsätzlich alle Betriebe mit einem Umsatz über CHF 500 000 buchführungspflichtig sind und eine doppelte Buchhaltung führen müssen. Dabei sind sie verpflichtet Mindestvorschriften zu beachten, welche systematischer und detaillierter sind als bisher.

Erstmals wird im Gesetz auf die Grundsätze ordnungsmässiger Buchführung verwiesen. Ebenfalls ist der Mindestinhalt des Anhangs zur Jahresrechnung der buchführungspflichtigen Unternehmen deutlich umfangreicher (und detaillierter) geworden. Auch der Kreis der Unternehmen, welche eine Geldflussrechnung erstellen müssen, ist deutlich erweitert worden.

Gleichzeitig wurde auch der Kontenrahmen KMU 2013 umgearbeitet. Er gewährleistet die Einhaltung der neuen gesetzlichen Vorschriften. Die wichtigsten Änderungen im neuen Kontenrahmen umfassen:

- Löschung des Kontos Post, das neu als Bankkonto geführt wird
- Eine neue Kontengruppe 106 für kurzfristig gehaltene Aktiven mit Börsenkurs
- Aufhebung der Konten für aktivierte Aufwände
- Unterscheidung von verzinslichen und nicht verzinslichen Verbindlichkeiten
- Unterscheidung zwischen Abschreibung und Wertberichtigung von Anlagevermögen
- Verschiebung des Finanzergebnisses in eine neue Kontenhauptgruppe nach den Abschreibungen, womit EBIT als Zwischenresultat neu ausgewiesen werden kann
- Änderungen bei der Bezeichnung von Konten und Zwischenresultaten, weil die Begrifflichkeiten im neuen Recht auf anerkannte Standards abgestimmt sind

All diese Änderungen verlangten nach einer umfassenden Überarbeitung aller Kapitel des bereits gut eingeführten Lehrmittels. In Lerngruppen und Schulklassen ist deshalb eine parallele Verwendung mit alten Auflagen nicht möglich.

Wir danken Herbert Mattle, dem Co-Autor des Kontenrahmens KMU für seine Ausführungen bei Fragen zum neue Kontenrahmen sowie Stefan Strasser, Lehrbeauftragter für Betriebswirtschaftslehre an der Universität St. Gallen, für seine Verbesserungsvorschläge und Hinweise. Speziell danken wir unserem ehemaligen Mitautor der ersten zwei Auflagen, Yuri Staub, für seine wertvollen Beiträge zum Aufbau dieses Lehrmittels.

Die Autoren im April 2014

Symbole

In diesem Lehrmittel geben Ihnen die folgenden Symbole Hinweise auf weitere Informationen:

 Aufgaben

zeigt im Lehrmittel für Lernende, wann eine praktische Übung sinnvoll ist oder der Lernstoff durch eine praktische Übung vertieft werden kann. Die Aufgaben sind immer am Schluss des jeweiligen Kapitels.

 Hintergrundinformationen

verweist auf weitergehende, vertiefende Informationen zu den Inhalten des jeweiligen Kapitels. Diese Hinweise sind vom aufbauenden Lernstoff getrennt, da auch Beziehungen zu späteren Kapiteln miteinbezogen oder angewandte Lösungsvarianten der Praxis aufgezeigt werden.

 Didaktische Hinweise

unterstützt Lehrkräfte bei der Behandlung des jeweiligen Kapitels. Sie finden Anregungen zur Umsetzung sowie teilweise Kopiervorlagen zusätzlicher Aufgaben.

 Lösungen

verweist auf die Lösungen der im Buch gestellten Aufgaben.

Hinweis zum Kontenrahmen:
Für die langen Kontenbezeichnungen des Kontenrahmens KMU werden bei den Lösungen im Band 2 Abkürzungen für die einzelnen Konten verwendet; Konten der BILANZ werden dabei zur besseren Unterscheidung in Grossbuchstaben dargestellt, die Konten der Erfolgsrechnung mit Gross- und Kleinbuchstaben. Die Erläuterung zu den Abkürzungen findet sich beim Lehrer- und beim Schülerband 2 im **ausklappbaren** Umschlag. Zudem finden sich im Lehrer- wie Schülerband am Ende Erläuterungen zu den einzelnen Konten.

Inhaltsverzeichnis

Teil 2   Ausgewählte Problemstellungen

10   Abschreibungen, Wertberichtigungen, Forderungsverluste 9

11   Rechnungsabgrenzungen und Rückstellungen 27

12   Wertschriften und Finanzkonten 41

13   Immobilien 61

14   Sozialversicherungsbeiträge 69

15   Mehrwertsteuer 77

16   Fremde Währungen 83

17   Bewertung und Stille Reserven 95

Teil 3   Gesellschaftsbuchhaltung

18   Personengesellschaften 105

19   Aktiengesellschaft (AG) 115

20   Gesellschaft mit beschränkter Haftung (GmbH) 123

**Teil 4   Geschäftsbericht, Geldflussrechnung und Jahresabschluss-
          analyse**

21   Geschäftsbericht 131

22   Geldflussrechnung 133

23   Aufbereitung derZahlen für die Jahresabschlussanalyse 141

24   Jahresabschlussanalyse 151

Erläuterungen zu den Konten 161

Ausgewählte Problemstellungen

10 Abschreibungen, Wertberichtigungen, Forderungsverluste

 Hintergrundinformationen

Impairment-Test bei Positionen des Anlagevermögens
Die Bewertung der Positionen des Anlagevermögens gibt bei den Unternehmen immer wieder Anlass zu Diskussionen. Der massgebende Gesetzesartikel Gesetzesartikel Art. 960a OR schreibt dazu: «Das Anlagevermögen darf höchstens zu Anschaffungs- oder Herstellkosten bewertet werden, unter Abzug der notwendigen Abschreibungen.» Was aber sind notwendige Abschreibungen?

Der Theorieteil dieses Lehrmittels legt das Hauptaugenmerk auf die normalen, **planmässigen** Abschreibungen, d. h. die regelmässige Reduzierung des Buchwertes. Das Unternehmen ist aber beim Abschluss nicht sicher, ob der neue Buchwert auch den korrekten Wert einer Vermögensposition darstellt. Sollte nämlich der korrekte Wert durch eine unvorhergesehene Wertverminderung tiefer sein, sind unter «notwendigen Abschreibungen» auch **ausserplanmässige** Abschreibungen zu verstehen.

Um festzustellen, ob und wieweit das Unternehmen ausserplanmässige Abschreibungen vornehmen muss, erstellt es eine Vergleichsrechnung. Diese Vergleichsrechnung wird **Impairment-Test** bzw. **Werthaltigkeitstest** genannt. Ziel des Impairment-Tests ist es zu überprüfen, ob das **Niederstwertprinzip** (vgl. Kap. 2.5) eingehalten ist und die Aktiven nicht mit einem zu hohen Wert in der Bilanz ausgewiesen werden.

Die Festlegung des «korrekten Wertes» ist kein leichtes Unterfangen. Ist es der Verkaufswert einer Anlage? Wie ist aber eine Anlage zu bewerten, deren Verkaufswert (Marktwert) sehr tief liegt, da niemand mehr Interesse an ihr hat, aber dem Unternehmen noch lange gute Dienste erweisen wird? Die Schweizerische Rechnungslegungspraxis zieht deshalb als Vergleichsbasis zum Buchwert den sogenannten **Nutzwert** heran. Bei der Festlegung dieses Nutzwerts steht die Beurteilung der potenziellen Erträge im Vordergrund, welche mit dem Anlagegut erstellt werden. Dieser hängt also von den Markt- und Preisaussichten der damit hergestellten Güter oder erbrachten Dienstleistungen ab. Meistens schliesst die geldwerte Schätzung des Nutzens Cashflow- und/oder Ertragswertprognosen mit ein und wird somit wieder zu einem subjektiven Ermessensentscheid. Stellt sich bei der Durchführung des Impairment-Tests heraus, dass der Nutzwert **nachhaltig und dauerhaft** tiefer als der Buchwert ist, **muss die Differenz** in der Finanzbuchhaltung ausserplanmässig abgeschrieben werden. Die Verbuchung wird als zusätzliche Abschreibung behandelt und üblicherweise über das Konto Abschreibungen (Kontenklasse 6) verbucht.

Beispiel Impairment-Test

01.01.20.1
Der Anschaffungswert einer Produktionsanlage beläuft sich auf CHF 500 000. Die Nutzungsdauer wird auf 5 Jahre geschätzt. Mit einem Restwert kann nicht gerechnet werden. Die Produktionsanlage wird linear und direkt abgeschrieben.

31.12.20.3
Im dritten Jahr bringt unser Hauptkonkurrent ein neues Produkt auf den Markt, weshalb es zu einem Absatzeinbruch gekommen ist. Nach Verbuchung von weiteren CHF 100 000 Abschreibungen beträgt der Buchwert noch CHF 200 000. Allerdings ergibt der Impairment-Test dass der Marktwert der Produktionsanlage nur noch CHF 50 000 beträgt. Den Nutzwert schätzen wir auf CHF 80 000.

Erfassung einer Wertberichtigung am 31.12.20.3
Aufgrund des gesunkenen Nutzwerts ist zusätzlich eine Wertberichtigung von CHF 120 000 (200 000 abzgl. 80 000) zu verbuchen. Der Buchungssatz hierfür lautet *Abschreibungen* an *Maschinen*.

Abschreibungen des Wiederbeschaffungswertes
Der Neupreis eines Anlageguts ist in der Regel höher als alle gemachten Abschreibungen. Die geplanten Abschreibungen reichen daher nicht aus, um das Anlagegut nach Ablauf seiner Lebensdauer wieder neu zu beschaffen. Man kann deshalb selbst bei einem Restwert von Null mit Abschreibungen fortfahren. Diese zusätzlichen Abschreibungen bezeichnet man als **Wiederbeschaffungsreserven** im Sinne von Art. 960a Abs. 4 OR. Es gibt zwei Möglichkeiten wie man diese in der Buchhaltung erfassen kann:

1. Man weist einen Teil des Jahresgewinns Wiederbeschaffungs**reserven** zu, die als solche in der Bilanz als Teil des Eigenkapitals ausgewiesen werden (= offene Wiederbeschaffungsreserven). Beispiel: *Jahresgewinn* an *Wiederbeschaffungsreserven*

2. Die Abschreibung wird auf dem erwarteten Wiederbeschaffungswert gemacht. Derjenige Teil der Abschreibung, welcher den Betrag der Abschreibung auf dem Anschaffungswert übersteigt, wird dann auf dem Konto *Rückstellungen für Wiederbeschaffung* verbucht (stille Wiederbeschaffungs**reserven**). Beispiel: *Abschreibungen* an *Rückstellungen für Wiederbeschaffung*

Didaktische Hinweise

Als Einstieg in das Kapitel schlagen die Autoren folgende Aufgabe vor. Ziel ist eine erste Auseinandersetzung mit Abschreibungen. Sie finden nachfolgend die Aufgabe mit Lösung und auf der nächsten Seite die Aufgabenstellung als Kopiervorlage.

Kopiervorlage:

Einführungsaufgabe

Daniel steht neben dem Lieferwagen und ärgert sich, während der Techniker vom Pannendienst unter der Motorhaube beschäftigt ist. Wieso musste das gerade jetzt passieren? Sein wichtigster Kunde wartet und er sitzt hier auf dem Pannenstreifen fest! Der Techniker schaut auf, seufzt und teilt Daniel mit, dass er nichts mehr machen könne – der Lieferwagen sei am Ende.

Schon von Anfang an war klar, dass der Lieferwagen keine Ewigkeit halten würde. Schliesslich war er schon beim Kauf nicht mehr der Jüngste. Dennoch hoffte Daniel, dass der Wagen noch eine Weile seinen Dienst verrichten würde. Seinen wartenden Kunden wird er besänftigen können, aber wie würde es danach weiter gehen? Er und seine Geschäftspartnerin Bettina brauchen dringend einen neuen Lieferwagen. Glücklicherweise müssen sie zumindest für die Entsorgung des Lieferwagens nicht auch noch etwas bezahlen, da der Schrott- oder Restwert (Wert des noch verwertbaren Metalls, etc.) gerade den Preis für die Entsorgung deckt.

a) Bettina erfährt von Daniel vom Schicksal des einzigen Lieferwagens des gemeinsamen Unternehmens. Sie überlegt als erstes wie sie den Abgang des Lieferwagens verbuchen soll. Bis anhin war der Lieferwagen mit dem ursprünglichen Kaufpreis von CHF 9900.– in der Buchhaltung im Konto *Fahrzeuge* vermerkt. Jetzt wo er nicht mehr vorhanden ist, muss das in diesem Konto berücksichtigt werden. Mit welchem Buchungssatz würden Sie diesen Sachverhalt verbuchen?

_____

Bettina erstellt die Bilanz und Erfolgsrechnung am Ende des Jahres und zeigt sie Daniel. Dieser ist bestürzt. Obwohl der Geschäftsgang nicht schlechter war als in den vorhergehenden Jahren, wird jetzt doch ein Verlust ausgewiesen. Daniel kann sich das nicht erklären. Als die beiden der Sache nachgehen, stellen sie fest, dass der Verlust durch den Ausfall des alten Lieferwagens entstanden sein muss. Bisher konnte jedes Jahr mit einem (teilweise bescheidenen) Gewinn abgeschlossen werden. Daniel ärgert sich weil der Lieferwagen seit der Unternehmensgründung ohne Probleme seinen Dienst getan hat und in früheren Jahren auch schon viel intensiver genutzt wurde. Bettina ist ebenfalls nicht glücklich darüber und findet, dass der aktuelle Jahresabschluss nicht wirklich aussagekräftig für das an und für sich gute Geschäftsjahr ist.

b) Was hätten Daniel und Bettina bereits in der Buchhaltung früherer Jahre berücksichtigen können um die aktuelle und einmalige «Erfolgsverzerrung» zu vermeiden?

_____

_____

_____

_____

c) Bettina und Daniel kaufen einen neuen Lieferwagen für total CHF 25 000.– (Anschaffungswert). Wie verändert sich Ihrer Meinung nach der Wert des fabrikneuen Lieferwagens im Zeitablauf? Zeichnen Sie einen entsprechenden Wertverlauf in das untenstehende Diagramm. Gehen Sie dabei von einer Lebensdauer von 10 Jahren aus.

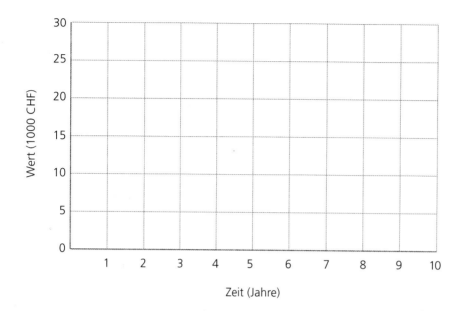

d) Wie wäre der Wertverlauf für den damals bereits als 7-jährige-Occasion gekauften Lieferwagen gewesen (ab Kauf durch Daniel und Bettina für CHF 9900.–)? Gehen Sie von einer Lebensdauer von weiteren zehn Jahren aus.

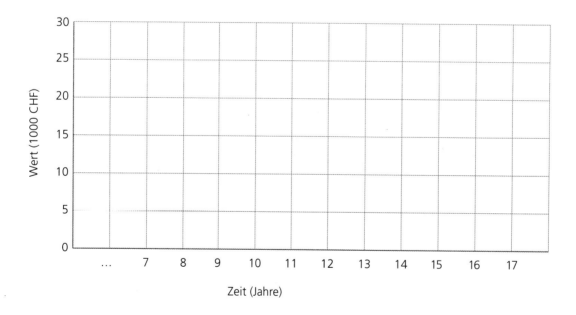

f) Welche anderen Gründe könnten, abgesehen von Abnützung (wie im Falle des Lieferwagens), auch noch zu einer Wertminderung im Zeitablauf führen?

_____

_____

_____

Die vereinfachte Bilanz des Unternehmens von Bettina und Daniel zeigt folgende Positionen:

Bilanz	
Kasse, Bank	Verbindlichkeiten aus L&L
Forderungen aus L&L	Eigenkapital
Vorräte Handelswaren	
Mobiliar	
Fahrzeuge	

e) Welche weiteren Positionen auf der Aktivseite dieser Bilanz können wie Fahrzeuge im Bestand gleich bleiben und dennoch an Wert verlieren?

_____

_____

_____

Daniel steht neben dem Lieferwagen und ärgert sich, während der Techniker vom Pannendienst unter der Motorhaube beschäftigt ist. Wieso musste das gerade jetzt passieren? Sein wichtigster Kunde wartet und er sitzt hier auf dem Pannenstreifen fest! Der Techniker schaut auf, seufzt und teilt Daniel mit, dass er nichts mehr machen könne – der Lieferwagen sei am Ende.

Schon von Anfang an war klar, dass der Lieferwagen keine Ewigkeit halten würde. Schliesslich war er schon beim Kauf nicht mehr der Jüngste. Dennoch hoffte Daniel, dass der Wagen noch eine Weile seinen Dienst verrichten würde. Seinen wartenden Kunden wird er besänftigen können, aber wie würde es danach weiter gehen? Er und seine Geschäftspartnerin Bettina brauchen dringend einen neuen Lieferwagen. Glücklicherweise müssen sie zumindest für die Entsorgung des Lieferwagens nicht auch noch etwas bezahlen, da der Schrott- oder Restwert (Wert des noch verwertbaren Metalls, etc.) gerade den Preis für die Entsorgung deckt.

a) Bettina erfährt von Daniel vom Schicksal des einzigen Lieferwagens des gemeinsamen Unternehmens. Sie überlegt als erstes, wie sie den Abgang des Lieferwagens verbuchen soll. Bis anhin war der Lieferwagen mit dem ursprünglichen Kaufpreis von CHF 9 900.– in der Buchhaltung im Konto *Fahrzeuge* vermerkt. Jetzt wo er nicht mehr vorhanden ist, muss das in diesem Konto berücksichtigt werden. Mit welchem Buchungssatz würden Sie diesen Sachverhalt verbuchen?
z. B. *Fahrzeugaufwand* an *Fahrzeuge* 9 900.–

Hier sollte lediglich darauf geachtet werden, dass die Lernenden ein Aufwandkonto nennen, die korrekte Kontenbezeichnung ist noch sekundär. Darauf kann in einem zweiten, späteren Schritt eingegangen werden.

Bettina erstellt die Bilanz und Erfolgsrechnung am Ende des Jahres und zeigt sie Daniel. Dieser ist bestürzt. Obwohl der Geschäftsgang nicht schlechter war als in den vorhergehenden Jahren, wird jetzt ein Verlust ausgewiesen. Daniel kann sich das nicht erklären. Als die beiden der Sache nachgehen, stellen sie fest, dass der Verlust durch den Ausfall des alten Lieferwagens entstanden sein muss. Bisher konnte jedes Jahr mit einem (teilweise bescheidenen) Gewinn abgeschlossen werden. Daniel ärgert sich, weil der Lieferwagen seit der Unternehmensgründung ohne Probleme seinen Dienst getan hat und in früheren Jahren auch schon viel intensiver genutzt wurde. Bettina ist ebenfalls nicht glücklich darüber und findet, dass der aktuelle Jahresabschluss nicht wirklich aussagekräftig für das an und für sich gute Geschäftsjahr ist.

b) Was hätten Daniel und Bettina bereits in der Buchhaltung früherer Jahre berücksichtigen können um die aktuelle und einmalige «Erfolgsverzerrung» zu vermeiden?
Abnutzung, Wertverlust in jedem Geschäftsjahr festhalten

c) Bettina und Daniel kaufen einen neuen Lieferwagen für total CHF 25 000.– (Anschaffungswert). Wie verändert sich Ihrer Meinung nach der Wert des fabrikneuen Lieferwagens im Zeitablauf? Zeichnen Sie einen entsprechenden Wertverlauf in das untenstehende Diagramm. Gehen Sie dabei von einer Lebensdauer von 10 Jahren aus.

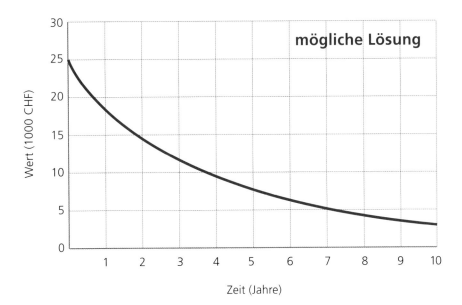

d) Wie wäre der Wertverlauf für den damals bereits als 7-jährige-Occasion gekauften Lieferwagen gewesen (ab Kauf durch Daniel und Bettina für CHF 9 900.–)? Gehen Sie von einer Lebensdauer von weiteren zehn Jahren aus.

f) Welche anderen Gründe könnten, abgesehen von Abnützung (wie im Falle des Lieferwagens), auch noch zu einer Wertminderung im Zeitablauf führen?
- **Entwertung durch Zeit (z. B. technologischer Fortschritt oder Verwitterung)**
- **Änderungen auf dem Markt (z. B. gesetzliche Vorschriften)**
- ...

Die vereinfachte Bilanz des Unternehmens von Bettina und Daniel zeigt folgende Positionen:

Bilanz

Kasse, Bank	Verbindlichkeiten aus L&L
Forderungen aus L&L	Eigenkapital
Vorräte Handelswaren	
Mobiliar	
Fahrzeuge	

e) Welche weiteren Positionen auf der Aktivseite dieser Bilanz können wie Fahrzeuge im Bestand gleich bleiben und dennoch an Wert verlieren?
- **Vorräte Handelswaren (z. B. weil nicht mehr am Markt gefragt)**
- **Mobiliar (Abnutzung vergleichbar mit Fahrzeug)**
- **Forderungen aus L&L (wenn Kunden zahlungsunfähig werden)**

Lösungen

10.1

a) Abschreibung Motorfahrzeug

Jahr	vom Buchwert (degressiv)		vom Anschaffungswert (linear)	
	Abschreibung	Buchwert	Abschreibung	Buchwert
0		300 000		300 000
1	120 000	180 000	60 000	240 000
2	72 000	108 000	60 000	180 000
3	43 200	64 800	60 000	120 000
4	25 920	38 880	60 000	60 000
5	15 552	23 328	59 999	1

b) Abschreibung Container

Jahr	vom Buchwert (degressiv)		vom Anschaffungswert (linear)	
	Abschreibung	Buchwert	Abschreibung	Buchwert
0		75 000		75 000
1	15 000	60 000	7 500	67 500
2	12 000	48 000	7 500	60 000
3	9 600	38 400	7 500	52 500
4	7 680	30 720	7 500	45 000
5	6 144	24 576	7 500	37 500

c) Abschreibung Hotelgeschirr

Jahr	vom Buchwert (degressiv)		vom Anschaffungswert (linear)	
	Abschreibung	Buchwert	Abschreibung	Buchwert
0		112 000		112 000
1	50 400	61 600	25 200	86 800
2	27 720	33 880	25 200	61 600
3	15 246	18 634	25 200	36 400
4	8 385	10 249	25 200	11 200
5	4 612	5 637	11 199	1

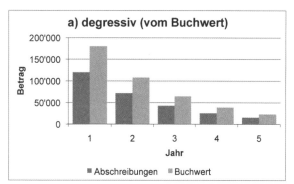

a) degressiv (vom Buchwert)

■ Abschreibungen ■ Buchwert

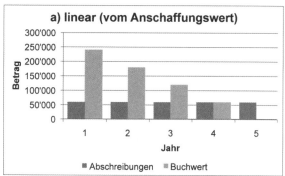

a) linear (vom Anschaffungswert)

■ Abschreibungen ■ Buchwert

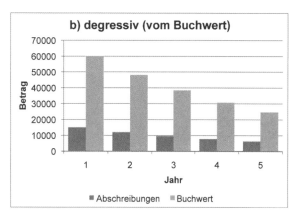

b) degressiv (vom Buchwert)

■ Abschreibungen ■ Buchwert

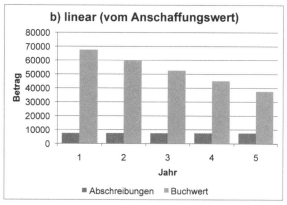

b) linear (vom Anschaffungswert)

■ Abschreibungen ■ Buchwert

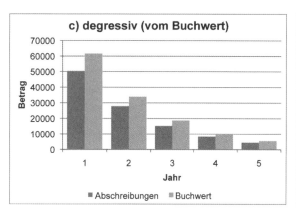

c) degressiv (vom Buchwert)

■ Abschreibungen ■ Buchwert

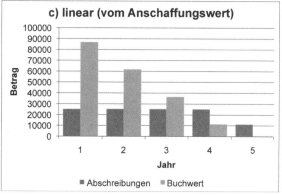

c) linear (vom Anschaffungswert)

■ Abschreibungen ■ Buchwert

10.2

Nr.	Text	Soll	Haben	Betrag
1.	Abschreibung Fahrzeug 30 % von 80	A Abschr	WB FAHRZ	24
2.	Abschreibung Mobiliar 20 % von 75	A Abschr	WB MOB	15
3.	Abschreibung Maschinen 30 % von 230	A Abschr	MASCH	69
4.	Abschreibung Gebäude 3 % von 900	A Immo*	WB IMMO	27
5.	Abschreibung Industriegeleise 20 % von 45	A Abschr	INDUSTRIEGEL	9
6.	Abschreibung IT 40 % von 85	A Abschr	BÜIT	34
7.	Bestandesänderung Rohmaterial	VO ROHMAT	A Rohmat	2
8.	Bestandesänderung Fertigfabrikate	Änd Best	VO FF	7
9.	Anlagevermehrung	IMMO (Gebäude)	Eigenl	10

* Bei Immobilien wird statt dem Konto *Abschreibungen* das Konto *Immobilienaufwand* verwendet (vgl. Kapitel 13)

10.3
Das Unternehmen führt hier statt **einem** Konto *Büromaschinen, IT* **zwei** Konten: *Büromaschinen* (BÜMA) und *IT*.

1. Jahr

Nr.	Text	Soll	Haben	Betrag
1.	AB Büromaschinen	BÜMA	BI	23 800.00
	AB Mobiliar	MOB	BI	17 900.00
2.	Kauf Hard- und Software	IT	VERB SONST	86 000.00
3.	Verkauf Kopiergerät	KASSE	BÜMA	100.00
	Wertkorrektur	A Abschr	BÜMA	400.00
4.	Kauf Bürostuhl	MOB	KASSE	600.00
5.	Abschreibungen	A Abschr	WB IT	17 200.00
		A Abschr	BÜMA	9 320.00
		A Abschr	MOB	7 400.00
6.	Kontenabschlüsse	BI	BÜMA	13 980.00
		BI	MOB	11 100.00
		BI	IT	86 000.00
		WB IT	BI	17 200.00
		ER	A Abschr	34 320.00

2. Jahr

Nr.	Text	Soll	Haben	Betrag
1.	Eröffnung	BÜMA	BI	13 980.00
		MOB	BI	11 100.00
		IT	BI	86 000.00
		BI	WB IT	17 200.00
2.	Kauf Software	IT	VERB SONST	19 000.00
	Kauf Aktenschrank	MOB	VERB SONST	2 300.00
3.	Skonto	VERB SONST	IT	380.00
	Skonto	VERB SONST	MOB	46.00
	Banküberweisung	VERB SONST	BANK	20 874.00
4.	Abschreibungen	A Abschr	BÜMA	5 592.00
		A Abschr	MOB	5 341.60
		A Abschr	WB IT	20 924.00
5.	Kontenabschlüsse	BI	MOB	8 012.40
		BI	IT	104 620.00
		BI	BÜMA	8 388.00
		WB IT	BI	38 124.00
		ER	A Abschr	31 857.60

10.4

Nr.	Text	Soll	Haben	Betrag
0	Eröffnung	FAHRZ	BI	838000
		BI	WB FAHRZ	354000
1.	Verkauf Car	KASSE	FAHRZ	118000
	Auflösung WB	WB FAHRZ	FAHRZ	174000
	Verkaufsgewinn	FAHRZ	E ao	4000
2.	Kauf Car	FAHRZ	VERB SONST	518000
	Skonto	VERB SONST	FAHRZ	10360
	Banküberweisung	VERB SONST	BANK	507640
3.	Umspritzen, zusätzliche Ausrüstung	FAHRZ	VERB SONST	8760
4.	Abschreibung	A Abschr	WB FAHRZ	354560
5.	Auflösung indirekte Abschreibung	WB FAHRZ	FAHRZ	534560
6.	Abschluss	BI	FAHRZ	531840

S		FAHRZ		H
AB	838000			118000
	4000			174000
	518000			10360
	8760			534560
			Saldo	**531840**
	1368760			1368760

S		WB FAHRZ		H
	174000	AB		354000
	534560			354560
	708560			708560

10.5

	Text	Soll	Haben	Betrag
a)	Betreibungsabschluss	BANK	FORD LL	1500
b)	Kostenvorschuss	FORD LL	BANK	70
c)	Verlustschein	Verl Ford	FORD LL	1560
	Zahlung Betreibungsamt	BANK	FORD LL	2000
d)	Forderungsverlust Hofer	Verl Ford	FORD LL	11000
e)	Zahlung Märki aus Verlustschein	KASSE	E ao	3500
f)	Zahlung Frey aus Verlustschein	BANK	Verl Ford	2000
g)	Zahlung Egli	BANK	FORD LL	8650
	Verzugszinsen	BANK	E Finanz	175
h)	Zahlung Betreibungsamt	BANK	FORD LL	450
	Verlustschein	Verl Ford	FORD LL	1200

10.6

	Text	Soll	Haben	Betrag
a)	Rechnung Kaller	FORD LL	E Handel	25 000
b)	Kostenvorschuss	FORD LL	KASSE	40
c)	Kundenzahlungen	BANK	FORD LL	120 000
d)	Nachlassvertrag	KASSE	FORD LL	4 200
	Forderungsverlust	Verl Ford	FORD LL	3 300
e)	Anzahlung	KASSE	ANZ ERH	500
f)	Verzugszins	FORD LL	E Finanz	50
	Zahlung Lüchinger	BANK	FORD LL	2 140
g)	Zahlung Deiss	BANK	Verl Ford	1 300
	Zahlung Isliker	BANK	E ao	2 000
h)	Wertberichtigung	Verl Ford	WB FORD LL	2 000

10.7

a) Im Passivkonto *Verluste aus Forderungen* werden die mutmasslichen Forderungsverluste bewertet. Es zeigt jenen Teil der Forderungen, bei dem man vermutet, dass die Zahlungen **nicht** eingehen werden.

b) Das Konto *Forderungen aus Lieferung und Leistung* zeigt den Wert aller offiziell bestehenden Forderungen. Vorauszusehende, mutmassliche Verluste sind noch nicht sicher eingetreten und dürfen deshalb vom Konto *Forderungen aus Lieferung und Leistung* nicht abgezählt werden. Daher ist dafür ein eigenes Konto zu bilden, das den Wert der Forderungen korrigiert.

c) *WB Forderungen* ist ein Wertberichtigungskonto zum Konto *Forderungen aus Lieferung und Leistung.*

d) Man fordert das Betreibungsamt auf, den Schuldner zu betreiben, evtl. Vermögensstücke zu beschlagnahmen und uns aus dem Verwertungserlös zu entschädigen.

e) Für jenes Guthaben, welches das Betreibungsamt beim Schuldner nicht eintreiben kann, wird ein Verlustschein erstellt. Dieser Ausweis einer nicht eintreibbaren Forderung verjährt nach 20 Jahren und dient – falls der Schuldner in der Zukunft wieder einmal zu Vermögen kommen sollte – als Beweisurkunde.

f) Die Betreibungskosten sind vom Schuldner zu bezahlen da er sie verursacht. Allerdings muss der Gläubiger sie bei der Betreibung vorschiessen, d. h. vorausbezahlen. Da der Schuldner diese Vorauszahlung dem Gläubiger schuldet, verbucht der Gläubiger sie auf das Konto *Forderungen aus Lieferung und Leistung.*

g) Der Jahresabschluss muss periodengerecht sein. Einnahmen aus Verlustscheinen früherer Jahre gehören nicht in dieses Geschäftsjahr, weshalb diese Einnahmen ins Konto *ausserordentlicher, einmaliger oder periodenfremder Ertrag* gebucht werden.

10.8

Nr.	Text	Soll	Haben	Betrag
J 1	Korrektur WB Forderungen	Verl Ford	WB FORD LL	10 000
J 2	Korrektur WB Forderungen	Verl Ford	WB FORD LL	5 000
J 3	Korrektur WB Forderungen	Verl Ford	WB FORD LL	3 000
J 4	keine Buchung			
J 5	Korrektur WB Forderungen	WB FORD LL	Verl Ford	2 000

10.9

	Text	Soll	Haben	Betrag
	Eröffnung	FORD LL	BI	80 000
		BI	WB FORD LL	4 000
a)	Warenlieferungen	FORD LL	E Handel	50 000
b)	nachträgliche Rabatte	E Handel	FORD LL	3 000
c)	Zahlungseingänge Bank	BANK	FORD LL	20 000
d)	Zahlung Betreibungsamt	BANK	FORD LL	6 000
	Verlustscheine	Verl Ford	FORD LL	10 000
e)	Zahlung aus Verlustschein	BANK	E ao	1 000
f)	Kostenvorschuss	FORD LL	BANK	100
g)	keine Buchung			
h)	Korrektur WB Forderungen	Verl Ford	WB FORD LL	555
i)	Abschlüsse	BI	FORD LL	91 100
	5 %	WB FORD LL	BI	4 555
		ER	Verl Ford	10 555

S		FORD LL		H
AB	80 000	b)	3 000	
a)	50 000	c)	20 000	
f)	100	c)	6 000	
		d)	10 000	
		i)	**91 100**	
	130 100		130 100	

S		Verl Ford		H
d)	10 000	**i)**	**10 555**	
h)	555			
	10 555		10 555	

S		WB FORD LL		H
i)	**4 555**	AB	4 000	
		h)	555	
	4 555		4 555	

10.10

Nr.	Text	Soll	Haben	Betrag
1.	Eröffnung	FORD LL	BI	120 000
		BI	WB FORD LL	11 000
2.	Warenverkäufe	FORD LL	E Handel	210 000
3.	Rücksendungen	E Handel	FORD LL	6 000
4.	Barzahlungen	KASSE	FORD LL	220 000
5.	Skontiabzüge Kunden	E Handel	FORD LL	2 500
6.	Betreibungsverlust Sulser	Verl Ford	FORD LL	5 700
7.	Zahlung Betreibungsamt	BANK	FORD LL	3 300
	Verlustschein	Verl Ford	FORD LL	18 700
8.	Kostenvorschuss Geier	FORD LL	BANK	100
9.	Zahlung Geier	KASSE	FORD LL	2 200
	Verzugszins	KASSE	E Finanz	20
10.	Überweisung Sulser	BANK	Verl Ford	5 000
11.	Sachlieferung Frick	A Handel	FORD LL	600
	Forderungsverlust	Verl Ford	FORD LL	100
12.	Korrektur WB Forderungen	Verl Ford	WB FORD LL	1 500
13.	Abschlüsse	BI	FORD LL	71 000
		WB FORD LL	BI	12 500
		ER	Verl Ford	21 000

S		FORD LL		H
AB	120 000	3.		6 000
2.	210 000	4.		220 000
8.	100	5.		2 500
		6.		5 700
		7.		3 300
		7.		18 700
		9.		2 200
		11.		600
		11.		100
		13.		**71 000**
	330 100			330 100

S		Verl Ford		H
5.	5 700	10.		5 000
7.	18 700	**13.**		**21 000**
11.	100			
12.	1 500			
	26 000			26 000

S		WB FORD LL		H
13.	**12 500**	AB		11 000
		12.		1 500
	12 500			12 500

10.11   Elobau

a) Nachtragsbuchungen

Nr.	Text	Soll	Haben	Betrag
1.	Vorauszahlung Bisag	BANK	ANZ ERH	20 000
2.	Fabrikatelieferung Bisag	FORD LL	E Produktion	180 000
	Rückbuchung Anzahlung	ANZ ERH	FORD LL	20 000
3.	Kostenvorschuss Stärker	FORD LL	BANK	100
4.	Bezugskosten Material	A Rohmat	VERB LL	4 300
	Versandkosten Fabrikate	E Produktion	VERB LL	6 900
5.	Skonto Material	VERB LL	A Rohmat	129
	Skonto Fabrikate	VERB LL	E Produktion	207
	Überweisung Sofax	VERB LL	BANK	10 864
6.	Zahlung Betreibungsamt	BANK	FORD LL	1 340
	Verlustschein Bleicher	Verl Ford	FORD LL	4 800
7.	Lohnüberweisungen	A Lohn	BANK	38 600
8.	Retouren Bisag	E Produktion	FORD LL	4 000
	Skonto Bisag	E Produktion	FORD LL	3 520
	Überweisung Bisag	BANK	FORD LL	152 480
9.	Verkauf Fahrzeug A	KASSE	FAHRZ	13 000
	Verkaufsgewinn Fahrzeug A	FAHRZ	E ao	1 000
	Auflösung Wertberichtigung	WB FAHRZ	FAHRZ	10 000
	Verkauf Fahrzeug B	KASSE	FAHRZ	11 500
	Verkaufsverlust Fahrzeug B	A Abschr	WB FAHRZ	500
	Auflösung Wertberichtigung	WB FAHRZ	FAHRZ	20 500
10.	Erhöhung WB Forderungen	Verl Ford	WB FORD LL	4 000
11.	Eigenleistungen	MASCH	Eigenl	23 000
12.	Abschreibung Fahrzeuge (20% v. 31 000)	A Abschr	WB FAHRZ	6 200
	Abschreibung Maschinen	A Abschr	MASCH	37 300
	Abschreibung Immobilien	A Immo	WB IMMO	30 000
13.	Bestandeskorrekturen	A Rohmat	VO ROHMAT	7 000
		VO FF	Änd Best	7 000

Aktiven			b) Schlussbilanz Elobau	Passiven
Kasse, Bank		158756	Verbindlichkeiten aus L&L	120000
Forderungen aus L&L	233960		erhaltene Anzahlungen	45000
– WB Forderungen	– 16000	217960	Bankdarlehen	550000
Vorräte Rohmaterial		58000		
Vorräte Halbfabrikate		12000		
Vorräte Fertigfabrikate		139000		
Fahrzeuge	176000		Eigenkapital	500000
– WB Fahrzeuge	– 151200	24800	Reserven	87000
Maschinen		335700	Gewinn	64216
Immobilien	600000			
– WB Immobilien	– 180000	420000		
		1366216		1366216

c)

Die Unternehmung muss vor allem zwei Fragen beantworten:

1. Wie wird der tatsächliche Verlauf des Wertverlustes beim Abschreibungsobjekt sein?
2. Wollen wir uns mit der Abschreibung dem tatsächlichen Verlauf anpassen?

   Falls nicht: Wie ist die momentane Erfolgssituation in der Unternehmung?
   - bei erwarteten hohen Gewinnen: eher degressiv
   - bei erwarteten Verlusten: eher linear

10.12 Drapo Drinks

a)

Nr.	Text	Soll	Haben	Betrag
1	Abschreibung Jahr 1	A Abschr	WB MASCH	100 000

b)

CHF 20 000.–

Berechnungsmethode:

Jahr	linear 20 % von 500 000.–	degressiv 40 % vom Buchwert	zusätzliche Abschreibung bei degressiver Methode
1	100 000	200 000	100 000
2	100 000	120 000	20 000

c)

Nr.	Text	Soll	Haben	Betrag
1	Verkauf Maschine	FORD SONST	MASCH	170 000
2	zusätzliche Abschreibung	A Abschr	WB MASCH	30 000
3	Ausbuchung des Wertberichtigungskontos	WB MASCH	MASCH	330 000

d)

Nr.	Text	Soll	Haben	Betrag
1	Verkauf Maschine	FORD SONST	MASCH	230 000
2	Ausbuchung des Wertberichtigungskontos	WB MASCH	MASCH	300 000
3	Verkaufsgewinn	MASCH	E ao	30 000

 # Rechnungsabgrenzungen und Rückstellungen

 ## Hintergrundinformationen

Der Einfachheit halber wird in diesem Lehrbuch nur ein Konto *Rückstellungen* geführt. Für Unternehmen ist es jedoch meistens zweckmässiger, wenn sie verschiedene Rückstellungskonten verwenden. Mögliche Kontenbezeichnungen wären *Rückstellungen für Reparatur, Sanierung und Erneuerung, Rückstellungen für betriebliche Umstrukturierungen, Rückstellungen für Steuern* oder *Rückstellungen für Prozesse.*

In der Praxis wird je nach Fälligkeit zwischen kurz- und langfristigen Rückstellungen unterschieden. Die Offenlegung erfolgt dann separat, d.h. die kurzfristigen Rückstellungen werden unter dem kurzfristigen Fremdkapital ausgewiesen, während die langfristigen Rückstellungen Bestandteil des langfristigen Fremdkapitals sind.

 ## Didaktische Hinweise

Den Lernenden fällt es üblicherweise schwer, die Zahlen der gebuchten Erfolgskonten am Schluss des Jahres so zu verändern, dass sie periodengerecht ausgewiesen werden können.

Die Kopiervorlage auf den folgenden Seiten enthält einen Einführungsfall, mit welchem die Lernenden an die praktische Schwierigkeit dieser Rechnungsabgrenzungen hingeführt werden können. Dabei wird zuerst resultatorientiert gearbeitet, d.h. es werden erst über rechnerische Lösungen die periodengerechten Erfolgskontensalden gesucht. Erst im zweiten Schritt sollen die Konten *aktive* und *passive Rechnungsabgrenzung* eingeführt werden.

Kaiser-Bikes

Peter Kaiser, Inhaber der «Kaiser-Bikes» (Reparaturen, Vermietungen und Verkauf) hat vor drei Jahren sein Bikegeschäft eröffnet. Im Geschäft werden die handelsüblichen Fahrräder mit qualitativ hochstehenden technischen Ergänzungen auf ein überdurchschnittliches Ausrüstungsniveau gebracht.

Das Geschäft lief erfreulich gut, sodass Peter Kaiser zu Beginn des Jahres seine Nichte Anja eingestellt hat, welche selber Bikerennen fährt und mit ihrer praktischen Erfahrung und ihrem Flair für gute Verkaufsgespräche eine echte Verstärkung im Geschäft ist. Die Lohnvereinbarung für ihren 80 %-Job lautet: CHF 3 600.– im Monat sowie 25 % des Jahresgewinns. Peter und Anja hatten das Gefühl, dass das Geschäft im vergangenen Jahr gut gelaufen sei, insbesondere seit sie am 31. Mai einen neuen Geschäftssitz im Stadtzentrum bezogen haben.

Nach dem Buchhaltungsabschluss kam Peter Kaiser zu Anja und teilte ihr mit, dass entgegen ihren Erwartungen der Gewinn nur minimal sei. Anja konnte das kaum glauben. Peter zeigt ihr darauf offen die gesamte Buchhaltung und den entsprechenden Abschluss per 31.12. Bald einmal konzentrierte sich Anja auf die Erfolgsrechnung:

Aufwände		Erfolgsrechnung	Erträge
Handelswarenaufwand (Bikes)	90 300	Handelswarenertrag (Bikes)	188 200
Bruttogewinn	**97 900**		
	188 200		188 200
Lohnaufwand	117 000	Bruttogewinn	97 900
Materialaufwand (für Reparaturen)	12 300	Dienstleistungsertrag (Rep. + Service)	70 800
Raumaufwand	36 000	Dienstleistungsertrag (Vermietung)	18 400
Verwaltungsaufwand	6 800	Finanzertrag	200
Werbeaufwand	7 500		
übriger Betriebsaufwand	2 250		
Abschreibungen	4 700		
Finanzaufwand	450		
Betriebsergebnis (Gewinn Kerngeschäft)	**300**		
	187 300		187 300

Peter erklärt Anja dazu, dass er nächstes Jahr einen höheren Gewinn erwarte. Erstmals sei Ende März die jährliche Zahlung des Serviceertrags des Velokurierdienstes Bikemail über CHF 12 000.– fällig. Der Mengenrabatt des Bikeherstellers für das letzte Geschäftsjahr von ca. CHF 8 000.– sei ebenfalls noch nicht eingetroffen. Da hatte Anja eine Idee. Sie untersuchte all jene Geschäftsvorfälle, bei welchen das vergangene Jahr als auch das eben begonnene Jahr in irgendeiner Form beteiligt sind. Anja fand im Journal folgende Eintragungen:

Datum	Text	Soll	Haben	Betrag
02.11.	Kundengeschenke für Weihnachten	Werbeaufwand	sonstige Verbindlichkeiten	5 000
15.11.	Erhalt Darlehen für 6 Monate zu 8% pro Jahr	Bank	Passivdarlehen	30 000
30.11.	Miete Werkstätte Dezember bis Mai	Raumaufwand	Bank	15 000

Im übrigen bemerkte Anja, dass die Dezembertelefonrechnung von üblicherweise CHF 150.– pro Monat noch nicht eingetroffen und in der Buchhaltung auch nicht berücksichtigt worden ist. Den Wert der Kundengeschenke, welche noch am Lager sind, und auch im kommenden Jahr noch verschenkt werden können, schätzt sie auf CHF 2300.–.

Anja erstellt eine Tabelle und versucht für das letzte Jahr periodengerechte Zahlen zu berechnen:

Erfolgskonten	alte Zahlen	Korrektur	neue Zahlen
Handelswarenaufwand	90 300		
Lohnaufwand	117 000		
Materialaufwand	12 300		
Raumaufwand	36 000		
Verwaltungsaufwand	6 800		
Werbeaufwand	7 500		
übriger Betriebsaufwand	2 250		
Abschreibungen	4 700		
Finanzaufwand	450		
Handelswarenertrag	188 200		
Dienstleistungsertrag (Rep. + Service)	70 800		
Dienstleistungsertrag (Vermietung)	18 400		
Finanzertrag	200		

a) Erstellen Sie eine neue Erfolgsrechnung, welche periodengerechte Zahlen ausweist.

b) Wie lauten die Buchungen, wenn die Erfolgskonten bereinigt werden? Als Gegenkonto verwenden Sie das Konto *aktive Rechnungsabgrenzung*, wenn das Konto in der Sollbuchung fehlt bzw. das Konto *passive Rechnungsabgrenzung,* wenn das Konto in der Habenbuchung fehlt.

Kaiser Bikes

a)

Erfolgskonten	alte Zahlen	Korrektur	neue Zahlen
Handelswarenaufwand (Bikes)	90 300	– 8 000	82 300
Lohnaufwand	117 000		117 000
Materialaufwand	12 300		12 300
Raumaufwand	36 000	– 12 500	23 500
Verwaltungsaufwand	6 800	+ 150	6 950
Werbeaufwand	7 500	– 2 300	5 200
übriger Betriebsaufwand	2 250		2 250
Abschreibungen	4 700		4 700
Finanzaufwand	450	+ 300	750
Handelswarenertrag (Bikes)	188 200		188 200
Dienstleistungsertrag (Rep. + Service)	70 800	+ 9 000	79 800
Dienstleistungsertrag (Vermietung)	18 400		18 400
Finanzertrag	200		200

Aufwände	periodengerechte Erfolgsrechnung		Erträge
Handelswarenaufwand (Bikes)	82 300	Handelswarenertrag (Bikes)	188 200
Bruttogewinn	**105 900**		
	188 200		188 200
Lohnaufwand	117 000	Bruttogewinn	105 900
Materialaufwand (für Reparaturen)	12 300	Dienstleistungsertrag (Rep. + Service)	79 800
Raumaufwand	23 500	Dienstleistungsertrag (Vermietung)	18 400
Verwaltungsaufwand	6 950	Finanzertrag	200
Werbeaufwand	5 200		
übriger Betriebsaufwand	2 250		
Abschreibungen	4 700		
Finanzaufwand	750		
Betriebsergebnis (Gewinn Kerngeschäft)	**31 650**		
	204 300		204 300

b)

Datum	Text	Soll	Haben	Betrag
31.12.	Rechnungsabgrenzung Wareneinkauf (fehlender Rabatt)	aktive Rechnungsabgrenzung	Handelswarenaufwand	8 000
31.12.	Rechnungsabgrenzung Werkstattmiete	aktive Rechnungsabgrenzung	Raumaufwand	12 500
31.12.	Rechnungsabgrenzung Telefonrechnung Dezember	Verwaltungsaufwand	passive Rechnungsabgrenzung	150
31.12.	Rechnungsabgrenzung Werbeaufwand (Lager)	aktive Rechnungsabgrenzung	Werbeaufwand	2 300
31.12.	Rechnungsabgrenzung Zins Darlehen	Finanzaufwand	passive Rechnungsabgrenzung	300
31.12.	Rechnungsabgrenzung Serviceertrag Velokurierdienst	aktive Rechnungsabgrenzung	Dienstleistungsertrag (Rep. + Service)	9 000

11.1

a) Buchungen des Darlehensgläubigers:

Datum	Text	Soll	Haben	Betrag
15.09.20.1	Zahlung Darlehen	ADARL	BANK	600 000
31.12.20.1	Abgrenzung der aufgelaufenen Zinsen	ARAG	E Finanz	14 000
31.12.20.1	Abschluss der Konten	E Finanz BI BI	ER ARAG ADARL	14 000 14 000 600 000
01.01.20.2	Eröffnung der Konten	ARAG ADARL	BI BI	14 000 600 000
01.01.20.2	Auflösung Rechnungsabgrenzung	E Finanz	ARAG	14 000
15.09.20.2	Erhalt Darlehenszins	BANK	E Finanz	48 000
15.09.20.2	Rückzahlung Darlehen	BANK	ADARL	600 000

b) Buchungen des Darlehensschuldners:

Datum	Text	Soll	Haben	Betrag
15.09.20.1	Erhalt Darlehen	BANK	PDARL	600 000
31.12.20.1	Abgrenzung der aufgelaufenen Zinsen	A Finanz	PRAG	14 000
31.12.20.1	Abschluss der Konten	ER PRAG PDARL	A Finanz BI BI	14 000 14 000 600 000
01.01.20.2	Eröffnung der Konten	BI BI	PRAG PDARL	14 000 600 000
01.01.20.2	Auflösung Rechnungsabgrenzung	PRAG	A Finanz	14 000
15.09.20.2	Zahlung Darlehenszins	A Finanz	BANK	48 000
15.09.20.2	Rückzahlung Darlehen	PDARL	BANK	600 000

11.2

a)

Datum	Text	Soll	Haben	Betrag
01.01.20.1	Eröffnung der Konten	ARAG	BI	4 000
01.01.20.1	Auflösung Rechnungsabgrenzung	A Raum	ARAG	4 000
30.04.20.1	Zahlung Mietzins	A Raum	BANK	6 000
31.10.20.1	Zahlung Mietzins	A Raum	BANK	6 000
31.12.20.1	Abgrenzung Mietzins	ARAG	A Raum	4 000
31.12.20.1	Abschluss der Konten	BI	ARAG	4 000
		ER	A Raum	12 000
01.01.20.2	Eröffnung der Konten	ARAG	BI	4 000
01.01.20.2	Auflösung Rechnungsabgrenzung	A Raum	ARAG	4 000
30.04.20.2	Zahlung Mietzins	A Raum	BANK	6 000

b)

Datum	Text	Soll	Haben	Betrag
01.01.20.1	Eröffnung der Konten	BI	PRAG	4 000
01.01.20.1	Auflösung Rechnungsabgrenzung	PRAG	E Immo	4 000
30.04.20.1	Erhalt Mietzins	BANK	E Immo	6 000
31.10.20.1	Erhalt Mietzins	BANK	E Immo	6 000
31.12.20.1	Abgrenzung Mietzins	E Immo	PRAG	4 000
31.12.20.1	Abschluss der Konten	PRAG	BI	4 000
		E Immo	ER	12 000
01.01.20.2	Eröffnung der Konten	BI	PRAG	4 000
01.01.20.2	Auflösung Rechnungsabgrenzung	PRAG	E Immo	4 000
30.04.20.2	Erhalt Mietzins	BANK	E Immo	6 000

c)

Datum	Text	Soll	Haben	Betrag
01.01.20.1	Eröffnung der Konten	BI	PRAG	2 000
01.01.20.1	Auflösung Rechnungsabgrenzung	PRAG	A Raum	2 000
30.04.20.1	Mietzinszahlung	A Raum	BANK	6 000
31.10.20.1	Mietzinszahlung	A Raum	BANK	6 000
31.12.20.1	Abgrenzung Mietzins	A Raum	PRAG	2 000
31.12.20.1	Abschluss der Konten	PRAG	BI	2 000
		ER	A Raum	12 000
01.01.20.2	Eröffnung der Konten	BI	PRAG	2 000
01.01.20.2	Auflösung Rechnungsabgrenzung	PRAG	A Raum	2 000
30.04.20.2	Mietzinszahlung	A Raum	BANK	6 000

11.3

a) Ohne Korrektur enthielte das Konto auch die Brandversicherung der nächsten Geschäftsperiode, womit im alten Rechnungsjahr ein zu hoher Aufwand ausgewiesen würde.

b) *ARAG*   an   *A Vers*   6 480

c) *ARAG*   an   *BI*   6 480

    A Vers   an   *ARAG*   6 480

d) Durch die Auflösung der Rechnungsabgrenzung werden die anteilmässigen Prämien des neuen Jahres in der Höhe von CHF 6 480.– dem Aufwandkonto belastet.

11.4

Nr.	Text	Soll	Haben	Betrag
1.	Abgrenzung Miete Kopiergerät	ARAG	A Verw	280
2.	Abgrenzung Erhalt Mietzins	ARAG	E Immo	3 900
3.	Abgrenzung Mietzins	A Raum	PRAG	5 000
4.	Abgrenzung Überstunden	A Lohn	PRAG	5 200
5.	Abgrenzung Handelswarenertrag	ARAG	E Handel	2 000
6.	Abgrenzung Transportversicherung	A Handel	PRAG	2 500
7.	Abgrenzung Rechnung Werbeagentur	A Werbung	PRAG	4 000
8.	Abgrenzung Finanzaufwand	A Finanz	PRAG	900
9.	Abgrenzung aufgelaufene Darlehenszinsen	A Finanz	PRAG	6 000
10.	Abnahme Warenbestand	A Handel	VO HANDEL	5 800
11.	Abgrenzung Heizölvorrat	ARAG	A Immo	2 100
12.	Abgrenzung Umsatzgutschrift	ARAG	A Handel	3 400

11.5

1. im Voraus bezahlter Darlehenszins
2. Gehaltsvorschuss auf den Januarlohn
3. im Voraus bezahlte Versicherungsprämie für Betriebseinrichtungen
4. aufgelaufener Darlehenszins, welcher erst im nächsten Jahr bezahlt wird
5. Überstunden des Dezembers werden erst im Januar ausbezahlt
6. noch nicht erhaltene Mengenrabatte auf unseren Einkäufen von Rohmaterial
7. im Voraus bezahlte Büromiete
8. im Voraus bezahlte Werbekosten für Inserate, welche im nächsten Jahr erscheinen

11.6

Nr.	Text	Soll	Haben	Betrag
1.	Abgrenzung Reparatur Lastwagen	A Fahrz	PRAG	3 500
2.	Abgrenzung Vorrat Fahrzeugkleinmaterialien	ARAG	A Fahrz	2 500
3.	Abgrenzung Leasingraten	ARAG	A Fahrz	4 000
4.	Abgrenzung Versicherungsprämien	ARAG	A Fahrz	10 875
5.	Abgrenzung Kostenbeteiligung durch Mitarbeiter	ARAG	A Fahrz	800
6.	Abgrenzung Mietzins	A Raum	PRAG	1 500

11.7

Datum	Text	Soll	Haben	Betrag
01.01.20.1	Eröffnung Konten	ARAG	BI	360 000
		BI	PRAG	600 000
01.01.20.1	Auflösung Rechnungsabgrenzung	E Prämien	ARAG	360 000
		PRAG	E Prämien	600 000
Jahr	Prämienerträge	BANK	E Prämien	8 700 000
31.12.20.1	Abgrenzung Prämienerträge	ARAG	E Prämien	190 000
		E Prämien	PRAG	520 000
31.12.20.1	Abschluss der Konten	E Prämien	ER	8 610 000
		BI	ARAG	190 000
		PRAG	BI	520 000

S	ARAG		H
AB	360 000		360 000
	190 000	S	190 000
	550 000		550 000

S	PRAG		H
	600 000	AB	600 000
			520 000
S	520 000		
	1 120 000		1 120 000

S	E Prämien		H
	360 000		600 000
	520 000		8 700 000
			190 000
S	8 610 000		
	9 490 000		9 490 000

11.8

	Text	Soll	Haben	Betrag
a)	Bildung Rückstellung für Prozessrisiken	A übr Betrieb	RÜCKST	20 000
	Abschluss der Konten	ER	A übr Betrieb	20 000
		RÜCKST	BI	20 000
b)	Eröffnung der Konten	BI	RÜCKST	20 000
	Bezahlung der Prozessaufwendungen	A übr Betrieb	BANK	20 000
	Auflösung der Rückstellung	RÜCKST	A übr Betrieb	20 000
c)	Bezahlung der Prozessaufwendungen	A übr Betrieb	BANK	25 000
	Auflösung der Rückstellung	RÜCKST	A übr Betrieb	20 000
d)	Teilzahlung der Prozessaufwendungen	A übr Betrieb	BANK	17 000
	Bildung einer kurzfristigen Verbindlichkeit	A übr Betrieb	VERB SONST	3 000
	Auflösung der Rückstellung	RÜCKST	A übr Betrieb	20 000
e)	hängiges Rechtsverfahren	keine Buchung nötig		
f)	Auflösung der Rückstellung	RÜCKST	E ao	20 000

11.9

Nr.	Text	Soll	Haben	Betrag
1.	Bildung Rückstellung für laufenden Prozess	A übr Betrieb	RÜCKST	10 000
2.	Abgrenzung Mietzins	ARAG	A Raum	6 000
3.	Abgrenzung Subventionszahlungen	ARAG	E übr Betrieb	32 000
4.	Erhöhung der Wertberichtigung auf Forderungen	Verl Ford	WB FORD LL	25 000
5.	Bildung Rückstellung für Unterhalt Maschine	A URE	RÜCKST	14 000
6.	Abgrenzung Prämienrückvergütung	ARAG	A Vers	2 600
7.	Abgrenzung Werbematerialvorrat	ARAG	A Werbung	16 000
8.	Bildung Rückstellung für laufenden Prozess	A Lohn	RÜCKST	18 000
9.	Abgrenzung Wegentschädigung	A übr Betrieb	PRAG	3 000
10.	Abgrenzung Lohnzahlung an Temporärmitarbeiter	A Lohn	PRAG	5 000

11.10

Nr.	Text	Soll	Haben	Betrag
1.	Abgrenzung Heizölvorrat	ARAG	A Immo	2 000
2.	Abgrenzung Gehaltsvorschüsse	ARAG	A Lohn	5 200
3.	Abnahme Warenlager	A Handel	VO HANDEL	18 000
4.	Abgrenzung Mengenrabatt	ARAG	A Handel	2 800
5.	Abgrenzung Versicherungsprämien	ARAG	A Vers	600
6.	Abgrenzung Telefonrechnung	A Verw	PRAG	500
7.	Bildung Rückstellung für laufenden Prozess	A übr Betrieb	RÜCKST	10 000
8.	geleistete Anzahlung	ANZ GEL	BANK	12 000
9.	Abgrenzung Werbeinserat	A Werbung	PRAG	500

11.11

a) Abschlussbuchungen zum Jahresende:

Nr.	Text	Soll	Haben	Betrag
1.	Abgrenzung Frachtrechnung	E Handel	PRAG	700.00
2.	Abgrenzung Entschädigung für Brandschaden	ARAG	E ao	12 500.00
3.	Abgrenzung Zinsgutschrift	ARAG	E Finanz	1 200.00
4.	Abgrenzung Darlehenszins	A Finanz	PRAG	3 333.35
5.	noch nicht in Rechnung gestellte Arbeiten	ARAG	E Dienstl	950.00
6.	Abgrenzung Treibstoffvorrat	ARAG	A Fahrz	2 000.00
7.	Bildung Rückstellung für Grossreparatur	A Immo	RÜCKST	20 000.00
8.	Abgrenzung Umsatzprovision	ARAG	A Handel	7 200.00
9.	Abgrenzung Mietzinseinnahmen	ARAG	E Immo	21 000.00

b) Auflösung der Rechnungsabgrenzung zum Jahresbeginn:

Nr.	Text	Soll	Haben	Betrag
1.	Auflösung Abgrenzung Frachtrechnung	PRAG	E Handel	700.00
2.	Auflösung Abgrenzung Entschädigung für Brandschaden	E ao	ARAG	12 500.00
3.	Auflösung Abgrenzung Zinsgutschrift	E Finanz	ARAG	1 200.00
4.	Auflösung Abgrenzung Darlehenszins	PRAG	A Finanz	3 333.35
5.	Auflösung Abgrenzung für noch nicht in Rechnung gestellte Arbeiten	E Dienstl	ARAG	950.00
6.	Auflösung Abgrenzung Treibstoffvorrat	A Fahrz	ARAG	2 000.00
7.	keine Buchung nötig			
8.	Auflösung Abgrenzung Umsatzprovision	A Handel	ARAG	7 200.00
9.	Auflösung Abgrenzung Mietzinseinnahmen	E Immo	ARAG	21 000.00

11.12

1. Bildung
   Berücksichtigung des aufgelaufenen Zinses (Marchzins) eines Aktivdarlehens
2. Auflösung
   Der im letzten Geschäftsjahr aufgelaufene Raumaufwand wird ins neue Jahr vorgetragen.
3. Bildung
   Die Überstunden des Dezembers werden im Januar ausbezahlt.
4. Bildung
   Die Mieterträge dieses Quartals werden erst im nächsten Geschäftsjahr eintreffen.
5. Auflösung
   Der aufgelaufene Zins (Marchzins) des Aktivdarlehens der Vorperiode wird auf das neue Geschäftsjahr vorgetragen.
6. Auflösung
   Rückstellungen, welche im Vorjahr im Zusammenhang mit einem schwebenden Prozess gebildet wurden, erweisen sich als zu hoch und werden aufgelöst.
7. Bildung
   Erhöhung der Rückstellungen für Garantiearbeiten

11.13

Nr.	Text	Soll	Haben	Betrag
1.	Abgrenzung Darlehenszins	ARAG	E Finanz	1 050
2.	Abgrenzung Inseratekampagne	A Werbung	PRAG	8 000
3.	Abgrenzung Fahrzeugversicherung	ARAG	A Fahrz	3 600
4.	Abgrenzung Vermittlungsprovision	ARAG	E Dienstl	15 000
5.	Bildung Rückstellung für Firmenjubiläum	A übr Betrieb	RÜCKST	5 000
6.	Abgrenzung Darlehenszins	A Finanz	PRAG	5 000
7.	Bildung Rückstellung für laufenden Prozess	A übr Betrieb	RÜCKST	16 000
8.	Bestandesänderung Fertigfabrikate	VO FF	Änd Best	100 000
9.	Abgenzung Obligationenzins	ARAG	E FinanzAnl	500
10.	Abgrenzung Mietzins	A Raum	PRAG	40 000
11.	Bestandesänderung Rohmaterial	VO ROHMAT	A Rohmat	40 000
12.	Bildung Rückstellung für Schallschutz	A übr Betrieb	RÜCKST	100 000

11.14

1.	RÜCKST für Garantieleistungen 20.2	an	A URE	19 440
	RÜCKST für Garantieleistungen 20.1	an	A URE	11 330
2.	E Produktion Gartenmöbel	an	RÜCKST für Garantieleistungen 20.3	42 880
3.	RÜCKST für Garantieleistungen 20.1	an	E ao	10 970

✓ Lösung Repetitionsaufgabe

11.15

a) Nachtragsbuchungen und Erstellung der Jahresrechnung

Nr.	Text	Soll	Haben	Betrag
1.	Mietzins	A Raum	PRIVAT	24 000
2.	Abgrenzung Versicherungsprämien	ARAG	A Vers	1 800
3.	Korrekturbuchung für Anzahlung	E Handel	ANZ ERH	1 900
4.	Abgrenzung Frachtrechnung	A Handel	PRAG	800
5.	Abschreibung einer Forderung	Verl Ford	FORD LL	600
6.	Wertberichtigung auf Forderungen	Verl Ford	WB FORD LL	5 000
7.	Abschreibung Mobiliar	A Abschr	MOB	4 090
8.	Abgrenzung Lohnvorschuss	ARAG	A Lohn	1 000
9.	Abgrenzung Darlehenszins	A Finanz	PRAG	1 000
10.	Bestandeskorrektur Warenvorräte	VO HANDEL	A Handel	7 000
11.	Ausbuchung des Privatkontos	PRIVAT	KAP	25 000
12.	Abschlussbuchungen	ER	Aufwandkonten	682 490
		Ertragskonten	ER	707 100
	Gewinnverwendung	ER	KAP	24 610
	Abschlussbuchungen	BI	Aktivkonten	216 710
		Passivkonten	BI	216 710

Aufwände	Erfolgsrechnung		Erträge
Handelswarenaufwand	450 500	Handelswarenertrag	712 700
Bruttogewinn	**256 600**	Verluste aus Forderungen	– 5 600
	707 100		707 100
Lohnaufwand	120 300	Bruttogewinn	256 600
Raumaufwand	24 000		
Sachversicherungsaufwand	7 200		
übriger Betriebsaufwand	70 400		
Abschreibungen	4 090		
Finanzaufwand	1 000		
Betriebsergebnis			
(Gewinn Kerngeschäft)	**29 610**		
	256 600		256 600
Steueraufwand	5 000		
Jahresgewinn	**24 610**	Betriebsergebnis	29 610
	29 610		29 610

Aktiven	Schlussbilanz vor Erfolgsverbuchung			Passiven
Kasse		3 500	Verbindlichkeiten aus L&L	38 400
Bank		7 900	erhaltene Anzahlungen	1 900
Forderungen aus L&L	55 700		passive Rechnungsabgrenzung	1 800
– WB Forderungen	– 5 000	50 700	Bankdarlehen	50 000
Vorräte Handelswaren		115 000	Eigenkapital	100 000
aktive Rechnungsabgrenzung		2 800	**Jahresgewinn**	**24 610**
Mobiliar		36 810		
		216 710		216 710

b) Rückbuchung der Rechnungsabgrenzung zu Jahresbeginn

Nr.	Text	Soll	Haben	Betrag
2.	Auflösung Abgrenzung Versicherungsprämien	A Vers	ARAG	1 800
4.	Auflösung Abgrenzung Frachtrechnung	PRAG	A Handel	800
8.	Auflösung Abgrenzung Lohnvorschuss	A Lohn	ARAG	1 000
9.	Auflösung Abgrenzung Darlehenszins	PRAG	A Finanz	1 000

Hintergrundinformationen

Definition von Wertschriften

Unter Wertschriften und Finanzanlagen werden gemäss Schweizer Handbuch der Wirtschaftsprüfung, Band 1, Buchführung und Rechnungslegung, Ausgabe 2009, Aktien, Partizipationsscheine, Genussscheine, Anteilscheine von Anlagefonds, Wandelobligationen, Optionsscheine, Obligationen, Kassenobligationen, Pfandbriefe, Anteilsrechte an Genossenschaften und GmbH's, Forderungsrechte des internationalen Geld- und Kapitalmarktes, Schuldverschreibungen des Bundes, Schatzanweisungen, Schuldbriefe, Edelmetalle (sofern nicht Rohmaterial- oder Handelsvorrat), Goldmünzen, Optionen und derivative Produkte verstanden. Nicht dazu gehören Checks und Wechsel.

Mögliche Bilanzierung der Wertschriften

a) **Bewertung des Aktivkontos zum Anschaffungswert**
   Der allfällige Minderwert wird mit einem Wertberichtigungskonto korrigiert. Die Differenz ist dann der Buchwert.

b) **Bewertung des Aktivkontos zum Marktwert mit der jährlich direkten Verbuchung der Kursdifferenzen auf Finanzaufwand (Kursverluste) oder Finanzertrag (Kursgewinne)**
   Diese Methode war früher im Wertschriftenkonto des Umlaufvermögens üblich. Heute wird vermehrt auf Variante a) hingewiesen, weil sie den Nachteil hat, dass Kursgewinne als Ertrag versteuert werden, ohne dass diese auch realisiert worden sind. Man versteuert also einen Gewinn bevor man ihn effektiv gemacht hat.

c) **Bewertung des Aktivkontos zum Marktwert** (vgl. Art. 960b OR)
   • Der Minderwert vom Anschaffungswert wird mit einem Wertberichtigungskonto (im offiziellen Kontenrahmen KMU reservierte Kontonummer 1068) korrigiert.
   • Der Mehrwert wird auf einem Konto *Schwankungsreserven* (im offiziellen Kontenrahmen KMU reservierte Kontonummer 1069) verbucht. Damit wird der Mehrwert des Wertschriftenkontos des Umlaufvermögens (Kontonummer 1060) wieder kompensiert, sodass netto nur der Anschaffungswert bilanziert wird.
   Diese Methode ist mit dem neuen Rechnungslegungsrecht hinzugekommen. Die Praxis hat noch kaum Erfahrungen mit dem Konto *Schwankungsreserven,* weshalb innerhalb des veb (Schweizer Verband für Rechnungslegung, Controlling und Rechnungswesen) eher von dieser Methode abgeraten wird.
   Bei einem späteren Verkauf der Wertpapiere müssen die Schwankungsreserven als Gewinn aufgelöst werden. Da Schwankungsreserven in früheren Jahren gebildet wurden, werden diese über periodenfremde Erträge ausgebucht. Aufgrund der wenigen Erfahrungen in der Praxis gehen die Autoren deshalb im Schülerbuch nicht auf diese Methode ein.

Usanzen bei der Zinsberechnung

In der Schweizerischen Bankpraxis kommt im Sinne des Gewohnheitsrechts im allgemeinen die deutsche Zinsusanz zur Anwendung. Sie rechnet mit 360 Tagen pro Jahr. Jeder Monat hat dabei 30 Zinstage. Der Letzte des Monats ist immer der 30. Zinstag.

So hat beispielsweise der Januar für den 30. und 31.01. zwei dreissigste Zinstage.

Beispiele:
Vom 25. Januar bis zum 2. Februar sind es 7 Zinstage.
Vom 25. Februar bis 28. Februar (kein Schaltjahr) sind es 5 Zinstage.
Vom 25. Februar bis 28. Februar (Schaltjahr) sind es 3 Zinstage.
Vom 25. Februar bis 2. März sind es 7 Zinstage.

Bei gewissen Finanzanlagen wird mit der englischen Zinsusanz gerechnet, welche die Tage im Jahr genau nimmt. In der schweizerischen Bankpraxis sieht man dies manchmal bei kurzfristigen Finanzanlagen (Termingelder) sowie bei internationalen Wertpapieren.

Führung der Wertschriften- und Finanzkonten
In der Praxis findet man bei Wertpapieren verschiedene Methoden der Kontenführung.

a) Gemischte Führung mit der Rechnungsabgrenzung der Marchzinsen
Die Marchzinsen werden durch eine aktive oder allenfalls passive Rechnungsabgrenzung berücksichtigt. Die Wirtschaftspraxis wendet am häufigsten diese Methode an.
Im Schweizer Handbuch der Wirtschaftsprüfung, Band 1, Buchführung und Rechnungslegung, Ausgabe 2009, Seite 213 wird eine erfolgswirksame Verbuchung der Marchzinsen verlangt. Das Lehrmittel folgt dieser Methode.

b) Gemischte Führung mit der Einbindung der Marchzinsen in die Bestände
Bei dieser Methode werden die Marchzinsen zu den Wertschriftenbeständen dazugerechnet. In der Praxis sieht man auch oft, dass die Marchzinsen der Obligationen nicht abgegrenzt werden, sondern zum Bilanzwert der jeweiligen Obligation, bzw. des Schuldpapiers addiert werden. Da die Bestandeskorrektur über Konten *Finanzaufwand* bzw. *Finanzertrag* gebucht wird, ist das Finanzergebnis dasselbe.
Finanzanlagen als Teil des Anlagevermögens werden zum Anschaffungswert bilanziert (Art. 960a OR). Zu beachten ist, dass Marchzinsen nicht zum Anschaffungswert gehören.

c) Reine Führung der Wertschriftenkonten
Bei der reinen Führung werden die anfallenden Spesen bei Ankauf und Verkauf von Wertpapieren auf das Konto *Finanzaufwand* gebucht. Aufgrund des höheren Buchungsaufwandes wird oft auf diese Methode verzichtet.

Auf der folgenden Seite finden Sie einen Vergleich der unter a) und c) beschriebenen Methoden.

gemischte Führung

Datum	Geschäftsvorfall	Buchung Betrag	Soll	Haben	WERTS UV Soll	WERTS UV Haben	Finanzaufwand*	Finanzertrag*	ARAG
01.01.	Eröffnung								
15.03.	Kauf: 500 ZZ-Aktien, 10.– nom. Kurswert: 30.– + Spesen	15000 150 15150	WERTS UV	BANK	15150				
30.03.	Kauf: 20000, 4.5 % Obli. BEKW, Zinstermine: 30.06., Kurs: 100.5 + Marchzins + Spesen	20100 675 208 20983	WERTS UV	BANK	20983				
30.04.	Gutschrift 20 % Div. ZZ-Aktie, Brutto-Dividende – Verrechnungssteuer = Netto-Dividende	1000 350 650	FORD VST BANK	Finanzertrag Finanzertrag				350 650	
30.06.	Zins-Gutschrift Obli. BKW, Brutto-Zins – Verrechnungssteuer = Netto-Zins	900 315 585	FORD VST BANK	Finanzertrag Finanzertrag				315 585	
30.08.	Depotspesen	100	Finanzaufwand	BANK			100		
25.09.	Verkauf: 200 ZZ-Aktien 10 nom., Kurs: 31.– – Spesen	6200 100 6100	BANK	WERTS UV		6100			
31.12.	Abschluss zum Marktwert 300 ZZ-Aktien, 10.– nom., Kurs: 32.– 20000.–, 4.5 %, Obli. BKW, Kurs: 101.00 Marchzins	9600 20200 450	BI BI ARAG	WERTS UV WERTS UV Finanzertrag		9600 20200		450	450
31.12.	Saldo aktive Rechnungsabgrenzung Bewertung- / Kurs-Differenz Finanzergebnis	450 233	BI Finanzaufwand	ARAG WERTS UV		233	233 2017		450
		36133			36133	36133	2350	2350	450

* Finanzaufwand und Finanzertrag sind nur zwecks Übersicht übereinander gelegt worden.
Gemäss Bruttoprinzip ist die gemischte Führung eines Erfolgskontos nicht erlaubt.

Geschäftsvorfall — reine Führung

Datum	Geschäftsvorfall	Betrag	Buchung (Soll / Haben)	WERTS UV	Finanzaufwand/-ertrag*	ARAG
01.01.	Eröffnung					
15.03.	Kauf: 500 ZZ-Aktien, 10.– nom., Kurswert: 30.– + Spesen	15 000 150 15 150	WERTS UV / BANK Finanzaufwand / BANK	15 000	150	
30.03.	Kauf: 20 000, 4.5 % Obli. BEKW, Zinstermine: 30.06., Kurs: 100.5 + Marchzins + Spesen	20 100 675 208 20 983	WERTS UV / BANK Finanzertrag / BANK Finanzaufwand / BANK	20 100	675 208	
30.04.	Gutschrift 20 % Div. ZZ-Aktie, Brutto-Dividende – Verrechnungssteuer = Netto-Dividende	1 000 350 650	FORD VST / Finanzertrag BANK / Finanzertrag		350 650	
30.06.	Zins-Gutschrift Obli. BKW, Brutto-Zins – Verrechnungssteuer = Netto-Zins	900 315 585	FORD VST / Finanzertrag BANK / Finanzertrag		315 585	
30.08.	Depotspesen	100	Finanzaufwand / BANK		100	
25.09.	Verkauf: 200 ZZ-Aktien 10 nom., Kurs: 31.– – Spesen	6 200 100 6 100	BANK / WERTS UV Finanzaufwand / BANK	6 200	100	
31.12.	Abschluss zum Marktwert 300 ZZ-Aktien, 10.– nom., Kurs: 32.– 20 000.–, 4.5 %, Obli. BKW, Kurs: 101.00 Marchzins	9 600 20 200 450	BI / WERTS UV BI / WERTS UV Finanzertrag / ARAG	9 600 20 200	450	450
31.12.	Saldo aktive Rechnungsabgrenzung Bewertung- / Kurs-Differenz Finanzergebnis	450 900 2017	BI / ARAG Finanzertrag / WERTS UV	900	900 2017	450
				36 000 36 000	3 250 3 250	450 450

* Finanzaufwand und Finanzertrag sind nur zwecks Übersicht übereinander gelegt worden.
Gemäss Bruttoprinzip ist die gemischte Führung eines Erfolgskontos nicht erlaubt.

12.1

Nr.	Soll	Haben	Betrag
a)	1440 ADARL	1140 ADARL KFR	50 000
b)	2140 VERB SONST ZINS	1060 WERTS UV	30 000
c)	1060 WERTS UV	1400 WERTS AV	20 000
d)	2450 PDARL	2140 VERB SONST ZINS	75 000
e)	Kein Buchungssatz		
f)	1020 Bank 1440 WERTS AV	1480 BETEIL 1480 BETEIL	100 000 150 000

12.2

a) Kaufpreis CHF 50 216.65
b) Verkaufspreis CHF 41 822.20
c) Datum 20. Oktober

12.3

Nr.	Text	Soll	Haben	Betrag
a)	Nettozins Verrechnungssteuer	Bank FORD VST	E Finanz E Finanz	975.00 525.00
b)	Nettozins Verrechnungssteuer	Bank FORD VST	E Finanz E Finanz	585.00 315.00
c)	Nettodividende Verrechnungssteuer	Bank FORD VST	E Finanz E Finanz	780.00 420.00
d)	Nettodividende Verrechnungssteuer	Bank FORD VST	E Finanz E Finanz	617.50 332.50

12.4 Nennwertrückzahlungen bei der AG

Nennwertrückzahlungen gelten nicht als Gewinnausschüttungen! Weil sie Teilkapitalrückzahlungen darstellen, sind sie steuerfrei.

a) Buchungen des Aktionärs

Nr.	Text	Soll	Haben	Betrag
15.10.12	Nettodividende Verrechnungssteuer	BANK FORD VST	E Finanz E Finanz	520.00 280.00
15.01.14	Nennwertrückzahlung	BANK	WERTS AV	800.00

b) Mehnert müsste von seinem zusätzlichen Einkommen 30 % Einkommensteuer zahlen.
   Da die CHF 800.– nicht Dividenden, sondern Kapitalrückzahlungen sind, erspart er sich CHF 240.–
   Steuern.

c) Buchung bei der Unternehmung

Nr.	Text	Soll	Haben
15.01.14	Nennwertrückzahlung	AKAP	BANK

12.5
Marktwert CHF 161 550

12.6

a)

Journaltext	Soll	Haben	Betrag
Kauf 80 Aktien Rieter Namen	WERTS UV	BANK	12 920.00
Kauf 300 Aktien Adecco	WERTS UV	BANK	22 720.00
Verkauf 40 Aktien Rieter Namen	BANK	WERTS UV	7 050.00

b) Schlussbestand (Inventar)

40 Aktien Rieter Namen	Kurs 170	6 800.00
300 Aktien Adecco Holding	Kurs 78	23 400.00
Inventarwert		30 200.00

S	WERTS UV		H
	12 920.00		7 050.00
	22 720.00		
Gewinn Wertschriften	1 610.00	**Saldo**	**30 200.00**
	37 250.00		37 250.00

12.7

a)

Journaltext	Soll	Haben	Betrag
Kauf Obligationen St. Galler KB	WERTS AV	BANK	86 720.00
Kauf Obligationen Clariant	WERTS AV	BANK	90 250.00
Verkauf Obligationen Clariant	BANK	WERTS AV	47 085.00

b) Schlussbestand (Inventar)

Marchzins Obligationen St. Galler KB	1 300.00	→ ARAG
Marchzins Obligationen Clariant	2 125.00	→ ARAG
80 000, 3.25 %, Obligationen St. Galler KB, Kurs: 105.5	84 400.00	
50 000, 4.25 %, Obligationen Clariant, Kurs: 86	43 000.00	
Wert Endbestand	127 400.00	

Journaltext	Soll	Haben	Betrag
Marchzins Obligationen St. Galler KB	ARAG	E Finanz	1 300.00
Marchzins Obligationen Clariant	ARAG	E Finanz	2 125.00
Bestandeskorrektur Wertschriften	A Finanz	WERTS AV	2 485.00
Abschluss Wertschriften	BI	WERTS AV	127 400.00

S	WERTS AV		H
86 720.00		47 085.00
90 250.00	Verlust Wertschriften	2 485.00
	Saldo	**127 400.00**
176 970.00		176 970.00

12.8
Lösungsweg:

1. Das Konto *Wertschriften UV,* welches durch Käufe und Verkäufe verändert worden ist, ist zuerst auf den Anschaffungswert zu setzen (realisierte Kursgewinne und Verluste verbuchen).

2. Ist der Marktwert unter dem Anschaffungswert, so ist der Saldo des Kontos *WB Wertschriften UV* auf die Differenz dieser zwei Werte festzulegen.

a)

Journaltext	Soll	Haben	Betrag
Korrektur Wertschriften UV	WERTS UV	E Finanz	25 000
Korrektur WB Wertschriften UV	Keine Buchung, da Marktwert > Anschaffungswert		
Saldo Wertschriften UV	BI	WERTS UV	130 000

b)

Journaltext	Soll	Haben	Betrag
Korrektur Wertschriften UV	A Finanz	WERTS UV	35 000
Korrektur WB Wertschriften UV	Keine Buchung, da Marktwert > Anschaffungswert		
Saldo Wertschriften UV	BI	WERTS UV	130 000

c)

Journaltext	Soll	Haben	Betrag
Korrektur Wertschriften UV	WERTS UV	E Finanz	5 000
Korrektur WB Wertschriften UV	A Finanz	WB WERTS UV	10 000
Saldo Wertschriften UV	BI	WERTS UV	160 000
Saldo WB Wertschriften UV	WB WERTS UV	BI	10 000

d)

Journaltext	Soll	Haben	Betrag
Korrektur Wertschriften UV	WERTS UV	E Finanz	10 000
Korrektur WB Wertschriften UV	A Finanz	WB WERTS UV	5 000
Saldo Wertschriften UV	BI	WERTS UV	155 000
Saldo WB Wertschriften UV	WB WERTS UV	BI	5 000

e)

Journaltext	Soll	Haben	Betrag
Korrektur Wertschriften UV	WERTS UV	E Finanz	7 000
Korrektur WB Wertschriften UV	WB WERTS UV	E Finanz	2 000
Saldo Wertschriften UV	BI	WERTS UV	160 000
Saldo WB Wertschriften UV	WB WERTS UV	BI	10 000

f)

Journaltext	Soll	Haben	Betrag
Korrektur Wertschriften UV	WERTS UV	E Finanz	7 000
Korrektur WB Wertschriften UV	A Finanz	WB WERTS UV	3 000
Saldo Wertschriften UV	BI	WERTS UV	165 000
Saldo WB Wertschriften UV	WB WERTS UV	BI	15 000

g)

Journaltext	Soll	Haben	Betrag
Korrektur Wertschriften UV	A Finanz	WERTS UV	8 000
Korrektur WB Wertschriften UV	WB WERTS UV	E Finanz	6 000
Saldo Wertschriften UV	BI	WERTS UV	152 000
Saldo WB Wertschriften UV	WB WERTS UV	BI	2 000

h)

Journaltext	Soll	Haben	Betrag
Korrektur Wertschriften UV	A Finanz	WERTS UV	5 000
Korrektur WB Wertschriften UV	WB WERTS UV	E Finanz	6 000
Saldo Wertschriften UV	BI	WERTS UV	140 000
Saldo WB Wertschriften UV	Keine Buchung, da Marktwert > Anschaffungswert		

i)

Journaltext	Soll	Haben	Betrag
Korrektur Wertschriften UV	WERTS UV	E Finanz	17 000
Korrektur WB Wertschriften UV	WB WERTS UV	E Finanz	4 000
Saldo Wertschriften UV	BI	WERTS UV	145 000
Saldo WB Wertschriften UV	Keine Buchung, da Marktwert > Anschaffungswert		

12.9

Nr.	Bestandeskorrektur			Finanzergebnis
a)	A Finanz	WERTS UV	200	+ 1 110
b)	A Finanz	WERTS UV	600	+ 761
c)	A Finanz	WERTS UV	2 400	− 940
d)	WERTS UV	E Finanz	19 300	+ 19 120

12.10

S	WERTS UV		H
104 200.00			62 300.00
	Verlust Wertschriften		4 925.00
	Saldo		**36 975.00**
104 200.00			104 200.00

S	E Finanz		H
50.00			6 780.00
Saldo	**6 938.35**		208.35
6 988.35			6 988.35

S	A Finanz		H
210.00			20.00
Verlust Wertschriften	4 925.00	**Saldo**	**5 115.00**
5 135.00			5 135.00

Journaltext	Soll	Haben	Betrag
Marchzins Obligation	ARAG	E Finanz	208.35
Verlust Wertschriften	A Finanz	WERTS UV	4 925.00
Abschluss Finanzertrag	E Finanz	ER	6 938.35
Abschluss Finanzaufwand	ER	A Finanz	5 115.00
Abschluss Wertschriften	BI	WERTS UV	36 975.00

Finanzertrag	6 938.35
Finanzaufwand	– 5 115.00
Finanzergebnis	**+ 1 823.35**

12.11

Nr.	Text	Soll	Haben	Betrag
17.09.	Kauf 250 Bâloise	WERTS UV	BANK	24 228.00
21.09.	Kauf 30 000 Obligation Hilti	WERTS UV	BANK	31 710.00
17.11.	Verkauf 125 Bâloise	BANK	WERTS UV	11 142.00
08.12.	Verkauf 20 000 Obligation Hilti	BANK	WERTS UV	21 720.00
31.12.	Marchzins Obligation	ARAG	E Finanz	257.00
	Wertschriftenverlust	A Finanz	WERTS UV	494.00
	Bildung WB Wertschriften UV**	A Finanz	WB WERTS UV	1 582.00
	Abschluss Wertschriften UV	BI	WERTS UV	22 582.00
	Abschluss WB Wertschriften UV	WB WERTS UV	BI	1 582.00
	Abschluss E Finanz	E Finanz	ER	257.00
	Abschluss A Finanz	ER	A Finanz	2 076.00

**Wertpapiere Schlussbestand

Wertpapiere	Anschaffungswert		Kurs am 31.12.	Marktwert am 31.12.
125 Bâloise Holding	12 114	½ von 24 228	84	10 500
CHF 10 000 Obligation Hilti	10 468	⅓ von 31 404	105	10 500
Total	22 582			21 000

- Beim Anschaffungswert der Obligationen wird der Marchzins nicht mitgerechnet.
- Die Differenz zwischen Anschaffungs- und Marktwert enspricht dem Saldo WB WERTS UV.

S	WERTS UV		H
	24 228.00		11 142.00
	31 710.00		21 720.00
		Verlust Wertschriften	494.00
		Saldo	**22 582.00**
	55 938.00		55 938.00

S	WB WERTS UV		H
Saldo	**1 582.00**		1 582.00
	1 582.00		1 582.00

S	E Finanz		H
Saldo	**257.00**		257.00
	257.00		257.00

S	A Finanz		H
	494.00	**Saldo**	**2 076.00**
	1 582.00		
	2 076.00		2 076.00

Finanzertrag	257.00
Finanzaufwand	– 2 076.00
Finanzergebnis	**– 1 819.00**

12.12

a)

S		WERTS UV		H
Kursgewinn 1. Jahr	251720 18280	Saldo 1. Jahr		270000
	270000			270000
AB	270000	Kursverlust 2. Jahr		25000
		Saldo 2. Jahr		245000
	270000			270000

S		E Finanz		H
Saldo 1. Jahr	30280	Kursgewinn 1. Jahr		12000 18280
	30280			30280
Saldo 2. Jahr	0			
	0			0

S		A Finanz		H
	500	Saldo 1. Jahr		500
	500			500
Kursverlust 2. Jahr	500 25000	Saldo 2. Jahr		25500
	25500			25500

b) Finanzergebnis

		total	realisiert	Bucherfolg
1. Jahr	Buchgewinne	18280		+ 18280
	Dividenden	12000	12000	
	Depotspesen	– 500	– 500	
Finanzergebnis		**29780**	**11500**	**+ 18280**
2. Jahr	Buchverluste	– 25000		– 25000
	Dividenden	0		
	Depotspesen	– 500	– 500	
Finanzergebnis		**– 25500**	**– 500**	**– 25000**

12.13

a)

S	WERTS AV		H
	251 720	**Saldo 1. Jahr**	**251 720**
	251 720		251 720
AB	251 720		
		Saldo 2. Jahr	**251 720**
	251 720		251 720

S	WB WERTS AV		H
Saldo 1. Jahr	**0**		0
	0		0
Saldo 2. Jahr	**6 720**	Wertminderung WERTS AV	6 720
	6 720		6 720

S	E Finanz		H
			12 000
Saldo 1. Jahr	**12 000**	Kursgewinn 1. Jahr	0
	12 000		12 000
Saldo 2. Jahr	**0**		
	0		0

S	A Finanz		H
	500	**Saldo 1. Jahr**	**500**
	500		500
	500		
Bildung WB WERTS AV	6 720	**Saldo 2. Jahr**	**7 220**
	7 220		7 220

b) Finanzergebnis

		total	realisiert	Bucherfolg
1. Jahr	Buchgewinne	0		+ 0
	Dividenden	12 000	12 000	
	Depotspesen	– 500	– 500	
Finanzergebnis		**11 500**	**11 500**	**+ 0**
2. Jahr	Buchverluste	– 6 720		– 6 720
	Dividenden	0		
	Depotspesen	– 500	– 500	
Finanzergebnis		**– 7 220**	**– 500**	**– 6 720**

12.14

Ziel dieser Aufgabe ist es, dass Lernende die verschiedenen Finanzanlagen den richtigen Finanzkonten *Wertschriften UV, Wertschriften AV, Beteiligungen* und *Aktivdarlehen* richtig zuteilen.

Name	Zusatzinformation gemäss Aufgaben-stellung	Wert bei Kauf	Wert am 01.01.	Kontenzuordnung
Betriebs-AG		400 000	650 000	*Beteiligungen*, da Stimmrechte mehr als 20 %
Städtische Creditanstalt	40 Stück à nom. 100.–	10 000 (40 x 250.–)	25 200 (40 x 630.–)	*Wertschriften AV*, da lange Haltedauer beabsichtigt
Kassenobligation	2.5 % Ausgabe zu 100 %, Rückzahlung am 18.10.	20 000	20 000	*Wertschriften UV*, da Position eine normale Liquiditätsreserve darstellt
Anleihensobligation Repower	4.5 % aktueller Kurs 101, Zinstermin 30.08.	60 000	60 600 (60 000 x 101/100)	*Wertschriften UV*, da Position eine normale Liquiditätsreserve darstellt
Vetropack Inhaber	30 Stück à nom. 50.–	39 600 (30 x 1 320.–)	48 450 (30 x 1 615.–)	*Wertschriften UV*, da Position eine normale Liquiditätsreserve darstellt
ab 15.11.:				
Stadtbrauerei Einhorn	5 Stück à nom. 2 000.–	22 500		*Wertschriften AV*, da lange Haltedauer beabsichtigt

Nr.	Text	Soll	Haben	Betrag
01.01.	Eröffnung Wertschriften	WERTS UV	BI	129 050
	Eröffnung ARAG	ARAG	BI	1 000
	(900.– für Repower und			
	100.– für die Kassenobligation)			
	Eröffnung Beteiligung	BETEIL	BI	400 000
	Eröffnung Wertschriften AV	WERTS AV	BI	10 000
01.01.	Rückbuchung Marchzins	E Finanz	ARAG	1 000
18.02.	Gewinnausschüttung Betriebs AG	BANK	E Finanz	25 350
	Verrechnungssteuer	FORD VST	E Finanz	13 650
15.03.	Nettodividende	BANK	E Finanz	312
	Verrechnungssteuer	FORD VST	E Finanz	168
18.06.	Nennwertrückzahlung Vetropack	BANK	WERTS UV	1 350
30.08.	Nettozins Obligation Repower	BANK	E Finanz	1 755
	Verrechnungssteuer	FORD VST	E Finanz	945
18.10.	Rückzahlung Kassenobligation	BANK	WERTS UV	20 000
	Nettozins Kassenobligation	BANK	E Finanz	325
	Verrechnungssteuer	FORD VST	E Finanz	175
15.11.	Kauf Stadtbrauerei Einhorn	WERTS AV	BANK	22 500
20.11.	Verkauf Obligation Repower	BANK	WERTS UV	61 340
	(inkl. 600.– Marchzins)			
30.11.	3-jähriges Darlehen an K. Frei	ADARL	BANK	100 000
15.12.	Depotspesen	A Finanz	BANK	650
31.12.	Bestandeskorrektur Wertschriften	A Finanz	WERTS UV	460
	Saldo Wertschriften (Vetropack)	BI	WERTS UV	45 900
	Saldo WERT AV* (CA+Einh)	BI	WERTS AV	32 500
	Saldo Beteiligung* (AG)	BI	BETEIL	400 000
	Marchzins Aktivdarlehen (9 %)	ARAG	E Finanz	750
	Saldo Aktivdarlehen	BI	ADARL	100 000
	Abschluss E Finanz	E Finanz	ER	42 430
	Abschluss A Finanz	ER	A Finanz	1 110

* nur zum Anschaffungswert, gemäss Aufgabenstellung

12.15

Studentenlösung der Wertschriftenaufgabe: Die Buchungssätze hat er leider nicht mitgeliefert. Kontrollieren Sie die Lösung, indem Sie **jeden falschen** Konteneintrag durchstreichen. Beachten Sie dabei, dass Sie Folgefehler nicht als Fehler markieren!

S	aktive Rechnungsabgrenzung		H
①	~~282~~	282	①
⑨	~~0~~		
		0	⑨
	282	282	

S	Forderungen Verrechnungssteuer		H
①	654	~~645~~	①
③	350		
⑤	210	569	⑨
	1 214	1 214	

S	Wertschriften UV		H
①	92 000	13 075	②
⑦	~~12 614~~	~~10 118~~	⑥
⑨	3 479		
		84 900	⑨
	108 093	108 093	

S	Finanzertrag		H
①	282	1 000	③
		390	⑤
⑨	~~3 479~~	210	⑤
		~~0~~	⑦
		2 273	⑨
	3 873	3 873	

S	Finanzaufwand		H
⑧	112		
		112	⑨
	112	112	

12.16

a)

Nr.	Text	Soll	Haben	Betrag
01.01.	Eröffnung Wertschriften	WERTS UV	BI	63 700.00
	Eröffnung ARAG	ARAG	BI	156.25
01.01.	Rückbuchung Marchzins	E Finanz	ARAG	156.25
09.04.	Nettodividende 35 %	BANK	E Finanz	796.25
	Verrechnungssteuer	FORD VST	E Finanz	428.75
28.05.	Wertschriftenkauf	WERTS UV	BANK	23 930.00
31.07.	Zins netto Obligation	BANK	E Finanz	243.75
	Verrechnungssteuer	FORD VST	E Finanz	131.25
30.09.	Wertschriftenverkauf	BANK	WERTS UV	4 935.85
28.12.	Depotgebühren	A Finanz	BANK	100.00
31.12.	Marchzins Obligation	ARAG	E Finanz	104.15
	Korrektur Wertschriften	A Finanz	WERTS UV	194.15
	Saldo Wertschriften UV	BI	WERTS UV	82 500.00
	Bildung WB Wertschriften UV	A Finanz	WB WERTS UV	2 250.00
	Saldo WB Wertschriften UV	WB WERTS UV	BI	2 250.00
	Abschluss E Finanz	E Finanz	ER	1 547.90
	Abschluss A Finanz	ER	A Finanz	2 544.15

Wertpapiere Schlussbestand

Wertpapiere	Kaufkurs inkl. Spesen	Anschaffungswert	Kurs am 31.12.	Marktwert am 31.12.
35 BK Creditanstalt Namen	1400	49 000	1350	47 250
300 Swiss Re	79	23 700	76.50	22 950
CHF 10 000 Obligation UBS	98	9 800	100.50	10 050
Total		82 500		80 250

Da der Marktwert tiefer als der Anschaffungswert ist, muss eine Wertberichtigung von CHF 2 250 gebildet werden.

b)

S		WERTS UV		H
AB	63 700.00			4 935.85
	23 930.00	Verlust Wertschriften		194.15
		Saldo		**82 500.00**
	87 630.00			87 630.00

S		WB WERTS UV		H
Saldo	**2 250.00**	Korrektur		2 250.00
	2 250.00			2 250.00

S	FORD VST			H
AB	428.75			
	131.25	**Saldo**		**560.00**
	560.00			560.00

S	E Finanz		H
	156.25		796.25
			428.75
			243.75
			131.25
Saldo	**1 547.90**		104.15
	1 704.15		1 704.15

S	A Finanz			H
Depotgebühren	100.00			
Bestandeskorrektur WERTS UV	194.15			
Bildung WB WERTS UV	2 250.00	**Saldo**		**2 544.15**
	2 544.15			2 544.15

c) Finanzertrag   1 547.90
    Finanzaufwand   – 2 544.15
    Finanzergebnis   **– 996.25**

12.17

a) Geschäftsverkehr und Konten

Nr.	Text	Soll	Haben	Betrag
01.01.	Eröffnung Wertschriften UV	WERTS UV	BI	51 500.00
	Eröffnung ARAG	ARAG	BI	1 250.00
	Eröffnung FORD VST	FORD VST	BI	1 005.00
01.01.	Rückbuchung Marchzins	E Finanz	ARAG	1 250.00
06.02.	Wertschriftenkauf	WERTS UV	BANK	44 475.00
02.05.	Zins netto Obligation	BANK	E Finanz	1 218.75
	Verrechnungssteuer	FORD VST	E Finanz	656.25
02.05.	Nettodividende	BANK	E Finanz	1 170.00
	Verrechnungssteuer	FORD VST	E Finanz	630.00
11.06.	Rückerstattung VST	BANK	FORD VST	1 005.00
12.09.	Wertschriftenverkauf	BANK	WERTS UV	27 660.00
15.12.	Depotgebühren	A Finanz	BANK	80.00
31.12.	Marchzins Obligation	ARAG	E Finanz	1 250.00
	Bestandeskorrektur	A Finanz	WERTS UV	1 315.00
	Saldo Wertschriften UV	BI	WERTS UV	67 000.00
	Saldo FORD VST	BI	FORD VST	1 286.25
	Abschluss E Finanz	E Finanz	ER	3 675.00
	Abschluss A Finanz	ER	A Finanz	1 395.00

S	WERTS UV			H
AB	51 500.00			27 660.00
	44 475.00	Verlust Wertschriften		1 315.00
		Saldo		**67 000.00**
	95 975.00			95 975.00

S	FORD VST			H
AB	1 005.00			1 005.00
	656.25			
	630.00	**Saldo**		**1 286.25**
	2 291.25			2 291.25

S	Finanzertrag			H
	1 250.00			1 218.75
				656.25
				1 170.00
				630.00
Saldo	**3 675.00**			1 250.00
	4 925.00			4 925.00

S		Finanzaufwand		H
	80.00			
Bestandeskorrektur	1 315.00	**Saldo**		**1 395.00**
	1 395.00			1 395.00

b) Analyse Finanzergebnis

1 Vermögenserträge:

Zinsen EUROFIMA	1 875.00	
Dividenden Nestlé Namen	1 800.00	3 675.00

Kurserfolge:

EUROFIMA	2 000.00	
Aktien Nestlé Namen	– 3 315.00	– 1 315.00

Depotgebühren		– 80.00
Total Finanzgewinn		**2 280.00**

2 realisiert:

Zinsen EUROFIMA	1 875.00	
Dividenden Nestlé	1 800.00	
Verkauf Aktien Nestlé	– 1 990.00	1 685.00

kalkulatorisch (buchmässig):

EUROFIMA	2 000.00	
Aktien Nestlé	– 1 325.00	675.00

Depotgebühren		– 80.00
Total Finanzgewinn		**2 280.00**

13 Immobilien

Das Konto *Hypotheken*

In früheren Kontenrahmen wurde für Hypotheken das Konto *Hypotheken* geführt. Der neue Kontenrahmen KMU weicht davon ab. Neu werden sämtliche Bankkredite unter dem Hauptkonto *Bankdarlehen* zusammengefasst, seien es Betriebskredite ohne Sicherheit, Lombardkredite mit Wertschriften als Sicherheit oder Bankhypotheken mit Immobilien als Sicherheit. Für jeden dieser Kredite wird dann ein eigenes Unterkonto geführt.

Das Konto *Hypotheken* wird im Kontenrahmen nur noch geführt, wenn die Hypothek von einer Nichtbank, beispielsweise von einer privaten Person stammt. Da dies sehr selten vorkommt, verzichten die Autoren in diesem Lehrmittel auf Hypotheken von Nichtbanken.

Die Zuordnung der Immobilien

Die Zuordnung bei der Verbuchung von Aufwänden und Erträgen bei Immobilien hängt von der Stellung der Immobilien zum Unternehmen ab.

Bei **rein betrieblich genutzten** Immobilien werden Aufwände laut Sterchi, Mattle, Helbling Kontenrahmen KMU 2013 als betriebliche Aufwände in der Kontenklasse 6, übriger betrieblicher Aufwand ausgewiesen. Vielfach wird aber auch für firmeneigene Geschäftsräume trotzdem eine eigene Immobilienrechnung in der Kontenklasse 7, betriebliche Nebenerfolge geführt. In diesem Falle würden die Aufwände sowie die Abschreibungen auch mit rein betrieblichen Immobilien über die Immobilienkonten der Klasse 7 erfasst. Wird eine rein betrieblich genutzte Liegenschaft nicht in der Kontenklasse 6, sondern als separate Immobilienbuchhaltung geführt, muss der betrieblich genutzte Gegenwert trotzdem in der Kontenklasse 6 erscheinen (Buchungssatz: *Raumaufwand* an *Immobilienertrag*)

Die **gemischte Nutzung** von betriebseigenen Immobilien mit teilweiser Fremdvermietung erfordert grundsätzlich die Führung einer eigenen Immobilienbuchhaltung.

Die Aufwände und Erträge werden dabei je nach Stellung der Immobilie zum Unternehmen entweder als betriebliche Nebenerfolge (Kontenklasse 7) oder als betriebsfremde Erfolge (Kontenklasse 8) verbucht.

Sofern die geschäftliche Nutzung der Immobilie überwiegt, wird sie in die Geschäftsbuchhaltung als eine Art nebenbetriebliches «Profitcenter» integriert und damit der Klasse 7 zugeordnet. In diesem Fall erfolgen auch die Abschreibungen auf den Immobilien über das Konto *Immobilienaufwand*.

Die Immobilienrechnung wird als betriebsfremd der Kontenklasse 8 zugeordnet, wenn sie **keinen oder nur geringen Zusammenhang mit der betrieblichen Tätigkeit** aufweist und die Immobilie auch nicht zu betrieblichen Zwecken (z.B. Werkstatt o.ä.) genutzt wird.

Die Aufgabe 13.13 thematisiert den Sachverhalt dieser drei verschiedenen Immobilienzuordnungen. Dieses Lehrbuch geht für Immobilien grundsätzlich vom Ansatz der gemischten Nutzung als «Profitcenter» in der Kontenklasse 7 aus.

13.1

	Text	Soll	Haben	Betrag
1.	Hypothekarzins	A Immo	BANK	4 000
	Amortisation Hypothek	DARL BANK	BANK	20 000
2.	Reinigung Treppenhaus	A Immo	KASSE	200
	Reinigung Geschäftsräume	A Raum	KASSE	500
3.	Strom Geschäft	A EnEnt	BANK	120
	Strom Inhaber	PRIVAT	BANK	70
	Strom Treppenhaus	A Immo	BANK	20
4.	Miete Geschäftsräume	A Raum	E Immo	15 000
5.	Umbau, Wertvermehrung	IMMO	BANK	12 500
	Umbau, Werterhaltung	A Immo	BANK	12 500
6.	Glasschaden	A Immo	BANK	500

13.2

	Text	Soll	Haben	Betrag
1.	Heizölrechnung	A Immo	BANK	4 400
2.	Miete Lagerräume	A Raum	KASSE	950
3.	Miete Büroräume	A Raum	E Immo	18 000
4.	Mieteingang	BANK	E Immo	6 700
5.	Abschreibungen Einrichtung	A Abschr	MOB	3 500
6.	Abschreibung Gebäude	A Immo	WB IMMO	3 600
7.	Abgrenzung Heizölvorrat	ARAG	A Immo	68 400
8.	Gebäudereparatur	A Immo	KASSE	3 800
9.	Wasserschaden	A Immo	BANK	2 450
10.	Skonto	VERB LL	A Handel	19
	Verrechnung Miete	VERB LL	E Immo	650
	Überweisung	VERB LL	BANK	281

13.3

	Text	Soll	Haben	Betrag
1.	Renovation Treppenhaus	A Immo	KASSE	3 000
	Wertvermehrung	IMMO	KASSE	6 000
2.	Abgrenzung Hypozins	A Immo	PRAG	400
3.	Abgrenzung Mieterträge	E Immo	PRAG	8 000
4.	Versicherung Mobiliar	A Vers	BANK	310
5.	Eigenmiete	PRIVAT	E Immo	1 900
6.	Abgrenzung Gebäudeversicherung	ARAG	A Immo	400
7.	Mietrechnung	FORD SONST	E Immo	1 800
	Verrechnung Reparatur WC	A Immo	FORD SONST	360
	Verrechnung Badezimmer Inhaber	PRIVAT	FORD SONST	240
	Verrechnung Lohn Mitarbeiter	A Lohn	FORD SONST	400
	Restzahlung	KASSE	FORD SONST	800
8.	Abgrenzung Heizölvorrat	ARAG	A Immo	4 000
9.	Abschreibung Gebäude	A Immo	WB IMMO	15 000
10.	Reparatur Türe	A Immo	KASSE	300
	Reparatur Mobiliar	A URE	KASSE	200
11.	Rückvergütung Versicherung	BANK	A Immo	300
		BANK	A URE	200
12.	Storno	BANK	A Immo	478
	Richtigbuchung	A Immo	BANK	847

13.4 Immobilienkauf

	Text	Soll	Haben	Betrag
	Kauf Immobilie	IMMO	VERB SONST	578 000
1.	Übernahme Hypotheken	VERB SONST	DARL BANK	320 000
		VERB SONST	PDARL	80 000
2.	Übernahme Hypothekarzinsen	VERB SONST	A Immo	7 700
3.	vorausbezahlte Mieten	VERB SONST	E Immo	1 890
4.	Brandversicherung	A Immo	VERB SONST	720
5.	Restzahlung	VERB SONST	BANK	169 130
6.	Handänderungsgebühren	IMMO	BANK	6 500

13.5

a)	Text	Soll	Haben	Betrag
1.	Hypothekarzins	A Immo	KASSE	2 870
	Teilamortisation Hypothek	DARL BANK	KASSE	5 000
2.	Heizölkauf	A Immo	VERB SONST	10 500
3.	Miete Liechti	KASSE	E Immo	660
	Heizkostenanteil Liechti	KASSE	A Immo	50
4.	Eigenzins Hauseigentümer*	A Immo	PRIVAT	2 580
5.	Eigenmiete	PRIVAT	E Immo	5 500
6.	Abschreibung Gebäude	A Immo	IMMO	6 468
7.	Abgrenzung Heizölvorrat	ARAG	A Immo	3 000

* 5 % von (215 600 – 164 000)

Aktiven		b) Schlussbilanz	Passiven
Kasse, Bank	7 840	sonstige Verbindlichkeiten	11 500
aktive Rechnungsabgrenzung	3 000	Bankdarlehen	159 000
Immobilien	209 132	Eigenkapital	49 680
Verlust	208		
	220 180		220 180

13.6 Immobilienverkauf

	Text	Soll	Haben	Betrag
	Verkauf Immobilie 1	BANK	IMMO 1	1 300 000
	Verkaufsgewinn	IMMO 1	E ao	100 000
	Verkauf Immobilie 2	BANK	IMMO 2	700 000
	Verkaufsverlust	A Immo	IMMO 2	50 000

13.7 Immobilienverkauf

	Text	Soll	Haben	Betrag
1.	Verkauf Liegenschaft	FORD SONST	IMMO	420 000
2.	Übernahme Hypothek	DARL BANK	FORD SONST	150 000
	Marchzins Hypothek	A Immo	FORD SONST	750
3.	Übergabe Wertschriften	WERTS AV	FORD SONST	200 000
4.	ausstehende Miete Ladenlokal	FORD SONST	E Immo	6 000
5.	Übernahme Heizölvorrat	FORD SONST	A Immo	5 000
6.	Handänderungsgebühren	IMMO	KASSE	11 970
7.	Restzahlung	BANK	FORD SONST	80 250
8.	Verkaufsgewinn	IMMO	E ao	108 030

13.8

a)	Text	Soll	Haben	Betrag
1.	Eröffnung Immobilien	IMMO	BI	700 000
	Eröffnung Hypotheken	BI	DARL BANK	400 000
2.	Mietzinseinnahmen	KASSE	E Immo	35 000
3.	Gebäudereparaturen	A Immo	KASSE	1 090
4.	Hypothekarzinsen	A Immo	BANK	12 500
5.	falsche Buchung	A Immo	BANK	200
	Storno	BANK	A Immo	200
	Richtigbuchung	A Vers	BANK	200
6.	Heizöleinkauf	A Immo	KASSE	3 000
7.	Abschreibung Gebäude	A Immo	IMMO	7 000
8.	vorausbezahlte Mieten	E Immo	PRAG	3 000
9.	Abgrenzung Hypothekarzins	A Immo	PRAG	2 250
10.	Reparatur Verrechnung Miete	A Immo	E Immo	250
	Rest Miete	BANK	E Immo	1 300
11.	Amortisation Hypothek	DARL BANK	BANK	10 000
12.	Bestandesänderung Waren	A Handel	VO HANDEL	1 500

S	IMMO		H
AB	700 000		7 000
		S	**693 000**
	700 000		700 000

S	DARL BANK		H
		10 000	AB 400 000
S	**390 000**		
	400 000		400 000

S	A Immo		H
	1 090		200
	12 500		
	200		
	3 000		
	7 000		
	2 250		
	250	S	**26 090**
	26 290		26 290

S	E Immo		H
	3 000		35 000
			250
			1 300
S	**33 550**		
	36 550		36 550

b) (mit den zu Beginn des Jahres geltenden Zahlen)

Bruttorendite $\quad = \quad \dfrac{(35\,000 + 1\,550 - 3\,000) \times 100}{700\,000} \quad\quad = \textbf{4.79\,\%}$

Immobilienaufwand	Gebäudereparaturen (1090+250)	1 340
	Hypothekarzinsen	12 500
	Heizöl	3 000
	Abschreibung Gebäude	7 000
	Abgrenzung Hypozins	2 250
	Total	26 090

Nettorendite $\quad = \quad \dfrac{(33\,550 - 26\,090) \times 100}{300\,000} \quad\quad = \textbf{2.49\,\%}$

13.9 Immobilienkauf

a)	Text	Soll	Haben	Betrag
1.	Kauf	IMMO	VERB SONST	550 000.00
	Übernahme Hypothek	VERB SONST	DARL BANK	420 000.00
	Marchzinsen (9 075 + 2 887.50)	VERB SONST	A Immo	11 962.50
2.	vorausbezahlte Mieten	VERB SONST	E Immo	1 400.00
3.	Übernahme Heizölvorrat	A Immo	VERB SONST	1 600.00
4.	Übergabe Wertschriften	VERB SONST	WERTS UV	40 200.00
5.	Restzahlung	VERB SONST	KASSE	78 037.50
6.	Handänderung	IMMO	KASSE	4 700.00
	Gebühren 2/3	IMMO	KASSE	586.65

b)

Immobilienaufwand	= 2 % des Kaufpreises	11 000.–
	+ Hypothekarzinsen	13 050.–
	Total Immobilienaufwand	24 050.–

Immobilienertrag

Bruttorendite $\quad = 8\,\% \quad\quad = \dfrac{X \times 100}{550\,000}$

$$X = 44\,000.-$$

Nettorendite $\quad = \quad \dfrac{(44\,000 - 24\,050) \times 100}{130\,000} \quad\quad = \textbf{ca. 15.35\,\%}$

13.10

a) **Bruttorendite** $=$ $\dfrac{42\,040 \times 100}{680\,000}$ $= \mathbf{6.18\,\%}$

b) **Nettorendite** $=$ $\dfrac{(42\,040 - 5\,700 - 15\,000) \times 100}{180\,000}$ $= \mathbf{11.86\,\%}$

c) Immobilienertrag   42\,040 $=$ 8 %
   Ertragswert   **525 500** $= 100\,\%$

d) Der Ertragswert wird grösser!
   Begründung: Ein kleiner Ertragswert ist gleich bedeutend mit einer kleinen Bruttorendite. Bei gleich bleibendem Immobilienertrag sinkt die Bruttorendite durch Mehreinsatz von Kapital. Will man eine hohe Bruttorendite, muss der Kaufpreis entsprechend tief sein. Ist man auch mit einer kleineren Bruttorendite zufrieden, ist man bereit mehr zu bezahlen.

13.11

Immobilienaufwand:
Hypothek 60 % von 385 000.– = 231 000.–
Hypothekarzins 3 %   6 930.–
übrige Aufwände   6 800.–
Total Immobilienaufwand   13 730.–

Immobilienertrag:

Bruttorendite $= 7.1\,\%$ $=$ $\dfrac{X \times 100}{385\,000}$

$X = 27\,335.-$

Nettorendite $=$ $\dfrac{(\text{E Immo} - \text{A Immo}) \times 100}{\text{eingesetztes Kapital}}$

               $=$ $\dfrac{(27\,335 - 13\,730) \times 100}{154\,000}$ $= \mathbf{8.83\,\%}$

13.12

Vorrat nach Schluss der letzten Periode	3 150.00
Einkäufe 10.02.	4 900.00
Einkäufe 15.04.	9 700.00
Total Vorrat und Einkäufe	17 750.00
Vorrat am Ende der Heizperiode	10 670.00
Brennmaterialverbrauch	7 080.00
verschiedene Kosten	805.00
Heizkosten	7 885.00
Verwaltungskosten	236.55
gesamte Heizkosten	8 121.55

Mieter	Rauminhalt	Heizkosten		Teilzahlungen	Saldo	
	in m³	in %	in CHF		zu Gunsten Mieter	zu Lasten Mieter
A	350	30.70	2 493.30	2 550.–	56.70	
B	250	21.93	1 781.05	1 830.–	48.95	
C	190	16.67	1 353.85	1 380.–	26.15	
D	190	16.67	1 353.85	1 380.–	26.15	
E	160	14.03	1 139.45	1 090.–		49.45
	1 140	100.00	8 121.55	8 230.–	157.95	49.45

13.13

Buchungssätze der Immobilienbuchhaltung	A	B	C
Bank an *Immobilienertrag*		XX	XX
Immobilie X an *Eigenleistungen*	XX	XX	XX
Raumaufwand an *Immobilienertrag*			XX
Privat an *Immobilienertrag*		XX	XX
Immobilienaufwand X an *WB Immobilien*		XX	XX

kleiner Lösungshinweis:
Was gehört bei der mehrstufigen Erfolgsrechnung zum Betriebsergebnis (betriebsnotwendig), was zum nebenbetrieblichen oder zum betriebsfremden Erfolg.

- Immobilienaufwand A (betriebsnotwendig) gehört vollständig in den betrieblichen Kernbereich und damit in das betriebliche Ergebnis 1. Dazu braucht es auch kein Immobilienertragskonto, denn diese Liegenschaft bringt nur Aufwand, aber keinen Ertrag.

- Immobilienaufwand B des Mietshauses ist betriebsfremd und hat mit der betrieblichen Tätigkeit nichts zu tun. Es müsste deshalb der Kontenklasse 8 zugewiesen werden und fliesst damit erst in den Jahreserfolg vor Steuern, EBT ein.

- Immobilienaufwand C (gemischte Nutzung) wird im Allgemeinen, wie im Lehrbuch vorgegeben, als nebenbetriebliches «Profit-Center» geführt. Der betriebsnotwendige Anteil wird mit dem Buchungssatz *Raumaufwand* an *Immobilienertrag* anteilmässig mit dem Konto *Raumaufwand*, als kalkulatorisches Einmieten in der betriebseigenen Liegenschaft, in den betrieblichen Aufwand übernommen. Der Aufwand beeinflusst das Betriebsergebnis (Erfolg Kerngeschäft). Durch den kalkulatorischen Immobilienertrag verbessert sich der Jahresgewinn vor Steuern (EBT) um den gleichen Betrag. Für den Jahresgewinn ist dieser Vorgang hingegen erfolgsneutral.

 Sozialversicherungsbeiträge

 Hintergrundinformationen

In der Praxis wird je nach Informationsbedürfnis des Unternehmens sowohl das Konto *Sozialversicherungsaufwand* als auch *Verbindlichkeiten Sozialversicherung* weiter unterteilt, z. B. *Sozialversicherungsaufwand Betriebsunfallversicherung* etc. In diesem Lehrbuch werden diese Aufwände und Verbindlichkeiten im Konto *Sozialversicherungsaufwand* bzw. *Verbindlichkeiten Sozialversicherung* zusammengefasst ausgewiesen.

 Didaktische Hinweise

Im Internet finden sich unter www.ahv-iv.info die jeweils geltenden Beitragssätze, die rechtlichen Grundlagen und weitere Hintergrundinformationen.

14.1

		pflichtig?
a)	Entschädigung für Nachtarbeit	ja
b)	Ferienentschädigung	ja
c)	Hochzeitsgeschenke	nein
d)	Übernahme des NBU-Beitrages durch den Arbeitgeber	nein
e)	Teuerungszulage	ja
f)	Geburtszulagen durch Arbeitgeber	nein
g)	Erwerbsausfallentschädigung wegen Militärdienst, Zivilschutz	ja
h)	regelmässige Verköstigung beim Arbeitgeber	ja
i)	Teilzahlung an die Kurkosten des Arbeitnehmers	nein
j)	Sold des Korporals	nein

14.2

**1a) Novemberlohn Barz Roman, Automechaniker
geb. 09.10.1986, 1 Kind**

Monatslohn (brutto)			CHF	4400.00
+ Überstundenzulage		+	CHF	0.00
+ Treueprämien		+	CHF	0.00
− AHV-Beitrag	5.15 % von 4400	−	CHF	226.60
− ALV-Beitrag	1.10 % von 4400	−	CHF	48.40
− Pensionskassen-Beitrag	7.50 %	−	CHF	228.75
− NBU-Prämien	1.80 % von 4400	−	CHF	79.20
= Nettolohn		=	CHF	3817.05
+ Kinderzulagen (pro Kind 200.–)		+	CHF	200.00
+ Ausbildungszulagen (pro Kind 250.–)		+	CHF	0.00
+ sonstige Zulagen		+	CHF	0.00
= Lohnzahlung		=	CHF	4017.05

1b) Buchungen

Text	Soll	Haben	Betrag
Lohnauszahlung	A Lohn Dienstl	BANK	4017.05
AHV-Beiträge	A Lohn Dienstl	VERB SOZV	226.60
ALV-Beiträge	A Lohn Dienstl	VERB SOZV	48.40
Pensionskasse	A Lohn Dienstl	VERB SOZV	228.75
NBU	A Lohn Dienstl	VERB SOZV	79.20
Kinderzulage	VERB SOZV	A Lohn Dienstl	200.00

2a) Novemberlohn Livoli Paolo, Automechaniker
geb. 02.05.1976, 3 Kinder, wovon 1 mit Ausbildungszulage

Monatslohn (brutto)			CHF	5 100.00
+ Überstundenzulage		+	CHF	0.00
+ Treueprämien		+	CHF	0.00
− AHV-Beitrag	5.15 % von 5 100	−	CHF	262.65
− ALV-Beitrag	1.10 % von 5 100	−	CHF	56.10
− Pensionskassen-Beitrag	7.50 %	−	CHF	300.65
− NBU-Prämien	1.80 % von 5 100	−	CHF	91.80
= Nettolohn		=	CHF	4 388.00
+ Kinderzulagen (pro Kind 200.−)		+	CHF	400.00
+ Ausbildungszulagen (pro Kind 250.−)		+	CHF	250.00
+ sonstige Zulagen		+	CHF	0.00
= Lohnzahlung		=	CHF	5 038.80

2b) Buchungen

Text	Soll	Haben	Betrag
Lohnauszahlung	A Lohn Dienstl	BANK	5 038.80
AHV-Beiträge	A Lohn Dienstl	VERB SOZV	262.65
ALV-Beiträge	A Lohn Dienstl	VERB SOZV	51.10
Pensionskasse	A Lohn Dienstl	VERB SOZV	300.65
NBU	A Lohn Dienstl	VERB SOZV	91.80
Kinderzulage	VERB SOZV	A Lohn Dienstl	400.00
Ausbildungszulage	VERB SOZV	A Lohn Dienstl	250.00

3a) Novemberlohn Weder Richard, Garagenchef
geb. 18.07.1948

Monatslohn (brutto)			CHF	6 600.00
+ Überstundenzulage		+	CHF	0.00
+ Treueprämien		+	CHF	0.00
− AHV-Beitrag	5.15 % von 5 200*	−	CHF	267.80
− ALV-Beitrag	1.10 % von 0**	−	CHF	0.00
− Pensionskassen-Beitrag	7.50 %	−	CHF	0.00
− NBU-Prämien	1.80 % von 5 200*	−	CHF	93.60
= Nettolohn		=	CHF	6 238.60
+ Kinderzulagen (pro Kind 200.−)		+	CHF	0.00
+ Ausbildungszulagen (pro Kind 250.−)		+	CHF	0.00
+ sonstige Zulagen		+	CHF	0.00
= Lohnzahlung		=	CHF	6 238.60

* Rentnerfreibetrag AHV 1 400
** keine Beiträge für erwerbstätige Rentner

3b) Buchungen

Text	Soll	Haben	Betrag
Lohnauszahlung	A Lohn Verw	BANK	6 238.60
AHV-Beiträge	A Lohn Verw	VERB SOZV	267.80
NBU	A Lohn Verw	VERB SOZV	93.60

4a) Novemberlohn Maier Gertrud, Kauffrau
geb. 26.03.1989

Monatslohn (brutto)			CHF	4 100.00
+ Überstundenzulage		+	CHF	0.00
+ Treueprämien		+	CHF	0.00
– AHV-Beitrag	5.15 % von 4 100	–	CHF	211.15
– ALV-Beitrag	1.10 % von 4 100	–	CHF	45.10
– Pensionskassen-Beitrag	7.50 %	–	CHF	200.00
– NBU-Prämien	1.80 % von 4 100	–	CHF	73.80
= Nettolohn		=	CHF	3 569.95
+ Kinderzulagen (pro Kind 200.–)		+	CHF	0.00
+ Ausbildungszulagen (pro Kind 250.–)		+	CHF	0.00
+ sonstige Zulagen		+	CHF	0.00
= Lohnzahlung		=	CHF	3 569.95

4b) Buchungen

Text	Soll	Haben	Betrag
Lohnauszahlung	A Lohn Dienstl	BANK	3 569.95
AHV-Beiträge	A Lohn Dienstl	VERB SOZV	211.15
ALV-Beiträge	A Lohn Dienstl	VERB SOZV	45.10
Pensionskasse	A Lohn Dienstl	VERB SOZV	200.00
NBU	A Lohn Dienstl	VERB SOZV	73.80

4c) 1. Novemberlohn Barz Roman, Automechaniker
geb. 09.10.1986, 1 Kind

Monatslohn (brutto)			CHF	4 400.00
+ Überstundenzulage		+	CHF	0.00
+ Treueprämien		+	CHF	0.00
– AHV-Beitrag	5.15 % von 4 400	–	CHF	226.60
– ALV-Beitrag	1.10 % von 4 400	–	CHF	48.40
– Pensionskassen-Beitrag	7.50 %	–	CHF	228.75
– NBU-Prämien	1.80 % von 4 400	–	CHF	79.20
= Nettolohn		=	CHF	3 817.05
+ Kinderzulagen (pro Kind 200.–)		+	CHF	200.00
+ Ausbildungszulagen (pro Kind 250.–)		+	CHF	0.00
+ sonstige Zulagen		+	CHF	0.00
= Lohnzahlung		=	CHF	4 017.05

Buchungen

Text	Soll	Haben	Betrag
Lohnauszahlung	A Lohn Dienstl	BANK	4 017.05
AHV-Beiträge	A Lohn Dienstl	VERB SOZV	226.60
ALV-Beiträge	A Lohn Dienstl	VERB SOZV	48.40
Pensionskasse	A Lohn Dienstl	VERB SOZV	228.75
NBU	A Lohn Dienstl	VERB SOZV	79.20
Kinderzulage	VERB SOZV	A Lohn Dienstl	200.00

2. Novemberlohn Livoli Paolo, Automechaniker
geb. 02.05.1976, 3 Kinder, wovon 1 mit Ausbildungszulage

Monatslohn (brutto)			CHF	5 100.00
+ Überstundenzulage		+	CHF	0.00
+ Treueprämien		+	CHF	3 000.00
− AHV-Beitrag	5.15 % von 8 100	−	CHF	417.15
− ALV-Beitrag	1.10 % von 8 100	−	CHF	89.10
− Pensionskassen-Beitrag	7.50 %	−	CHF	300.65
− NBU-Prämien	1.80 % von 8 100	−	CHF	145.80
= Nettolohn		=	CHF	7 147.30
+ Kinderzulagen (pro Kind 200.–)		+	CHF	400.00
+ Ausbildungszulagen (pro Kind 250.–)		+	CHF	250.00
+ sonstige Zulagen		+	CHF	0.00
= Lohnzahlung		=	CHF	7 797.30

Buchungen

Text	Soll	Haben	Betrag
Lohnauszahlung	A Lohn Dienstl	BANK	7 797.30
AHV-Beiträge	A Lohn Dienstl	VERB SOZV	417.15
ALV-Beiträge	A Lohn Dienstl	VERB SOZV	89.10
Pensionskasse	A Lohn Dienstl	VERB SOZV	300.65
NBU	A Lohn Dienstl	VERB SOZV	145.80
Kinderzulage	VERB SOZV	A Lohn Dienstl	400.00
Ausbildungszulage	VERB SOZV	A Lohn Dienstl	250.00

3. Novemberlohn Weder Richard, Garagenchef
   geb. 18.07.1948

Monatslohn (brutto)		CHF	6 600.00
+ Überstundenzulage		+ CHF	2 800.00
+ Treueprämien		+ CHF	0.00
– AHV-Beitrag	5.15 % von 8 000*	– CHF	412.00
– ALV-Beitrag	1.10 % von 0**	– CHF	0.00
– Pensionskassen-Beitrag	7.50 %	– CHF	0.00
– NBU-Prämien	1.80 % von 8 000*	– CHF	144.00
= Nettolohn		= CHF	8 844.00
+ Kinderzulagen (pro Kind 200.–)		+ CHF	0.00
+ Ausbildungszulagen (pro Kind 250.–)		+ CHF	0.00
+ sonstige Zulagen		+ CHF	0.00
= Lohnzahlung		= CHF	8 844.00

* Rentnerfreibetrag AHV 1 400
** keine Beiträge für erwerbstätige Rentner

Buchungen

Text	Soll	Haben	Betrag
Lohnauszahlung	A Lohn Verw	BANK	8 844.00
AHV-Beiträge	A Lohn Verw	VERB SOZV	412.00
NBU	A Lohn Verw	VERB SOZV	144.00

4. Novemberlohn Maier Gertrud, kaufmännische Angestellte
   geb. 26.03.1989

Monatslohn (brutto)		CHF	4 100.00
+ Überstundenzulage		+ CHF	0.00
+ Treueprämien		+ CHF	0.00
– AHV-Beitrag	5.15 % von 4 100	– CHF	211.15
– ALV-Beitrag	1.10 % von 4 100	– CHF	45.10
– Pensionskassen-Beitrag	7.50 %	– CHF	200.00
– NBU-Prämien	1.80 % von 4 100	– CHF	73.80
= Nettolohn		= CHF	3 569.95
+ Kinderzulagen (pro Kind 200.–)		+ CHF	0.00
+ Ausbildungszulagen (pro Kind 250.–)		+ CHF	0.00
+ sonstige Zulagen (Heiratszulage)		+ CHF	500.00
= Lohnzahlung		= CHF	4 069.95

Buchungen

Text	Soll	Haben	Betrag
Lohnauszahlung	A Lohn Dienstl	BANK	4 069.95
AHV-Beiträge	A Lohn Dienstl	VERB SOZV	211.15
ALV-Beiträge	A Lohn Dienstl	VERB SOZV	45.10
Pensionskasse	A Lohn Dienstl	VERB SOZV	200.00
NBU	A Lohn Dienstl	VERB SOZV	73.80

14.3

a)

Buchungen	Januar	Februar	März
A Lohn Handel an *Bank*	161 901.55	160 740.85	165 369.20
A Lohn Handel an *VERB SOZV* 5.15 %	9 167.00	8 997.05	9 388.45
A Lohn Handel an *VERB SOZV* 1.10 %	1 892.00	1 854.60	1 930.50
A Lohn Handel an *VERB SOZV* 1.63 %	2 839.45	2 777.50	2 881.85
A Lohn Handel an *VERB SOZV* 7.50 %	9 600.00	9 600.00	9 600.00
VERB SOZV an *A Lohn Handel*	1 400.00	1 570.00	1 570.00

b) Buchungen der Arbeitgeberbeiträge

A Sozvers	an	*VERB SOZV*	5.15 % v. 535 000.–	27 552.50
A Sozvers	an	*VERB SOZV*	1.10 % v. 516 100.–	5 677.10
A Sozvers	an	*VERB SOZV*	3.00 % v. 55 105.–	1 653.15
A Sozvers	an	*VERB SOZV*	9.75 % v. 384 000.–	37 440.00
A Sozvers	an	*VERB SOZV*	0.80 % v. 516 100.–	4 128.80
A Sozvers	an	*VERB SOZV*	1.60 % v. 535 000.–	8 560.00
				85 011.55

c) Sozialversicherungsbeiträge 1. Quartal

Löhne brutto	CHF	554 000.00	=	100.00 %
Sozialabgaben Arbeitnehmer	CHF	70 528.40	=	12.73 %
Sozialabgaben Arbeitgeber	CHF	85 011.55	=	15.35 %

15 Mehrwertsteuer

 Hintergrundinformationen

Das Formular-Beispiel im Theorieteil bezieht sich auf eine Schokoladenfabrik, welche mehr als 80 % exportiert, deren Inlandumsatz dem ermässigten Steuersatz unterliegt und die grosse Investitionen tätigte. Aus diesen Gründen entsteht gegenüber der Steuerverwaltung ein ansehnliches Guthaben. Die im Formular-Beispiel enthaltenen Umsätze sind brutto, also inklusive Mehrwertsteuer. Die Steuerverwaltung akzeptiert aber auch Netto-Umsätze im Abrechnungsformular.

Auf den **1. Januar 2010** haben sich aufgrund des neuen Mehrwertsteuergesetzes folgende wichtige Änderungen ergeben:
- Die Umsatzgrenze für die Begründung der Steuerpflicht wurde von CHF 75 000 auf CHF 100 000 erhöht.
- Die Umsatzgrenze von CHF 150 000 als Ausnahme für Sportvereine und gemeinnützige Institutionen gilt nun auch für Kulturvereine.
- Die Ausnahme von der Steuerpflicht für Unternehmen mit einer Umsatzgrenze bis CHF 250 000 und einer regelmässigen Steuerzahllast von weniger als CHF 4 000 fällt weg.
- Die Grenze der Anwendbarkeit von Saldosteuersätzen liegt neu bei CHF 5 Mio. Umsatz bzw. bei CHF 100 000 Steuerzahllast (früher CHF 3 Mio. Umsatz bzw. CHF 60 000 Steuerzahllast).

Seit dem **1. Januar 2011** gelten höhere Steuersätze. Der Normalsatz stieg von 7.6 % auf 8 %, der reduzierte Satz von 2.4 % auf 2.5 % und der Beherbergungs-Sondersatz von 3.6 % auf 3.8 %.

 Lösungen

15.1
a) Der Begriff «Mehrwertsteuer» beinhaltet, dass die Steuer am erzielten Mehrwert jeder Unternehmung ansetzt. Die Steuer berechnet sich aus der Differenz der Steuer auf den Verkäufen und der Steuer auf den Einkäufen.
b) Die Lieferung von Gegenständen und die Erbringung von Dienstleistungen (inkl. Eigenverbrauch) im Inland und bei der Einfuhr.
c) Kulturelle Leistungen, Versicherungsumsätze, Dauermieten, Exporte
d) Unternehmen mit einem Jahresumsatz bis zu CHF 100 000.–, nicht gewinnstrebige, ehrenamtlich geführte Sport- und Kulturvereine und gemeinnützige Institutionen, alle mit einem Jahresumsatz bis zu CHF 150 000.–; Urproduzenten; Kunstmaler und Bildhauer
e) Die von Kunden einverlangten Steuern sind weniger hoch als die Vorsteuer: die mehrwertsteuerpflichtigen Kunden sind daran interessiert, ihre Bezüge bei Steuerpflichtigen zu tätigen, um die Vorsteuer abziehen zu können.
f) 8.0 % Normalsteuersatz
2.5 % ermässigter Steuersatz, z. B. für Ess- und Trinkwaren, Zeitungen, Medikamente, Dienstleistungen von Radio und Fernsehanstalten.
3.8 % Sondersteuersatz Hotellerie für Übernachtungen und Frühstück

15.2

a) 1. Berechnung des zu versteuernden Umsatzes:
gesamter Umsatz
   − steuerbefreiter, nicht der Steuer unterliegender Umsatz
   − <u>Entgeltsminderungen</u>
   = steuerbarer Umsatz
   2. Berechnung der Steuer zu geltenden Steuersätzen
   3. Abzug der Vorsteuer

b) in Rechnung gestellter Preis für Waren und Dienstleistungen, inkl. Nebenkosten.

c)

Abrechnungsperiode:
Einreichedatum und Zahlungsfrist:
Valuta (Verzugszins ab):
MWST-Nr:
Ref-Nr:

I. UMSATZ (zitierte Artikel beziehen sich auf das Mehrwertsteuergesetz vom 12.06.2009)	Ziffer	Umsatz CHF	Umsatz CHF
Total der vereinbarten bzw. vereinnahmten Entgelte (Art. 39), inkl. Entgelte aus Übertragungen im Meldeverfahren sowie aus Leistungen im Ausland	200		919 650 *
In Ziffer 200 enthaltene Entgelte aus nicht steuerbaren Leistungen (Art. 21), für welche nach Art. 22 optiert wird	205		

Abzüge

	Ziffer	Umsatz CHF	
Von der Steuer befreite Leistungen (u. a. Exporte, Art. 23), von der Steuer befreite Leistungen an begünstigte Einrichtungen und Personen (Art. 107 Abs. 1 Bst. a)	220	*	
Leistungen im Ausland	221 +		
Übertragungen im Meldeverfahren (Art. 38, bitte zusätzlich Form. 764 einreichen)	225 +		
Nicht steuerbare Leistungen (Art. 21), für die nicht nach Art. 22 optiert wird	230 +		
Entgeltsminderungen	235 +	1 050	Total Ziff. 220 bis 280
Diverses (z. B. Wert des Bodens)	280 +	= −	1 050 289
Steuerbarer Gesamtumsatz (Ziff. 200 abzüglich Ziff. 289)	299	=	918 600

II. STEUERBERECHNUNG

Satz		Leistungen CHF ab 01.01.2011		Steuer CHF/Rp. ab 01.01.2011			Leistungen CHF bis 31.12.2010		Steuer CHF/Rp. bis 31.12.2010	
Normal	301	245 000	+	18 148.15	8%	300		+	0	7.6%
Reduziert	311	673 600	+	16 429.25	2.5%	310		+	0	2.4%
Beherbergungssatz	341		+	0	3.8%	340		+	0	3.6%
Bezugsteuer	381		+			380		+		

Total geschuldete Steuer (Ziff. 300 bis 381)		Steuer CHF/Rp.	=	34 577.40	399

Vorsteuer auf Material- und Dienstleistungsaufwand	400	26 832.90	
Vorsteuer auf Investitionen und übrigem Betriebsaufwand	405 +	3 333.35	
Einlageentsteuerung (Art. 32, bitte detaillierte Aufstellung beilegen)	410 +		
Vorsteuerkorrekturen: gemischte Verwendung (Art. 30), Eigenverbrauch (Art. 31)	415 −	20.75	Total Ziff. 400 bis 420
Vorsteuerkürzungen: Nicht-Entgelte wie Subventionen, Kurtaxen usw. (Art. 32 Abs. 2)	420 −	= −	30 145.50 479
An die Eidg. Steuerverwaltung zu bezahlender Betrag	500	=	4 431.90
Guthaben der steuerpflichtigen Person	510	=	

III. ANDERE MITTELFLÜSSE (Art. 18 Abs. 2)

Subventionen, Kurtax.. u. Ä., Entsorgungs- und Wasserwerkbeiträge (Bst. a-c)	900	
Spenden, Dividenden, Schadenersatz usw. (Bst. d-l)	910	

Der/die Unterzeichnende bestätigt die Richtigkeit seiner/Ihrer Angaben:

Datum	Buchhaltungsstelle	Telefon	Rechtsverbindliche Unterschrift

15.3

Name, Adresse, MWST-Nr.

Name, Adresse des Empfängers

Datum der Lieferung

Menge	Artikel	Preis je Einheit	Brutto-ertrag	Rabatt	Netto-ertrag	MWST	
						2.5 %	8.0 %
50 Pakete	Med. A	5.00	250.00	20 %	200.00	5.00	
30 Flaschen	Med. B	7.00	210.00	20 %	168.00	4.20	
Anteil Versand					9.20	0.25	
72 Flaschen	Sonnenschutz	6.50	468.00	30 %	327.60		26.20
80 Tuben	Handcreme	9.00	720.00	30 %	504.00		40.30
Anteil Versand					20.80		1.65
Total Nettobetrag und MWST					1 229.60	9.45	68.15
Total inkl. MWST							**1 307.20**

15.4

	Text	Soll	Haben	Betrag
a)	Einkauf Packmaterial	A übr Betrieb	KASSE	80.00
	Vorsteuer	VORST MATDL	KASSE	6.40
b)	Kauf Maschine	MASCH	VERB SONST	17 500.00
	Vorsteuer	VORST INBA	VERB SONST	1 400.00
c)	Miete Geschäftsräume	A Raum	BANK	8 500.00
d)	Autoreparatur	A Fahrz	VERB SONST	1 200.00
	Vorsteuer	VORST INBA	VERB SONST	96.00
e)	Einkäufe Kantine	A übr Betrieb	VERB SONST	11 200.00
	Vorsteuer	VORST INBA	VERB SONST	280.00
f)	Rohstoffimporte Rechnung	A Rohmat	VERB LL	18 900.00
	Vorsteuer	VORST MATDL	VERB LL	1 512.00
g)	Eigenverbrauch	PRIVAT	Eigenverbrauch	2 500.00
	Umsatzsteuer	PRIVAT	VERB MWST	200.00
h)	Einkauf Fachbibliothek	A übr Betrieb	VERB SONST	800.00
	Vorsteuer	VORST INBA	VERB SONST	20.00
i)	Warenverkauf Export	FORD LL	E Handel	3 500.00
k)	Barverkauf Zahnbürsten	KASSE	E Handel	120.00
	Umsatzsteuer	KASSE	VERB MWST	9.60
l)	Mieteinnahmen Attikawohnung	BANK	E Immo	9 500.00
m)	Lieferung Bauer Düngemittel	FORD LL	E Handel	480.00
	Umsatzsteuer	FORD LL	VERB MWST	12.00
n)	Lieferung Schränke / Stühle	FORD LL	E Handel	16 000.00
	Umsatzsteuer	FORD LL	VERB MWST	1 280.00
o)	Skonto n)	E Handel	FORD LL	320.00
	Rückbuchung Umsatzsteuer	VERB MWST	FORD LL	25.60
	Überweisung	BANK	FORD LL	16 934.40

15.5

	Text	Soll	Haben	Betrag
a)	Schmerztabletten, bar	KASSE	E Handel 2.5 %	200.00
b)	Rheumamittel, bar	KASSE	E Handel 2.5 %	150.00
c)	Diagnose-Instrumente	FORD LL	E Handel 8.0 %	1 300.00
d)	Rücksendung Diagnose-Instrumente	E Handel 8.0 %	FORD LL	250.00
e)	Barverkauf Deo's	KASSE	E Handel 8.0 %	50.00
f)	Einkauf Heilsalben	A Handel 2.5 %	VERB LL	460.00
g)	Einkauf Zahnpasten	A Handel 8.0 %	VERB LL	160.00
h)	Briefmarkenkauf	A Verw 0 %	KASSE	240.00
i)	Wasserrechnung	A EnEnt 2.5 %	VERB SONST	820.00
k)	Einkauf Büromaterial	A Verw 8.0 %	VERB SONST	330.00
l)	Vorsteuer Waren 2.5 %	VORST MATDL	A Handel 2.5 %	11.20
	Vorsteuer Waren 8.0 %	VORST MATDL	A Handel 8.0 %	11.85
	Vorsteuer Raumaufwand 2.5 %	VORST INBA	A EnEnt 2.5 %	20.00
	Vorsteuer Verwaltungsaufwand 8.0 %	VORST INBA	A Verw 8.0 %	24.45
	Umsatzsteuer Waren 2.5 %	E Handel 2.5 %	VERB MWST	8.55
	Umsatzsteuer Waren 8.0 %	E Handel 8.0 %	VERB MWST	81.50
	Überweisung MWST	VERB MWST	BANK	22.55

15.6

	Text	Soll	Haben	Betrag
30.6.	MWST	E Dienstl	VERB MWST	24 640.00
1.7.	Zahlung MWST	VERB MWST	BANK	24 640.00

15.7

a) Brutto-Methode

Nr.	Text	Soll	Haben	Betrag
1.	Verkauf auf Rechnung, 8.0 %	FORD LL	E Handel 8.0 %	432 000.00
	Verkauf auf Rechnung, 2.5 %	FORD LL	E Handel 2.5 %	102 500.00
	Verkauf auf Rechnung, steuerfrei	FORD LL	E Handel 0 %	52 000.00
2.	Rabatte, Skonti, 8.0 %	E Handel 8.0 %	FORD LL	25 920.00
	Rabatte, Skonti, 2.5 %	E Handel 2.5 %	FORD LL	9 840.00
3.	Kauf auf Rechnung, 8.0 %	A Handel 8.0 %	VERB LL	259 200.00
	Kauf auf Rechnung, 2.5 %	A Handel 2.5 %	VERB LL	71 750.00
	Kauf auf Rechnung, steuerfrei	A Handel 0 %	VERB LL	30 000.00
4.	Umsatzsteuer, 8.0 %	E Handel 8.0 %	VERB MWST	30 080.00
	Umsatzsteuer, 2.5 %	E Handel 2.5 %	VERB MWST	2 260.00
	Vorsteuer, 8.0 %	VORST MATDL	A Handel 8.0 %	19 200.00
	Vorsteuer, 2.5 %	VORST MATDL	A Handel 2.5 %	1 750.00
	Vorsteuerabzug	VERB MWST	VORST MATDL	20 950.00
	Überweisung	VERB MWST	BANK	11 390.00

Obere Kontenreihe

S	A Handel 8.0%	H
259 200.00	19 200.00	
	240 000.00	
259 200.00	259 200.00	

S	A Handel 2.5%	H
71 750.00	1 750.00	
	70 000.00	
71 750.00	71 750.00	

S	E Handel 8.0%	H
25 920.00	432 000.00	
30 080.00		
376 000.00		
432 000.00	432 000.00	

S	E Handel 2.5%	H
9 840.00	102 500.00	
2 260.00		
90 400.00		
102 500.00	102 500.00	

S	VORST MATDL	H
19 200.00		
1 750.00	20 950.00	
20 950.00	20 950.00	

S	VERB MWST	H
20 950.00	30 080.00	
11 390.00	2 260.00	
32 340.00	32 340.00	

S	A Handel 0%	H
30 000.00	**30 000.00**	
30 000.00	30 000.00	

S	E Handel 0%	H
52 000.00	52 000.00	
52 000.00	52 000.00	

b) Netto-Methode

Nr.	Text	Soll	Haben	Betrag
1.	Verkauf auf Rechnung, 8.0%	FORD LL	E Handel	400 000.00
	Umsatzsteuer, 8.0%	FORD LL	VERB MWST	32 000.00
	Verkauf auf Rechnung, 2.5%	FORD LL	E Handel	100 000.00
	Umsatzsteuer, 2.5%	FORD LL	VERB MWST	2 500.00
	Verkauf auf Rechnung, steuerfrei	FORD LL	E Handel	52 000.00
2.	Rabatte, Skonti	E Handel	FORD LL	24 000.00
	Korrektur Umsatzsteuer, 8.0%	VERB MWST	FORD LL	1 920.00
	Rabatte, Skonti	E Handel	FORD LL	9 600.00
	Korrektur Umsatzsteuer, 2.5%	VERB MWST	FORD LL	240.00
3.	Kauf auf Rechnung	A Handel	VERB LL	240 000.00
	Vorsteuer, 8.0%	VORST MATDL	VERB LL	19 200.00
	Kauf auf Rechnung	A Handel	VERB LL	70 000.00
	Vorsteuer, 2.5%	VORST MATDL	VERB LL	1 750.00
	Kauf auf Rechnung, steuerfrei	A Handel	VERB LL	30 000.00
4.	Vorsteuerabzug	VERB MWST	VORST MATDL	20 950.00
	Überweisung	VERB MWST	BANK	11 390.00

S	A Handel	H
240 000.00		
70 000.00		
30 000.00	**340 000.00**	
340 000.00	340 000.00	

S	E Handel	H
24 000.00	400 000.00	
9 600.00	100 000.00	
518 400.00	52 000.00	
552 000.00	552 000.00	

S	VORST MATDL	H
19 200.00		
1 750.00	20 950.00	
20 950.00	20 950.00	

S	VERB MWST	H
1 920.00	32 000.00	
240.00	2 500.00	
20 950.00		
11 390.00		
34 500.00	34 500.00	

c) Saldo-Methode

Nr.	Text	Soll	Haben	Betrag
1.	Verkauf auf Rechnung, 8.0 %	FORD LL	E Handel 8.0 %	432 000.00
	Verkauf auf Rechnung, 2.5 %	FORD LL	E Handel 2.5 %	102 500.00
	Verkauf auf Rechnung, steuerfrei	FORD LL	E Handel 0 %	52 000.00
2.	Rabatte, Skonti, 8.0 %	E Handel 8.0 %	FORD LL	25 920.00
	Rabatte, Skonti, 2.5 %	E Handel 2.5 %	FORD LL	9 840.00
3.	Kauf auf Rechnung, 8.0 %	A Handel	VERB LL	259 200.00
	Kauf auf Rechnung, 2.5 %	A Handel	VERB LL	71 750.00
	Kauf auf Rechnung, steuerfrei	A Handel steuerfrei	VERB LL	30 000.00
4.	Saldosteuer, 4.2 %	E Handel 8.0 %	VERB MWST (4.2 %)	17 055.35
	Saldosteuer, 1.3 %	E Handel 2.5 %	VERB MWST (1.3 %)	1 204.60
	Überweisung	VERB MWST	BANK	18 259.95

S	A Handel	H
259 200.00		
71 750.00		
30 000.00	**360 950.00**	
360 950.00	360 950.00	

S	E Handel 8.0 %	H
25 920.00	432 000.00	
17 055.35		
389 024.65		
432 000.00	432 000.00	

S	E Handel 2.5 %	H
9 840.00	102 500.00	
1 204.60		
91 455.40		
102 500.00	102 500.00	

S	E Handel 0 %	H
52 000.00	52 000.00	
52 000.00	52 000.00	

S	VERB MWST	H
18 259.95	17 055.35	
	1 204.60	
18 259.95	18 259.95	

Hinweis: Der Vergleich der Methoden zeigt deutlich, wie teuer die vereinfachte Abrechnung der Saldo-Methode erkauft wird.

15.8

Datum	Text	Rechn. Nr.	Gegenkonto**	Bruttobetrag	Nettobetrag MWST	MWST-Code*
04.01.	Gsell, Herisau	1001	3400	1 026.00	950.00	1
			2200		76.00	
04.01.	Giamara, Chur	1002	3400	1 188.00	1 100.00	1
			2200		88.00	
05.01.	Trendy, Zürich	1003	3400	1 200.00	***1 200.00	2
06.01.	Biber, Luzern	1004	3400	3 780.00	3 500.00	1
			2200		280.00	
06.01.	Bader, München	1005	3400	23 500.00	23 500.00	3
	Total					

*   1 = 8.0 %   2 = 0 % (nicht der Steuer unterstellt)   3 = 0 % (Dienstleistung an Ausländer)
**   Kontennummern gemäss Kontenrahmen KMU
***   Leistungen im Ausbildungswesen sind von der Mehrwertsteuer ausgenommen

16 Fremde Währungen

Didaktische Hinweise

Kursdifferenzen können entweder direkt auf dem betroffenen Bilanz-, Aufwand- oder Ertragskonto gebucht werden oder in einem zentralen Konto *Kursdifferenzen*. Dieses Lehrmittel arbeitet mit der ersten Variante, die Kursdifferenzen direkt auf dem betroffenen Konto verbucht.

Nachstehend finden Sie ein mögliches Beispiel für den Einstieg in die Thematik, als Kopiervorlage. Die Lösungen dazu folgen im Anschluss.

Einführungsaufgabe

RETOS SNOWBOARDSHOP

Der Bündner Reto Friedli war Profi-Snowboarder. Aufgrund mehrerer Verletzungen musste er seine sportliche Karriere aufgeben. Am Strand in Hawaii kommt ihm eine Idee wie er in der Snowboarder-Szene bleiben kann: Er wird einen trendigen Shop für Snowboarder eröffnen und zwar in seinem Heimatort Celerina bei St. Moritz.

Zurück im Oberengadin sucht er gleich ein geeignetes Verkaufslokal und regelt den nötigen Papierkram. Er hat schon genaue Vorstellungen wie er den Laden aufziehen möchte: Er wird hauptsächlich Produkte von Burton anbieten, die von Snowboards, über Bindungen und Boots, bis hin zu Bekleidung und Rucksäcken alles für den Snowboarder produzieren. Burton ist die beliebteste Marke der jungen Snowboarder in der Region. Sie werden seine Hauptkunden sein. Er möchte aber nicht nur dasselbe anbieten, was alle Schweizer Sportgeschäfte führen, sondern er möchte sich durch spezielle, limitierte Burton-Editionen und Sonderteile hervorheben. Deshalb nutzt er seine früheren Kontakte, über die er die Ware, exklusiv für die Schweiz, direkt aus der Zentrale von Burton in den USA beziehen kann.

Neben dem Burton-Sortiment will er auch saisonale Marken-Trends berücksichtigen, um zusätzliche Exklusivität bieten zu können. In der Szene heisst es, dass diesen Winter besonders Allian-Snowboards aus Schweden in sein werden, die vor allem Half-Pipe-Boarder gerne fahren.

Für die Ladeneinrichtung prüft Reto Angebote aus der Schweiz und aus dem nahen Tirol (Österreich). Weil der aktuelle Wechselkurs gerade am Vortag stark gesunken ist, sind die österreichischen Produkte für ihn billiger und er fährt sofort dort hin, um die Verkaufstheke und Regale bei Austria-Möbel zu kaufen. Das kostet ihn EUR 10000.–. Da er so viel Geld weder bar noch per Kreditkarte zahlen möchte, lässt er sich eine Rechnung (ausgestellt in EUR) geben, die er dann drei Wochen später per Banküberweisung zahlen will.

Aufgabe 1:

Welches Risiko geht er ein, wenn er die Rechnung nicht sofort begleicht?

_____

_____

_____

Das bisschen Buchhaltung war bisher für Reto nicht so schwierig. Doch dieser Kauf in Österreich stellt ihn vor ein Problem: Er hat sein Mobiliar in EUR bezahlt, seine Buchhaltung führt er in CHF. Wie muss er diese EUR 10000.– umrechnen? Zukünftig wird er auch in Schweden mit Schwedischen Kronen (SEK) und in den USA mit Dollar (USD) einkaufen. Zudem wird er viele ausländische Kunden haben. Wie soll er mit den verschiedenen Währungen in der Buchhaltung umgehen?

Aufgabe 2:

Wie muss Reto die EUR 10 000.– umrechnen?

An dem Tag, als er in Österreich einkaufen war, sah er im Schaufenster seiner Bank in St. Moritz folgende Euro-Kurse, die er sich sogleich notiert hatte:

Devisen: *Kauf: 1.202*   *Verkauf: 1.252*
Noten: *Kauf: 1.207*   *Verkauf: 1.279*

Überschlagsmässig rechnet Reto mit einem Euro-Kurs von 1.25.

Jetzt, drei Wochen später, als er die Rechnung bezahlt, lauten die Kurse:

Devisen: *Kauf: 1.213*   *Verkauf: 1.259*
Noten: *Kauf: 1.215*   *Verkauf: 1.281*

Aufgabe 3:

Verbuchen Sie den Kauf des Mobiliars.

a) Wie lauten die Buchungen?

1. Beim Kauf:

2. Bei der Zahlung:

b) Führen Sie das Einzelkonto *Verbindlichkeiten Austria-Möbel.*

S	Verbindlichkeiten Austria-Möbel		H
EUR	**CHF**	**EUR**	**CHF**

Die Eröffnung von Reto's Shop war erfolgreich, die Saison hat gut begonnen und es läuft besser als erwartet. Weil aber das Geschäft so gut läuft, hatte Reto keine Zeit alle Buchungen vorzunehmen, obwohl dies für den Jahresabschluss dringend gemacht werden muss. So kommt es, dass Reto am Silvesterabend, wenn alle Kunden in St. Moritz feiern, immer noch über seiner Buchhaltung brütet.

Aufgabe 4:
Verbuchen Sie für Reto die Belege seines Einkaufs bei Burton. Bilden Sie die Buchungssätze und führen Sie das Einzelkonto *Verbindlichkeiten Burton*. Der Buchkurs beträgt 0.90. Skonto und Kursdifferenzen sind getrennt zu verbuchen.

S	Verbindlichkeiten Burton			H
USD	CHF	USD	CHF

Aufgabe 5:
a) Reto hat ausserdem vor drei Tagen Snowboards von Allian gegen Rechnung erhalten. Der Rechnungsbetrag lautet auf SEK 45 500.–. Er hatte keine Zeit mehr den Betrag zu überweisen und wird die Rechnung erst im neuen Jahr bezahlen. Verbuchen Sie diesen Kauf im unten stehenden Konto. Der Buchkurs beträgt 13.50.

b) Die Rechnung bei Allian ist die einzige, die Reto nicht mehr im alten Jahr bezahlen wird. Es ist also die einzige offene Schuld. Schulden in fremder Währung werden am Abschlusstag (für die Bilanzierung) zum Bilanzkurs bewertet. Der Bilanzkurs für SEK beträgt 13.00. Schliessen Sie das Einzelkonto *Verbindlichkeiten Allian* ab, buchen Sie die entstehende Kursdifferenz und eröffnen Sie das Konto wieder für 20_2.

S	Verbindlichkeiten Allian			H
	SEK	CHF	SEK	CHF
a)				
b)				
b)				20_1
b)				20_2

Beleg Nr. 1

Burton NY
Flagship Store
106 Spring Street
US-10012 New York
United States

Mr. Reto Friedli
Boardershop
Dorfstrasse 1
CH-7505 Celerina
Switzerland

Invoice No: 123456
Date: 20_1-12-03

Dear Mr. Friedli
We confirm your order dated 10th November 20_1 and have the pleasure of informing
you that the goods ordered were dispatched ddp* today.

Therefore we charge you with the following invoice:

5	Snowboards Jake's Special Edition	USD	299.–	USD	1495.–
10	Snowboards Malolo Limited	USD	519.–	USD	5190.–
5	Fixations High Tech	USD	180.–	USD	900.–
	Special Gear (Tools & Tuning)			USD	398.–
3	Backpacks Pink Edition	USD	99.–	USD	297.–
4	Backpacks Silverstar	USD	123.–	USD	492.–
	Total sum			**USD**	**8772.–**

Please transfer the amount to our account IBAN US 85.777-777-77777 at the Bank of
America. If your money will be transferred within 30 days, we offer you a cash discount
of 2 %.

Your Burton Team, New York
Sincerely

Anm. Reto:
Skonto abgezogen
vgl. Zahlungsbestätigung!

*ddp = delivered duty paid (= Franko domizil)

Beleg Nr. 2

UBS

Zahlungsbestätigung

Kto-Nr. 99-9999.99
Kontoinhaber: Friedli Reto

Datum: 29. Dezember 20_1
Betrag: USD 8596.56
Empfänger: Burton NY; IBAN US 85.777-777-77777, Bank of America
Tageskurs; 29. Dezember 20_1: 0.8635

Aufgabe 1:
- Wechselkurs kann sich in den drei Wochen wieder ändern.
- Risiko, dass der Kurs wieder steigt und es vielleicht in der Schweiz doch günstiger gewesen wäre.

Aufgabe 2:
Devisenkurs, weil Banküberweisung;
Verkauf, weil Bank EUR an uns verkauft;
Kurs zum Zeitpunkt der Überweisung, da dann das Geld erst wirklich gewechselt wird:

EUR   1 = CHF 1.259   1 / 10000 = 1.259 / ?
EUR 10000 = CHF ?   ?   = 1.259 x 10000 = CHF 12590

Aufgabe 3:
a) 1. Kauf: *Mobiliar* an *Verbindlichkeiten Austria-Möbel*   12500
    2. Zahlung: *Verbindlichkeiten Austria-Möbel* an *Bank*   12590
    3. Kursdifferenz: *Mobiliar* an *Verbindlichkeiten Austria-Möbel*   90

b) Einzelkonto *Verbindlichkeiten Austria-Möbel* (Buchkurs 1.25)

S			Verbindlichkeiten Austria-Möbel			H	
	EUR	**CHF**		**EUR**	**CHF**		
			①	10000	12500		Buchkurs 1.25
②	10000	12590					Tageskurs 1.259
			③		90		Kursdifferenz, wenn Tageskurs ≠ Buchkurs
	10000	12590		10000	12590		

Aufgabe 4:

S	Verbindlichkeiten Burton			H
	USD	CHF	USD	CHF
03.01. A Handel an VERB Burton			8 772.00	7 894.80
28.01. VERB Burton an A Handel	175.44	157.90		
28.01. VERB Burton an BANK	8 596.56	7 423.13		
28.01. VERB Burton an A Handel		313.77		
	8 772.00	7 894.80	8 772.00	7 894.80

Aufgabe 5:

S	Verbindlichkeiten Allian			H
	SEK	CHF	SEK	CHF
a) A Handel an VERB Allian			45 500.00	6 142.50
b) VERB Allian an A Handel		227.50		
b) VERB Allian an BI	45 500.00	5 915.00		
	45 500.00	6 142.50	45 500.00	6 142.50
b) BI an VERB Allian			45 500.00	5 915.00

20_1 / 20_2

16.1

a) bei Zahlungen
b) bei Rechnungen, Skonto, Rabatt, Gutschriften und Rücksendungen
c) beim Abschluss der Buchhaltung
d) bei Banküberweisungen, Checks und Kreditkarten
e) bei Bargeld
f) für wie viele CHF kauft die Bank 1 oder 100 Einheiten ausländischer Währung

16.2

a) 1. Buchung der Rechnung, allfälliger nachträglicher Rabatte und Skonto zum Buchkurs
   2. Buchung der Überweisung zum aktuellen Tageskurs
   3. Berechnung der Kursdifferenzen (nach Bezahlung) und Verbuchung entweder nach jedem Geschäftsvorfall oder summarisch beim Abschluss der Buchhaltung
b) Wenn der Tageskurs und der Buchkurs nicht übereinstimmen (beim Abschluss von Geschäftsvorfällen und beim Abschluss der Buchhaltung)
c) *Forderungen aus L&L* an *Handelswarenertrag*
d) *Handelswarenaufwand* an *Verbindlichkeiten aus L&L*

16.3 Forderungen in EUR

Nr.	Text	Soll	Haben	Betrag
1.	Eröffnung, EUR 20 000	FORD Platt	FORD LL oder BI	25 000.00
2.	Warenlieferung, EUR 5 000, BK 1.25	FORD Platt	E Handel	6 250.00
3.	Warenrücknahme, EUR 500, BK 1.25	E Handel	FORD Platt	625.00
4.	Überweisung, EUR 24 500, TK 1.22	BANK	FORD Platt	29 890.00
5.	Kursdifferenz	E Handel	FORD Platt	735.00

BK = Buchkurs, TK = Tageskurs

S		**FORD Platt**		H
EUR	CHF	EUR	CHF
20 000	25 000		
5 000	6 250		
		500	625
			735
		24 500	**29 890**
25 000	31 250	25 000	31 250

16.4 Verbindlichkeiten in EUR

Nr.	Text	Soll	Haben	Betrag
1.	Maschinenkauf, EUR 75 000, BK 1.25	MASCH	VERB Giacometti	93 750.00
2.	Skonto 2 %, BK 1.25	VERB Giacometti	MASCH	1 875.00
	Überweisung, EUR 73 500, TK 1.23	VERB Giacometti	BANK	90 405.00
3.	Maschinenerweiterung, EUR 9 500, BK 1.25	MASCH	VERB Giacometti	11 875.00
4.	Kursdifferenz	VERB Giacometti	MASCH	1 850.00
	Abschluss, BiK 1.21	VERB Giacometti	VERB SONST oder BI	11 495.00

BK = Buchkurs, TK = Tageskurs, BiK = Bilanzkurs

S		VERB Giacometti		H
EUR	CHF	EUR	CHF	
		75 000	93 750	
1 500	1 875			
73 500	90 405			
		9 500	11 875	
	1 850			
9 500	**11 495**			
84 500	105 625	84 500	105 625	

16.5 Verbindlichkeiten in NOK

Nr.	Text	Soll	Haben	Betrag
1.	Eröffnung, NOK 30 000, BiK 15.00	VERB LL oder BI	VERB von Krogh	4 500.00
2.	Überweisung, NOK 30 000, TK 15.15	VERB von Krogh	BANK	4 545.00
3.	Warenlieferung, NOK 50 000, BK 15.00	A Handel	VERB von Krogh	7 500.00
4.	Skonto, NOK 1 000, BK 15.00	VERB von Krogh	A Handel	150.00
	Überweisung, NOK 49 000, TK 15.20	VERB von Krogh	BANK	7 448.00
5.	Rabattüberweisung, NOK 5 000	BANK	A Handel	740.00
6.	Warenlieferung, NOK 70 000, BK 15.00	A Handel	VERB von Krogh	10 500.00
7.	Kursdifferenz	A Handel	VERB von Krogh	213.00
	Abschluss, NOK 70 000, BiK 15.10	VERB von Krogh	VERB LL oder BI	10 570.00

BK = Buchkurs, TK = Tageskurs, BiK = Bilanzkurs

S		VERB von Krogh		H
NOK	CHF	NOK	CHF	
		30 000	4 500	
30 000	4 545			
		50 000	7 500	
1 000	150			
49 000	7 448			
		70 000	10 500	
			213	
70 000	**10 570**			
150 000	22 713	150 000	22 713	

16.6 Forderungen in DKK

Nr.	Text	Soll	Haben	Betrag
1.	Warenlieferung, DKK 10 000, BK 16.50	FORD Rasmussen	E Handel	1 650.00
2.	Fracht, Zoll, bar	E Handel	KASSE	360.00
3.	Rabattgutschrift, DKK 500, BK 16.50	E Handel	FORD Rasmussen	82.50
4.	Überweisung, DKK 9 500, TK 16.83 Kursdifferenzen	BANK FORD Rasmussen	FORD Rasmussen E Handel	1 598.85 31.35
5.	Warenlieferung, DKK 5 000, BK 16.50	FORD Rasmussen	E Handel	825.00
6.	Warenrücksendung, DKK 1 000, BK 16.50	E Handel	FORD Rasmussen	165.00
7.	Überweisung, DKK 4 000, TK 16.83 Kursdifferenzen	BANK FORD Rasmussen	FORD Rasmussen E Handel	673.20 13.20

BK = Buchkurs, TK = Tageskurs

S		FORD Rasmussen		H
DKK	CHF	DKK	CHF	
10 000	1 650.00			
		500	82.50	
		9 500	1 598.85	
	31.35			
5 000	825.00			
		1 000	165.00	
		4 000	673.20	
	13.20			
15 000	2 519.55	15 000	2 519.55	

16.7

Nr.	Text	Soll	Haben	Betrag
1.	Vorauszahlung, CAD 3 500, TK 0.79	BANK	ANZ ERH	2 765.00
2.	Warenlieferung, CAD 5 400, BK 0.80 Verrechnung Vorauszahlung, CAD 3 500	FORD Langdon ANZ ERH	E Handel FORD Langdon	4 320.00 2 765.00
3.	Rabatt, CAD 270, BK 0.80	E Handel	FORD Langdon	216.00
4.	Skonto, CAD 33, BK 0.80 Überweisung, CAD 1 597, TK 0.7950 Kursdifferenz	E Handel BANK E Handel	FORD Langdon FORD Langdon FORD Langdon	26.40 1 269.62 42.98
5.	Warenlieferung, CAD 10 500, BK 0.80	FORD Langdon	E Handel	8 400.00
6.	Warenrücksendung, CAD 5 500, BK 0.80	E Handel	FORD Langdon	4 400.00
7.	Kursdifferenz Abschluss, CAD 5 000, BiK 0.785	E Handel FORD LL oder BI	FORD Langdon FORD Langdon	75.00 3 925.00

BK = Buchkurs, TK = Tageskurs, BiK = Bilanzkurs

S		FORD Langdon	H
CAD	CHF	CAD	CHF
5 400	4 320	3 500	2 765
		270	216
		33	26.40
		1 597	1 269.62
			42.98
10 500	8 400		
		5 500	4 400
			75
		5 000	3 925
15 900	12 720	15 900	12 720

16.8

A Devisen- und Verkaufs-/Briefkurs

B Kurs 1.2385; Überweisung EUR 1 453.37

Lösung Repetitionsaufgabe

16.9

	Text	Soll	Haben	Betrag
1.	Bestandeskorrektur	VO HANDEL	A Handel	600.00
2.	Abschluss Yasaki, BiK 0.8667	FORD LL	FORD Yasaki	26.00
3.	Kursdifferenzen	FORD Yasaki	E Handel	2.00
4.	vorausbezahlte Versicherungsprämie	ARAG	A diverse	600.00
5.	Büromaterialvorrat	ARAG	A diverse	1 500.00
6.	Abgrenzung Mietertrag	E diverse	PRAG	500.00
7.	aufgelaufene Darlehenszinsen	A diverse	PRAG	350.00

Aktiven	Schlussbilanz		Passiven
Forderungen aus L&L	92 026	diverse Passiven	344 976
Vorräte Handelswaren	51 200	passive Rechnungsabgrenzung	850
aktive Rechnungsabgrenzung	2 100		
diverse Aktiven	200 500		
	345 826		345 826

Aufwände	Erfolgsrechnung		Erträge
Handelswarenaufwand	269 400	Handelswarenertrag	380 002
diverse Aufwände	93 250	diverse Erträge	2 000
Jahresgewinn	19 352		
	382 002		382 002

17 Bewertung und Stille Reserven

 Lösungen

17.1
Berechnung der stillen Reserven

tatsächlicher Wert	37 500.–
– Buchwert	– 25 000.–
stille Reserven	12 500.–

17.2

tatsächliche Wertminderung pro Jahr	150 000.– / 12	=	12 500.–
buchhalterische Abschreibung pro Jahr	150 000.– / 5	=	30 000.–

1. Ende des 1. Jahres, Berechnung der stillen Reserven

tatsächlicher Wert	137 500.–
– Buchwert	–120 000.–
stille Reserven	17 500.–

oder

buchhalterische Abschreibung	30 000.–
– tatsächliche Wertminderung	– 12 500.–
stille Reserven	17 500.–

2. Ende des 10. Jahres, Berechnung der stillen Reserven

tatsächlicher Wert	25 000.–
– Buchwert	– 1.–
stille Reserven	24 999.–

oder

buchhalterische Abschreibung	149 999.–
– tatsächliche Wertminderung	–125 000.–
stille Reserven	24 999.–

Abschreibungen erfolgen auf den Pro-Memoira-Franken

17.3

	Text	Soll	Haben	Betrag
1.	Bildung auf Warenbestand	A Handel	VO HANDEL	1 000
2.	Bildung auf Immobilien	A Immo	IMMO	15 000
3.	Senkung Rückstellungen	RÜCKST	E ao	2 000
4.	Bildung auf Forderungen aus L&L	Verl Ford	WB FORD LL	10 000
5.	Auflösung auf Mobiliar	MOB	E ao	5 000
6.	Bildung auf Maschinen	A Abschr	WB MASCH	12 000

17.4

1. **Falsch** Nur der Erfolg der laufenden Periode wird verfälscht. Der Erfolg der kommenden Jahre wird durch Weiterführen von stillen Reserven nicht beeinflusst.
2. **Falsch** Eine Überbewertung von Aktiven wird nicht erlaubt, da dies den Schutz der Gläubiger gefährden würde.
3. **Richtig**
4. **Falsch** Die Höhe des Kassenbestandes ist durch das Ergebnis des Kassensturzes festgelegt. Eine andere Bewertung würde gegen die Bilanzwahrheit verstossen.

17.5

Berechnung der Veränderung der stillen Reserven

WB Forderungen	– 5 000.–
Vorräte Handelswaren	– 10 000.–
Mobiliar	+ 45 000.–
Fahrzeuge	+ 1 000.–
Immobilien	+ 4 000.–
Rückstellungen	– 1 000.–
Bildung von stillen Reserven	+ 34 000.–

Berechnung des ausgewiesenen Jahresgewinns

tatsächlicher Jahresgewinn	+ 70 000.–
– Bildung von stillen Reserven	– 34 000.–
ausgewiesener Jahresgewinn	+ 36 000.–

17.6

	1.	2.	3.
ausgewiesenes Bruttoergebnis 1	70 000	70 000	70 000
+ Bildung von stillen Reserven	+ 5 000	–	–
– Auflösung von stillen Reserven	–	–	– 5 000
tatsächliches Bruttoergebnis 1	75 000	70 000	65 000

17.7

	Anfangsbestand stille Reserven	Endbestand stille Reserven	Veränderung
Vorräte Handelswaren	240 000	264 000	+ 24 000
WB Forderungen	12 000	10 000	– 2 000
Bildung von stillen Reserven			+ 22 000

Berechnung des tatsächlichen Jahresgewinns

ausgewiesener Jahresgewinn	+ 180 000.–
+ Bildung von stillen Reserven	+ 22 000.–
tatsächlicher Jahresgewinn	+ 202 000.–

17.8

	Anfangsbestand stille Reserven	Endbestand stille Reserven	Veränderung
Vorräte Handelswaren	7 000	6 000	– 1 000
Mobiliar	79 999	69 999	– 10 000
WB Forderungen	10 000	2 000	– 8 000
Auflösung von stillen Reserven			– 19 000

Berechnung des tatsächlichen Jahresgewinns

ausgewiesener Jahresgewinn	+ 25 000.–
– Auflösung von stillen Reserven	– 19 000.–
tatsächlicher Jahresgewinn	+ 6 000.–

17.9

	1. Veränderung stille Reserven	2. Bestand stiller Reserven
Maschinen	+ 4 500	4 500
Vorräte Fertigfabrikate	–	2 000
Vorräte Rohmaterial	+ 4 000	10 000
Rückstellungen	+ 1 000	4 000
Veränderung stille Reserven	+ 9 500	20 500
ausgewiesener Jahreserfolg	– 6 000	– 6 000
tatsächlicher Jahreserfolg	**+ 3 500**	
Jahresgewinn nach Auflösung sämtlicher stiller Reserven		**+ 14 500**

17.10

	Text	Soll	Haben	Betrag
1.	Bildung auf dem Warenbestand	A Handel	VO HANDEL	10 000
2.	Bildung auf dem Mobiliar	A Abschr	MOB	6 000
3.	Bildung auf den Rückstellungen	A übr Betrieb	RÜCKST	5 000

Aktiven	externe Bilanz		Passiven
Kasse	2 000	Verbindlichkeiten aus L&L	80 000
Bank	28 000	Rückstellungen	25 000
Forderungen aus L&L	120 000	Aktienkapital	200 000
Vorräte Handelswaren	130 000	**Jahresgewinn**	**29 000**
Mobiliar und Einrichtungen	54 000		
	334 000		334 000

Aufwände	externe Erfolgsrechnung		Erträge
Handelswarenaufwand	230 000	Handelswarenertrag	396 000
Lohnaufwand Handel	50 000	Verluste aus Forderungen	– 6 000
Sozialversicherungsaufwand	4 000		
Werbeaufwand	6 000		
übriger Betriebsaufwand	35 000		
Abschreibungen	26 000		
Steueraufwand	10 000		
Jahresgewinn	**29 000**		
	390 000		390 000

17.11

	Text	Soll	Haben	Betrag
1.	Auflösung von stillen Reserven auf WB Forderungen	WB FORD	E ao	400
2.	Auflösung von stillen Reserven auf dem Warenbestand	VO HANDEL	E ao	31 000
3.	Auflösung von stillen Reserven auf den Wertschriften	WERTS UV	E ao	10 000
4.	Auflösung von stillen Reserven auf dem Mobiliar und den Einrichtungen	WB MOB	A Abschr	12 200
5.	Auflösung von stillen Reserven auf der Liegenschaft	IMMO	E ao	50 000
6.	Korrektur Verpackungs- und Büromaterial	ARAG	A übr Betrieb	5 000
7.	Auflösung von stillen Reserven auf den Verbindlichkeiten	VERB LL	E ao	2 000
8.	Auflösung von stillen Reserven auf den passiven Rechnungsabgrenzungen	PRAG	A übr Betrieb	2 000
9.	Auflösung von stillen Reserven auf den Rückstellungen	RÜCKST	A Immo	20 000

Aktiven		interne Bilanz		Passiven
Kasse		3 000	Verbindlichkeiten aus L&L	53 000
Bank		1 000	Bankschulden	30 000
Wertschriften UV		30 000	passive Rechnungsabgrenzung	4 000
Forderungen aus L&L	12 000		Bankdarlehen	190 000
WB Forderungen	– 600	11 400	Rückstellungen (Renovationen)	80 000
Vorräte Handelswaren		124 000	Aktienkapital	100 000
aktive Rechnungsabgrenzung		8 000	gesetzliche Gewinnreserve	30 000
Mobiliar und Einrichtungen	58 000		**Jahresgewinn**	**152 600**
WB Mobiliar und Einrichtungen	– 5 800	52 200		
Immobilien		410 000		
		639 600		639 600

17.12

1.

Jahr	stille Reserven Veränderung	Jahresgewinn effektiv	Jahresgewinn Finanzbuchhaltung
1	+ 25 000	95 000	70 000
2	–	85 000	85 000
3	– 12 500	75 000	87 500

2. CHF 12 500.– (dreimal vom Buchwert abgeschrieben)

3.

	Text	Soll	Haben	Betrag
a)	Verkauf	FORD ÜBR	MASCH	40 000
b)	Ausbuchung der indirekten Abschreibung	WB MASCH	MASCH	87 500
c)	Verbuchung des Verkaufsgewinnes	MASCH	E ao	27 500

17.13

1. Durch Unterbewertung oder Weglassen von Aktiven und durch Überbewertung von Fremdkapital.
2. • Förderung der Unabhängigkeit
   • Ausgleich des Geschäftsganges
   • Rücksicht auf das dauernde Gedeihen des Unternehmens
   • gleichmässige Verteilung der Dividenden
3. stille Reserven = tatsächlicher Wert – Buchwert (ausgewiesener Wert)
4. Stille Reserven sind verstecktes Eigenkapital. Sie sind aus der Bilanz nicht ersichtlich.
5. durch Überbewertung der mutmasslichen Verluste aus Forderungen
6. Bewertung zu den Anschaffungs- bzw. Herstellungskosten oder Bewertung zum Wiederbeschaffungspreis bzw. Marktpreis (Niederstwertprinzip)
7. Ja, das Obligationenrecht stellt nur Höchstbewertungsvorschriften auf. Das Unterbewerten von Vermögenspositionen ist erlaubt.
8. Ja, eine Abnutzung und Alterung muss in der Buchhaltung berücksichtigt werden.
9. Höchstens zu den Anschaffungskosten, also zu CHF 23.– je kg (Art. 960a OR).
10. Ist der Preis zum Zeitpunkt der Erstellung der Bilanz kleiner als die Anschaffungskosten, darf höchstens der aktuelle Marktpreis eingesetzt werden, also CHF 22.–.
11. Das OR erfüllt die Funktion des Gläubigerschutzes. Für den Gläubiger ist es wichtig, dass die Vermögenswerte nicht zu hoch bewertet sind. Eine zu tiefe Bewertung verletzt die Interessen des Gläubigers jedoch nicht.
    Die Steuerbehörde ist an einer exakten Bewertung der Vermögensteile interessiert. Durch Vorschriften soll Missbrauch vermieden und sichergestellt werden, dass sämtliche Steuersubjekte gerecht besteuert werden.

17.14

1. CHF 25 920
2. Jahr 1
3. … um CHF 11 200 höher ausgefallen.
4. Keine der obigen Antworten ist korrekt.

TEIL 3

Gesellschaftsbuchhaltung

Personengesellschaften

Für die Thematik der Reserven bei der Personengesellschaft folgen die Autoren den Vorschlägen von Max Boemle, Unternehmungsfinanzierung, Verlag SKV, Zürich.

Bei den folgenden Gründungsaufgaben werden die Abrechnungskonten, welche nach dem Gründungsakt gleich wieder aufgelöst werden, wie folgt abgekürzt:

Einbringungskonto X   **EINBRIN-KTO X**
Einzahlungskonto Y   **EINZAHL-KTO Y**

18.1 Unternehmensgründung Kollektivgesellschaft

	Text	Soll	Haben	Betrag
1.	Sacheinlagen	EINBRIN-KTO MARK	KAP MARK	50 000
	Sacheinlage Fahrzeug	FAHRZ	EINBRIN-KTO MARK	19 000
	Sacheinlage Mobiliar und Einrichtungen	MOB	EINBRIN-KTO MARK	8 000
	Bareinlage	KASSE	EINBRIN-KTO MARK	7 000
	nicht einbezahltes Eigenkapital Mark	NBEZ EK MARK	EINBRIN-KTO MARK	16 000
2.	Kapitaleinzahlung	BANK	KAP STREIT	50 000

Aktiven	Gründungsbilanz Mark & Streit		Passiven
Kasse	7 000	Kapital Mark	50 000
Bank	50 000	Kapital Streit	50 000
Fahrzeuge	19 000		
Mobiliar und Einrichtungen	8 000		
nicht einbezahltes Eigenkapital Mark	16 000		
	100 000		100 000

18.2 Gründung Kommanditgesellschaft Geissmann & Co.

	Text	Soll	Haben	Betrag
1.	Gründungskapital	EINZAHL-KTO GEISSMANN	KAP GEISSMANN	150 000
	Kapitaleinzahlung Geissmann	BANK	EINZAHL-KTO GEISSMANN	100 000
	nicht einbezahlter Anteil Geissmann	NBEZ EK GEISSMANN	EINZAHL-KTO GEISSMANN	50 000
2.	Gründungskapital	EINBRIN-KTO LEON	KAP LEON	200 000
	Sacheinlage Immobilien	IMMO	EINBRIN-KTO LEON	460 000
	Sacheinlage Hypothek	EINBRIN-KTO LEON	DARL BANK	250 000
	Restgutschrift	EINBRIN-KTO LEON	PRIVAT LEON	10 000

Aktiven	Gründungsbilanz Geissmann & Co.		Passiven
Bank	100 000	Bankdarlehen	250 000
Immobilien	460 000	Kapital Geissmann	150 000
nicht einbezahltes Eigenkapital Geissmann	50 000	Kapital Leon	200 000
		Privat Leon	10 000
	610 000		610 000

18.3 Gründung Kollektivgesellschaft Salsa & Partners

	Text	Soll	Haben	Betrag
1.	Gründungskapital Salsa	EINBRIN-KTO SALSA	KAP SALSA	100 000
	Bareinlage	KASSE	EINBRIN-KTO SALSA	10 000
	Einlage Bankkonto	BANK	EINBRIN-KTO SALSA	21 000
	Einlage Kundenforderungen	FORD LL	EINBRIN-KTO SALSA	42 000
	Sacheinlage Warenvorräte	VO HANDEL	EINBRIN-KTO SALSA	64 000
	Sacheinlage Mobiliar und Einrichtungen	MOB	EINBRIN-KTO SALSA	22 000
	Übernahme Verbindlichkeiten	EINBRIN-KTO SALSA	VERB LL	38 000
	Gewährung Darlehen Salsa	EINBRIN-KTO SALSA	PDARL	20 000
	Restgutschrift	EINBRIN-KTO SALSA	PRIVAT SALSA	1 000
2.	Gründungskapital Stern	EINBRIN-KTO STERN	KAP STERN	100 000
	Sacheinlage Fahrzeug	FAHRZ	EINBRIN-KTO STERN	21 000
	Sacheinlage Wertschriften	WERTS UV	EINBRIN-KTO STERN	67 000
	Banküberweisung	BANK	EINBRIN-KTO STERN	12 000
3.	Gründungskapital Moser	EINZAHL-KTO MOSER	KAP MOSER	100 000
	Bankeinlage Moser	BANK	EINZAHL-KTO MOSER	40 000
	nicht einbezahltes Eigenkapital Moser	NBEZ EK MOSER	EINZAHL-KTO MOSER	60 000

Aktiven		Gründungsbilanz Salsa & Partners		Passiven
Kasse	10 000	Verbindlichkeiten aus L&L		38 000
Bank	73 000	Passivdarlehen		20 000
Wertschriften UV	67 000	Kapital Salsa		100 000
Forderungen aus L&L	42 000	Kapital Stern		100 000
Vorräte Handelswaren	64 000	Kapital Moser		100 000
Mobiliar und Einrichtungen	22 000	Privat Salsa		1 000
Fahrzeuge	21 000			
nicht einbezahltes Eigenkapital Moser	60 000			
	359 000			359 000

18.4 Aufnahme eines Kollektivgesellschafters mit Reserveneinlage

a) Die Eigentümer Fumaro und Ruolo haben bei einem Eigenkapital von CHF 250 000 total CHF 40 000 Reserven als nicht ausbezahlte Gewinne im Unternehmen. Auf CHF 50 000 Eigenkapital entfallen also CHF 8 000 Reserven.

Bei einer Kapitaleinlage von CHF 100 000 muss S. Jäger also entsprechend CHF 16 000 Reserven zusätzlich als Eigenkapital einbringen, damit der Reservenanteil ausgeglichen ist.

b)

Text	Soll	Haben	Betrag
Kapitaleinlage	EINZAHL-KTO JÄGER	KAP JÄGER	100 000
Anteil Reserven	EINZAHL-KTO JÄGER	RES FREIW	16 000
Bankzahlung Jäger	BANK	EINZAHL-KTO JÄGER	116 000

18.5 Pekic & Co., adventure tours

	Text	Soll	Haben	Betrag
1.	Dezemberlohn Pekic	A Lohn Verw	PRIVAT PEKIC	1 000
2.	Zinszahlungen 4 % an Gesellschafter	A Finanz A Finanz	PRIVAT GIOVANOLI PRIVAT PEKIC	1 200 800
3.	Gewinnverwendung nach Köpfen	ER JAHRG JAHRG	JAHRG PRIVAT PEKIC PRIVAT GIOVANOLI	12 800 6 400 6 400
4.	Kapital Alder Wertschrifteneinbringung Alder nicht einbezahltes Eigenkapital Alder	EINBRIN-KTO ALDER WERTS AV NBEZ EK ALDER	KAP ALDER EINBRIN-KTO ALDER EINBRIN-KTO ALDER	30 000 20 000 10 000

5. Fahrzeug und Ausrüstung haben einen realen Wert von   CHF   32 300
Fahrzeug und Ausrüstung haben einen Buchwert von   <u>CHF   26 300</u>
stille Reserven   CHF   6 000
stille Reserven pro Gesellschafter   CHF   3 000

Um denselben Anteil an stillen Reserven einzubringen, müssen die Wertschriften von Alder um CHF 3 000 unterbewertet sein. Bei einem Buchwert von CHF 20 000 muss der reale Wert also CHF 23 000 betragen.

18.6 Papeterie Tanner & Kromer

6. Geschäftsjahr

	Privat Tanner		Privat Kromer		Kapital Tanner		Kapital Kromer		nicht einbezahltes Kapital Kromer	
	S	H	S	H	S	H	S	H	S	H
Anfangsbestände						60 000		50 000	10 000	
Privatbezüge	56 500		60 300							
Lohngutschriften		64 600		64 600						
Zinsgutschriften		3 000		2 000						
Verlustbelastung					5 000		5 000			
Salden	**11 100**		**6 300**		**55 000**		**45 000**			**10 000**
	67 600	67 600	66 600	66 600	60 000	60 000	50 000	50 000	10 000	10 000

7. Geschäftsjahr

	Privat Tanner		Privat Kromer		Kapital Tanner		Kapital Kromer		nicht einbezahltes Kapital Kromer	
	S	H	S	H	S	H	S	H	S	H
Anfangsbestände		11 100		6 300		55 000		45 000	10 000	
Privatbezüge	59 400		58 700							
Lohngutschriften		64 600		64 600						
Zinsgutschriften		2 750		1 750						
Verlustdeckung 6. GJ						5 000		5 000		
Gewinngutschriften		6 000		6 000						
Salden	**25 050**		**19 950**		**60 000**		**50 000**			**10 000**
	84 450	84 450	78 650	78 650	60 000	60 000	50 000	50 000	10 000	10 000

8. Geschäftsjahr

	Privat Tanner		Privat Kromer		Kapital Tanner		Kapital Kromer		nicht einbezahltes Kapital Kromer	
	S	H	S	H	S	H	S	H	S	H
Anfangsbestände		25 050		19 950		60 000		50 000	10 000	

18.7 Kollektivgesellschaft Wick & Lück

	Text	Soll	Haben	Betrag
03.12.	Barbezüge Wick	PRIVAT WICK	KASSE	2 500
	Barbezüge Lück	PRIVAT LÜCK	KASSE	3 800
10.12.	Reisespesen	A Verw	PRIVAT LÜCK	64
	Mittagessen	A Werbung	PRIVAT LÜCK	146
21.12.	Eigenlohn Dezember	A Lohn Verw	PRIVAT WICK	4 500
		A Lohn Verw	PRIVAT LÜCK	4 500
28.12.	Warenentnahme Wick	PRIVAT WICK	Eigenv	1 060
	Warenentnahme Lück	PRIVAT LÜCK	Eigenv	930
29.12.	Korrekturbuchung	PRIVAT WICK	MOB	960
30.12.	Eigenzins Wick	A Finanz	PRIVAT WICK	9 000
	Eigenzins Lück	A Finanz	PRIVAT LÜCK	3 900
30.12.	Eigenmiete	PRIVAT WICK	E Immo	4 500
	Heizkosten	PRIVAT WICK	A Immo	380
31.12.	Verminderung Einzelschuld	PRIVAT LÜCK	NBEZ EK LÜCK	10 000
31.12.	Gewinnanteil Wick	ER	PRIVAT WICK	2 500
	Gewinnanteil Lück	ER	PRIVAT LÜCK	2 500
31.12.	Kontenabschlüsse	KAPITAL LÜCK	BI	100 000
		BI	NBEZ EK LÜCK	25 000
		KAPITAL WICK	BI	150 000
		PRIVAT LÜCK	BI	1 080
		BI	PRIVAT WICK	200
01.01.	Eröffnung	BI	KAPITAL LÜCK	100 000
		BI	KAPITAL WICK	150 000
		NBEZ EK LÜCK	BI	25 000
		BI	PRIVAT LÜCK	1 080
		PRIVAT WICK	BI	200

18.8 Kommanditgesellschaft Oechslin & Co.

Die Vereinbarungen dieses Gesellschaftsvertrages entsprechen den Empfehlungen zur „Beteiligungs-finanzierung der Kommanditgesellschaft" von Max Boemle, Unternehmensfinanzierung, SKV-Verlag, Zürich.

a)	CHF	Buchungssatz		
Ausgangswert	87 600			
Lohn Oechslin	– 7 600	A Lohn Verw	an	PRIVAT OECHSLIN
	80 000			
Zins Oechslin	– 6 000	A Finanz	an	PRIVAT OECHSLIN
	74 000			
Zins Lenz	– 12 000	A Finanz	an	PRIVAT LENZ
Zins Peter	– 12 000	A Finanz	an	PRIVAT PETER
Jahresgewinn	50 000	ER	an	JAHRG
Risikotantieme Oechslin	– 5 000	JAHRG	an	PRIVAT OECHSLIN
	45 000			
Reserveneinlage	– 22 500	JAHRG	an	RES FREIW
	22 500			
Gewinn Lenz	– 9 000	JAHRG	an	PRIVAT LENZ
Gewinn Peter	– 9 000	JAHRG	an	PRIVAT PETER
Gewinn Oechslin	– 4 500	JAHRG	an	PRIVAT OECHSLIN
	–			

b)	CHF	Buchungssatz		
Ausgangswert	53 000			
Lohn Oechslin	– 7 600	A Lohn Verw	an	PRIVAT OECHSLIN
	45 400			
Zins Oechslin	– 6 000	A Finanz	an	PRIVAT OECHSLIN
	39 400			
Zins Lenz	– 12 000	A Finanz	an	PRIVAT LENZ
Zins Peter	– 12 000	A Finanz	an	PRIVAT PETER
Jahresgewinn	15 400	ER	an	JAHRG
Risikotantieme Oechslin	– 1 540	JAHRG	an	PRIVAT OECHSLIN
	13 860			
Reserveneinlage	– 6 930	JAHRG	an	RES FREIW
	6 930			
Gewinn Lenz	– 2 772	JAHRG	an	PRIVAT LENZ
Gewinn Peter	– 2 772	JAHRG	an	PRIVAT PETER
Gewinn Oechslin	– 1 386	JAHRG	an	PRIVAT OECHSLIN
	–			

c)	CHF	Buchungssatz		
Ausgangswert	33 000			
Lohn Oechslin	– 7 600	A Lohn Verw	an	PRIVAT OECHSLIN
	25 400			
Zins Oechslin	– 6 000	A Finanz	an	PRIVAT OECHSLIN
	19 400			
Zins Lenz*	– 9 700	A Finanz	an	PRIVAT LENZ
Zins Peter	– 9 700	A Finanz	an	PRIVAT PETER
	–			

* OR 611 erlaubt nur eine Auszahlung von total CHF 19 400.– für beide Kommanditäre.

d)	CHF	Buchungssatz		
Ausgangswert	12 000			
Lohn Oechslin	– 7 600	A Lohn Verw	an	PRIVAT OECHSLIN
	4 400			
Zins Oechslin	– 6 000	A Finanz	an	PRIVAT OECHSLIN
Jahresverlust	– 1 600	JAHRV	an	ER
Entnahme Reserve	1 600	RES FREIW	an	JAHRV
	–			

e)	CHF	Buchungssatz		
Ausgangswert	4 100			
Lohn Oechslin	– 7 600	A Lohn Verw	an	PRIVAT OECHSLIN
	– 3 500			
Zins Oechslin	– 6 000	A Finanz	an	PRIVAT OECHSLIN
Jahresverlust	– 9 500	JAHRV	an	ER
Reservenentnahme	8 000	RES FREIW	an	JAHRV
Verlust nach Reserve	1 500			
Verlust Lenz	600	KAP LENZ	an	JAHRV
Verlust Peter	600	KAP PETER	an	JAHRV
Verlust Oechslin	300	KAP OECHSLIN	an	JAHRV
	–			

18.9 Kommanditgesellschaft Oechslin & Co.

Die Lösungen a), b) und e) der Aufgabe 18.8 ändern sich nicht.

c)

	CHF	Buchungssatz		
Ausgangswert	33 000			
Lohn Oechslin	– 7 600	A Lohn Verw	an	PRIVAT OECHSLIN
Zins Oechslin	– 6 000	A Finanz	an	PRIVAT OECHSLIN
	19 400			
Zins Lenz*	– 12 000	A Finanz	an	PRIVAT LENZ
Zins Peter	– 12 000	A Finanz	an	PRIVAT PETER
Jahresverlust	– 4 600	JAHRV	an	ER
Reservenentnahme	4 600	RES FREIW	an	JAHRV
	–			

* Da die Reserven auch zur Sicherung der Zinszahlung an die Kommanditäre gebildet wurden, darf mit den Zinszahlungen ein Unternehmensverlust bis zur maximalen Höhe der Reserven eingegangen werden.

d)

	CHF	Buchungssatz		
Ausgangswert	12 000			
Lohn Oechslin	– 7 600	A Lohn Verw	an	PRIVAT OECHSLIN
Zins Oechslin	– 6 000	A Finanz	an	PRIVAT OECHSLIN
	– 1 600			
Zins Lenz*	– 3 200	A Finanz	an	PRIVAT LENZ
Zins Peter	– 3 200	A Finanz	an	PRIVAT PETER
Jahresverlust	– 8 000	JAHRV	an	ER
Reservenentnahme	8 000	RES FREIW	an	JAHRV
	–			

* Da die Reserven auch zur Sicherung der Zinszahlung an die Kommanditäre gebildet wurden, darf mit den Zinszahlungen ein Unternehmensverlust bis zur maximalen Höhe der Reserven eingegangen werden.

19 Aktiengesellschaft (AG)

Hintergrundinformationen

Zu den Gründungskosten:
Da die Gründung einer Aktiengesellschaft ein langwieriger Prozess ist, sind auch die Aufwände für den Gründungsvorgang hoch. Dazu gehören insbesondere die Aufwände für den Druck von Inseraten, Prospekten, Statuten, Aktientitel, die Auslagen für den Gründungsanwalt, für den Revisor des Gründungsberichts, für die öffentliche Beurkundung, für den Eintrag ins Handelsregister, für die konstituierende Generalversammlung und für die Stempelsteuer. Da diese Aufwände eine Aktiengesellschaft in der Erfolgsrechnung stark belasten, erlaubte früher der Gesetzgeber, derartige Aufwände im Konto *Gründungs- und Kapitalerhöhungskosten* zu aktivieren. Aktivieren bedeutet, dass Aufwände als Vermögenswerte in die Bilanz aufgenommen und über mehrere Perioden hinweg abgeschrieben werden dürfen. Damit liess sich der Gründungs- oder Kapitalerhöhungsaufwand über maximal fünf Jahre verteilen. Mit dem neuen Rechnungslegungsgesetz ist diese Aufwandaktivierung nicht mehr möglich.

Didaktische Hinweise

Bei den folgenden Gründungsaufgaben werden die Abrechnungskonten, welche nach dem Gründungsakt gleich wieder aufgelöst werden, wie folgt abgekürzt:

Einbringungskonto X   **EINBRIN-KTO X**

Lösungen

19.1 Safari-Trek AG Unternehmensgründung

	Text	Soll	Haben	Betrag
0.	Gründungskapital	NBEZ EK	AKAP	100 000
1.	Aktienzeichnung Steiner	EINBRIN-KTO STEINER	NBEZ EK	34 000
	Sacheinlage Mobiliar	MOB	EINBRIN-KTO STEINER	4 000
	Bankeinlage	BANK	EINBRIN-KTO STEINER	30 000
2.	Bankeinlage Wigger	BANK	NBEZ EK	33 000
3.	Aktienzeichnung Zibung	EINBRIN-KTO ZIBUNG	NBEZ EK	33 000
	Übertragung Wertschriften	WERTS UV	EINBRIN-KTO ZIBUNG	31 000
	Bareinlage	KASSE	EINBRIN-KTO ZIBUNG	2 000

Aktiven	Gründungsbilanz Safari-Trek AG		Passiven
Kasse	2 000	Aktienkapital	100 000
Bank	63 000		
Wertschriften UV	31 000		
Mobiliar und Einrichtungen	4 000		
	100 000		100 000

19.2 Gründung Aktiengesellschaft zum Goldenen Löwen

	Text	Soll	Haben	Betrag
0.	Gründungskapital	NBEZ EK	AKAP	200 000
1.	Aktienzeichnung Kehl	EINBRIN-KTO KEHL	NBEZ EK	140 000
	Einbringung Fahrzeug	FAHRZ	EINBRIN-KTO KEHL	13 000
	Einbringung Mobiliar	MOB	EINBRIN-KTO KEHL	46 000
	Bankeinlage	BANK	EINBRIN-KTO KEHL	81 000
2.	Aktienzeichnung Rheingold	EINBRIN-KTO RHEINGOLD	NBEZ EK	20 000
	Einbringung Mobiliar	MOB	EINBRIN-KTO RHEINGOLD	12 000
	Einbringung Getränkelager	VO HANDEL	EINBRIN-KTO RHEINGOLD	8 000
3.	Einlagen diverser Aktionäre	BANK	NBEZ EK	40 000

Aktiven	Gründungsbilanz zum Goldenen Löwen		Passiven
Bank	121 000	Aktienkapital	200 000
Vorräte Handelswaren	8 000		
Mobiliar und Einrichtungen	58 000		
Fahrzeuge	13 000		
	200 000		200 000

19.3 Aufnahme einer Gesellschafterin

	Text	Soll	Haben	Betrag
1.	Kapitalerhöhung	NBEZ EK	AKAP	50 000
	Agio	NBEZ EK	RES KAP	18 000
2.	Übertragung Wertschriften	WERTS AV	NBEZ EK	68 000
	Aufwände Kapitalerhöhung	A übr Betrieb	VERB SONST	3 133
3.	Verwendung Agio			
	Deckung Kapitalerhöhung	RES KAP	A übr Betrieb	3 133
	Abschreibungen Mobiliar	RES KAP	WB MOB	10 000

19.4 Umwandlung Kurz & Nader → AG

	Text	Soll	Haben	Betrag
0.	Gründungskapital	NBEZ EK	AKAP	100 000
1.	Aktienzeichnung K & N	EINBRIN-KTO K & N	NBEZ EK	80 000
	Einlage Kasse	KASSE	EINBRIN-KTO K & N	3 800
	Einlage Bank	BANK	EINBRIN-KTO K & N	15 900
	Übernahme Forderungen	FORD LL	EINBRIN-KTO K & N	3 100
	Übernahme Warenlager	VO HANDEL	EINBRIN-KTO K & N	62 600
	Übernahme Mobiliar	MOB	EINBRIN-KTO K & N	23 200
	Übernahme Verbindlichkeiten	EINBRIN-KTO K & N	VERB LL	8 600
	Darlehen Kurz	EINBRIN-KTO K & N	PDARL KURZ	20 000
2.	Einlage Aktionär Fässler	BANK	NBEZ EK	20 000
	Agiozahlung Fässler	BANK	RES KAP	6 000
3.	Gründungsaufwände	A übr Betrieb	VERB SONST	2 700
4.	Abschreibung Gründung	RES KAP	A übr Betrieb	2 700
	Abschreibung Mobiliar	RES KAP	MOB	2 000

Aktiven	Gründungsbilanz zum Goldenen Löwen		Passiven
Kasse	3 800	Verbindlichkeiten aus L&L	8 600
Bank	41 900	sonstige Verbindlichkeiten	2 700
Forderungen aus L&L	3 100	Passivdarlehen Kurz	20 000
Vorräte Handelswaren	62 600	Aktienkapital	100 000
Mobiliar und Einrichtungen	21 200	gesetzliche Kapitalreserve	1 300
	132 600		132 600

19.5 Gewinnverwendungsplan

	Buchungen						
	Soll	Haben	a)	b)	c)	d)	e)
Jahresgewinn	JAHRG	GVORT	14 300	47 600	44 400	26 600	33 500
– Reservebildung	GVORT	RES GEW	– 715	–	– 2 220	– 800	–
+ Gewinnvortrag	–	–	800	1 100	300	1 300	700
			14 385	48 700	42 480	27 100	34 200
Grunddividende 5 %	GVORT	VERB GEWINN	– 10 000	– 25 000	– 30 000	– 12 500	– 5 000
			4 385	23 700	12 480	14 600	29 200
Superdividende	GVORT	VERB GEWINN	– 2 000	– 20 000	– 6 000	– 12 500	– 29 000
Reservenzuweisung 10 %	GVORT	RES GEW	– 200	– 2 000	– 600	– 1 250	–*
neuer Gewinnvortrag			2 185	1 700	5 880	850	200
Verrechnungssteuer 35 %	VERB GEWINN	VERB VST	4 200	15 750	12 600	8 750	11 900

---

* Keine Zuweisung an die gesetzlichen Gewinnreserven, da diese 50 % des Aktienkapitals erreicht haben (vgl. Kap. 19.3.1).

19.6 Bonicatti AG

a) Das Konto *Verlustvortrag* zeigt die Unternehmensverluste vergangener Jahre, die man nicht mit den Reserven decken wollte oder konnte. Der Verlustvortrag steht auf der Aktivseite der Bilanz und muss als Wertberichtigungsposition für das auf der Passivseite zu hoch eingesetzte Eigenkapital betrachtet werden.

b) **Gewinnverwendung**

		CHF	**Buchungssatz**	
Jahresgewinn		10 500	JAHRG	an GVORT
Verlustvortrag		− 2 100	GVORT	an VVORT
		8 400		
gesetzliche Reserven 5 %		− 420	GVORT	an RES GEW
		7 980		
Grunddividende 5 %		− 5 000	GVORT	an VERB GEWINN
		2 980		
Tantiemen	− 1 500		GVORT	an VERB GEWINN
davon gesetzliche Reserve 10 %	− 150	− 1 650	GVORT	an RES GEW
		1 330		
Superdividende 1 %	− 1 000		GVORT	an VERB GEWINN
davon gesetzliche Reserve 10 %	− 100	− 1 100	GVORT	an RES GEW
neuer Gewinnvortrag		230		
		2 100	VERB GEWINN an VERB VST	

c) **maximale Tantiemen**

		CHF
Jahresgewinn		10 500
Verlustvortrag		− 2 100
		8 400
gesetzliche Reserven 5 % v. 8 400		− 420
		7 980
Grunddividende gemäss Art. 677 OR 5 %		− 5 000
		2 980
max. Tantiemen	− 2 700	
davon gesetzliche Reserven 10 %	− 270	− 2 970
neuer Gewinnvortrag		10

19.7 Poster-Boutique Sulmuro AG

Beachten: Das einbezahlte Aktienkapital beträgt CHF 50 000.–.

		CHF
Jahresgewinn		10 920
alter Gewinnvortrag		+ 200
		11 120
Grunddividende 5 % v. 50 000		– 2 500
		8 620
Tantiemen	– 4 000	
davon gesetzliche Reserven 10 %	– 400	– 4 400
		4 220
Superdividende 7 % v. 50 000	– 3 500	
davon gesetzliche Reserven 10 %	– 350	– 3 850
neuer Gewinnvortrag		370

Buchungen:

Text	Soll	Haben	Betrag
Jahresgewinn	JAHRG	GVORT	10 920
Dividenden	GVORT	VERB GEWINN	6 000
Verrechnungssteuer	VERB GEWINN	VERB VST	2 100
Tantiemen	GVORT	VERB GEWINN	4 000
gesetzliche Gewinnreserven	GVORT	RES GEW	750

19.8 Hochstrasser AG

Beachten: Das einbezahlte Aktienkapital beträgt CHF 200 000.–.

a) **Gewinnverwendungsplan**

		CHF
Jahresgewinn		46 710
alter Gewinnvortrag		+ 1 230
		47 940
Grunddividende 5 % v. 200 000		– 10 000
		37 940
Tantiemen	– 12 000	
davon gesetzliche Reserven 10 %	– 1 200	– 13 200
		24 740
Superdividende 11 % v. 200 000	– 22 000	
davon gesetzliche Reserven 10 %	– 2 200	– 24 200
neuer Gewinnvortrag		540

b) 16 %

c) **Buchungen**

Text	Soll	Haben	Betrag
Jahresgewinn	JAHRG	GVORT	46 710
Dividenden	GVORT	VERB GEWINN	32 000
Verrechnungssteuer	VERB GEWINN	VERB VST	11 200
Tantiemen	GVORT	VERB GEWINN	12 000
gesetzliche Gewinnreserven	GVORT	RES GEW	3 400

d) **Buchungen**

Text	Soll	Haben	Betrag
Jahresgewinn	JAHRG	RES GEW	46 710
Nennwertrückzahlung	AKAP	VERB SONST	25 000

Vergleichen Sie dazu die Ausführungen zu den Nennwertrückzahlungen in Kapitel 12.5.

19.9

a) **Buchungen der Aktionärin Clausen**

	Text	Soll	Haben	Betrag
1.	Rückzahlung aus gesetzlichen Kapitalreserven	BANK	WERTS AV	210.00
2.	Dividenden netto	BANK	E Finanz	204.75
3.	Dividenden Verrechnungssteuer	FORD VST	E Finanz	110.75

b) **Buchungen der BANK XX**

	Text	Soll	Haben	Betrag
1.	Rückzahlung aus gesetzlichen Kapitalreserven	RES KAP	VERB GEWINN	33 259 656.00
2.	Dividenden netto	GVORT	VERB GEWINN	32 428 164.60
3.	Dividenden Verrechnungssteuer	GVORT	VERB VST	17 461 319.40

19.10 Spectrum AG

a) **Kapitalerhöhung**

	Text	Soll	Haben	Betrag
1.	Zeichnung PS-Kapital	NBEZ EK	PSKAP	50 000
2.	Agio	NBEZ EK	KAP RES	175 000
3.	Einzahlung PS-Kapital Bankrechnung	BANK KAP RES	NBEZ EK VERB SONST	225 000 5 000

b) **Gewinnverwendung**

	CHF
Jahresgewinn	50 800
Gewinnvortrag	+ 1 400
	52 200
Grunddividende 5 % v. 200 000	− 10 000
	42 200
Tantiemen	− 12 000
	30 200
Superdividende 15 % v. 200 000	− 30 000
neuer Gewinnvortrag	200

Es erfolgt keine Zuweisung an die gesetzlichen Gewinnreserven, da diese 50 % des Aktien- bzw. Partizipationskapitals erreicht haben (vgl. Kap. 19.3.1).

Buchungen

Text	Soll	Haben	Betrag
Jahresgewinn	JAHRG	GVORT	50 800
Tantiemen	GVORT	VERB GEWINN	12 000
Dividenden	GVORT	VERB GEWINN	40 000
Verrechnungssteuer	VERB GEWINN	VERB VST	14 000

Rendite Partizipationsscheine

$$\text{Rendite} = \frac{\text{Erlös x 100}}{\text{eingesetztes Kapital}}$$

Erlös = 20 % Dividende vom Nennwert (CHF 20.–) = CHF 4.00

eingesetztes Kapital = Zahlung für Partizipationsscheine = CHF 90.–

$$\text{Rendite} = \frac{4.00 \times 100}{90} = \underline{\underline{4.4\,\%}}$$

20 Gesellschaft mit be-
schränkter Haftung (GmbH)

Bei den folgenden Gründungsaufgaben werden die Abrechnungskonten, welche nach dem Gründungsakt gleich wieder aufgelöst werden, wie folgt abgekürzt:

Einbringungskonto X   **EINBRIN-KTO X**

20.1

a) Gründungsbuchungen

Text	Soll	Haben	Betrag
Kapitalvereinbarung	EINBRIN-KTO B	STAMM KAP	200 000
Sacheinlage Maschinen	MASCH	EINBRIN-KTO B	180 000
Bareinlage	KASSE	EINBRIN-KTO B	20 000

b) Buchungen Einzelunternehmen

Text	Soll	Haben	Betrag
Auflösung indirekte Abschreibung	WB MASCH	MASCH	240 000
Gewinn aus Veräusserung Maschinen	MASCH	E ao	120 000
Kapitalminderung mit Maschinenentnahme	EK	MASCH	180 000

20.2

a) Gewinnverwendung

	CHF
Jahresgewinn	112 000
– gesetzliche Reserven 5 %	– 5 600
	106 400
+ Gewinnvortrag	+ 2 300
	108 700
– Grunddividende 5 % v. 400 000	– 20 000
– Superdividende 16 % v. 400 000	– 64 000
	24 700
– gesetzliche Reserven 10 % v. 64 000 – 6 400	
– freiwillige Reserven – 18 000	– 24 400
neuer Gewinnvortrag	300

b) Buchungen

Text	Soll	Haben	Betrag
Jahresgewinn	JAHRG	GVORT	112 000
gesetzliche Gewinnreserven	GVORT	RES GEW	12 000
freiwillige Reserven	GVORT	RES FREIW	18 000
Verrechnungssteuer	GVORT	VERB VST	29 400
Dividenden Antic	GVORT	PRIVAT ANTIC	34 125
Dividenden Just	GVORT	PRIVAT JUST	16 380
Dividenden Rhomberg	GVORT	PRIVAT RHOMBERG	4 095

c) Die gesetzlichen Gewinnreserven auf dem Jahresgewinn (5 % v. 112 000) entfallen.
   Folge:
   • gesetzliche Gewinnreserven 6 400
   • freiwillige Reserven 23 600

20.3

a) Gewinnverwendung

		CHF
Jahresgewinn		16 260
– gesetzliche Reserven 5 %		– 813
		15 447
+ Gewinnvortrag		+ 440
		15 887
– Grunddividende 5 % v. 80 000		– 4 000
		– 11 887
– Superdividende 13 % v. 80 000	– 10 400	
– gesetzliche Reserven 10 % v. 10 400	– 1 040	– 11 440
neuer Gewinnvortrag		447

Text	Soll	Haben	Betrag
Jahresgewinn	JAHRG	GVORT	16 260
gesetzliche Reserven	GVORT	RES GEW	1 853
Verrechnungssteuer	GVORT	VERB VST	5 040
Dividenden Brunner	GVORT	PRIVAT BRUNNER	4 680
Dividenden Freund	GVORT	PRIVAT FREUND	4 680

b) Aufnahme der neuen Teilhaberin:

1. Berechnung stille Reserven

Wertschriften UV	22 000
WB Forderungen	5 000
Vorräte Handelswaren	33 000
Goodwill	60 000
Total stille Reserven	120 000

2. Berechnungen zur Neuaufnahme

Liegenschaft	360 000
– ½ stille Reserven	– 60 000
– ½ gesetzliche Gewinnreserven	– 2 200
Übernahmewert der Liegenschaft	297 800
– Stammanteil	– 40 000
restliche Darlehensschuld	257 800

Text	Soll	Haben	Betrag
Kapitalvereinbarung	EINBRIN-KTO DH	STAMMKAP	40 000
Einbringung Liegenschaft	IMMO	EINBRIN-KTO DH	297 800
Passivdarlehen	EINBRIN-KTO DH	PDARL	257 800

20.4

a) Nachtragungsbuchungen

	Text	Soll	Haben	Betrag
1.	erhaltene Schulgelder für nächstes Jahr	E Dienstl	PRAG	28
2.	Vorratsminderung Schulmaterial	A Handel	VO HANDEL	2
3.	geschuldeter Teilzins Hypotheken	A Immo	PRAG	3
4.	ausstehende Flyerrechnung	A Werbung	PRAG	2
5.	Eigenmiete Schulräumlichkeiten	A Raum	E Immo	17
6.	Abschreibung Mobiliar	A Abschr	MOB	8
	Abschreibung Gebäude	A Immo	IMMO	5

b) Erfolgsrechnung in Berichtsform (in CHF 1 000)

mehrstufige Erfolgsrechnung		
Dienstleistungsertrag (Schulgelderertrag)		549
Handelswarenertrag (Schulmaterial)	25	
Handelswarenaufwand	− 17	
Ertrag aus Schulmaterial	8	8
Bruttoergebnis 1		**557**
Lohnaufwand	− 396	
Sozialversicherungsaufwand	− 65	
Personalaufwand	**− 461**	**− 461**
Bruttoergebnis 2		**96**
Raumaufwand	− 19	
Verwaltungsaufwand	− 10	
Informatikaufwand	− 8	
Werbeaufwand	− 6	
übriger Betriebsaufwand	− 12	
sonstiger Betriebsaufwand	**− 55**	**− 55**
betriebliches Ergebnis 1 (EBITDA)		**41**
Abschreibungen		− 8
betriebliches Ergebnis 2 (EBIT)		**33**
Finanzertrag	6	
Finanzaufwand	− 3	
Finanzergebnis	**3**	**3**
Betriebsergebnis (Erfolg Kerngeschäft)		**36**
Immobilienertrag	33	
Immobilienaufwand	− 27	
Liegenschaftsergebnis	**6**	**6**
Steueraufwand		− 5
Jahresgewinn		**37**

c) **Gewinnverwendung**

			CHF
Jahresgewinn			37 000
– gesetzliche Gewinnreserven	5 %		– 1 850
			35 150
– Grunddividende	5 % v. 160 000		– 8 000
			27 150
– Superdividende	15 % v. 160 000	– 24 000	
– gesetzliche Gewinnreserven	10 % v. 24 000	– 2 400	– 26 400
neuer Gewinnvortrag			750

d) **Buchungen der Gewinnverwendung**

Text	Soll	Haben	Betrag
Jahresgewinn	JAHRG	GVORT	37 000
gesetzliche Reserven	GVORT	RES GEW	4 250
Verrechnungssteuer	GVORT	VERB VST	11 200
Dividenden Ferri 20 %	GVORT	PRIVAT FERRI	13 000
Dividenden Oser 20 %	GVORT	PRIVAT OSER	7 800

Aktiven	Schlussbilanz nach Gewinnverwendung		Passiven
flüssige Mittel	57 000	Verbindlichkeiten aus L&L	19 000
Forderungen aus L&L	37 000	Verbindlichkeiten Verrechnungssteuer	11 200
Vorräte Handelswaren	6 000	passive Rechnungsabgrenzung	35 000
aktive Rechnungsabgrenzung	10 000	Bankdarlehen	260 000
Mobiliar und Einrichtungen	32 000	Stammanteil Ferri	100 000
Immobilien	377 000	Stammanteil Oser	60 000
		Privat Ferri	12 000
		Privat Oser	10 800
		gesetzliche Gewinnreserven	10 250
		Gewinnvortrag	750
	519 000		519 000

20.5

a) • Kapitalbeschaffung (breite Streuung von Aktien mit kleinem Nennwert)
   • Übertragbarkeit (Inhaberaktien werden durch blosse Übergabe übertragen)
   • Marktfähigkeit (Aktien können an der Börse gehandelt werden)

b) Die Umwandlung in eine GmbH wäre nicht sinnvoll, weil sie die Vorteile der AG nicht bieten kann:
   • keine breite Streuung des Kapitals möglich
   • die Übertragbarkeit ist schwieriger
   • die Beteiligung ist nicht marktfähig

TEIL 4

Geschäftsbericht, Geldflussrechnung und Jahresabschlussanalyse

21 Geschäftsbericht

Zu dieser Aufgabe lässt sich keine einheitliche Lösung angeben. Beispiele für mögliche Jahresrechnungen, welche im Internet publiziert werden:

AFG Arbonia-Forster-Holding AG	www.afg.ch
Lindt & Sprüngli	www.lindt.com/de
Georg Fischer AG	www.georgfischer.com
Meyer Burger Technology AG	www.meyerburger.com
Belimo Holding AG	www.belimo.com
Bucher Industries	www.bucherind.com
Charles Vögele	ch.charles-voegele.ch/de

22 Geldflussrechnung

 Lösungen

22.1
Sind die folgenden Geschäftsvorfälle liquiditätswirksam?

1. nein
2. ja, Abfluss
3. nein
4. nein
5. ja, Abfluss
6. ja, Zufluss
7. nein
8. nein
9. nein
10. ja, Abfluss
11. ja, Zufluss
12. nein

22.2
1. Finanzierungsbereich, Geldabfluss
2. –
3. Finanzierungsbereich, Geldzufluss
4. Betriebsbereich, Geldzufluss
5. Investitionsbereich, Geldzufluss
6. –
7. Finanzierungsbereich, Geldzufluss
8. Investitionsbereich, Geldabfluss
9. –
10. Betriebsbereich, Geldabfluss
11. Finanzierungsbereich, Geldabfluss
12. –
13. –
14. Betriebsbereich, Geldabfluss

22.3

	Buchungssatz				Geldfluss	Bereich der Geldflussrechnung
1.	KASSE	an	E Dienstl	2 160	ja, +	Betriebsbereich
2.	A Dienstl	an	KASSE	1 470	ja, –	Betriebsbereich
3.	A Raum	an	KASSE	400	ja, –	Betriebsbereich
4.	A übr Betrieb	an	KASSE	300	ja, –	Betriebsbereich
5.	KASSE	an	E übr Betrieb	500	ja, +	Betriebsbereich
6.	A Werbung	an	KASSE	50	ja, –	Betriebsbereich
7.	A übr Betrieb	an	KASSE	350	ja, –	Betriebsbereich
8.	A übr Betrieb	an	KASSE	30	ja, –	Betriebsbereich

direkte Methode		
liquiditätswirksame Erträge		
Einzahlungen von Kunden		
Dienstleistungsertrag		+ 2 160
sonstige Einzahlungen		
übriger Betriebsertrag		+ 500
liquiditätswirksame Aufwände		
Auszahlungen an Lieferanten		
Aufwand für Dienstleistungen		– 1 470
Auszahlungen an Mitarbeiter		0
sonstige Auszahlungen		
– Raumaufwand	– 400	
– Werbeaufwand	– 50	
– übriger Betriebsaufwand	– 680	– 1 130
Geldfluss aus Betriebstätigkeit		**+ 60**
Geldfluss aus Investitionstätigkeit		**0**
Geldfluss aus Finanzierungstätigkeit		**0**
Zunahme Fonds *flüssige Mittel*		**+ 60**

22.4

	Buchungssatz				Geldfluss	Bereich der Geldflussrechnung
1.	KASSE	an	E übr Betrieb	400	ja, +	Betriebsbereich
2.	A Lohn Dienstl	an	KASSE	5 120	ja, –	Betriebsbereich
3.	A übr Betrieb	an	KASSE	800	ja, –	Betriebsbereich
4.	A Raum	an	KASSE	800	ja, –	Betriebsbereich
5.	KASSE	an	E Dienstl	15 360	ja, +	Betriebsbereich
6.	A Verw	an	KASSE	100	ja, –	Betriebsbereich
7.	A Werbung	an	KASSE	150	ja, –	Betriebsbereich
8.	FAHRZ	an	Eigenl	200	nein	–
9.	A Abschr	an	FAHRZ	2 000	nein	–
10.	FAHRZ	an	KASSE	5 000	ja, –	Investitionsbereich
11.	A Fahrz	an	KASSE	1 200	ja, –	Betriebsbereich

direkte Methode		
liquiditätswirksame Erträge		
Einzahlungen von Kunden		
Dienstleistungsertrag		+ 15 360
sonstige Einzahlungen		
übriger Betriebsertrag		+ 400
liquiditätswirksame Aufwände		
Auszahlungen an Lieferanten		0
Auszahlungen an Mitarbeiter		
Lohnaufwand für Dienstleistungen		– 5 120
sonstige Auszahlungen		
– Raumaufwand	– 800	
– Fahrzeugaufwand	– 1 200	
– Verwaltungsaufwand	– 100	
– Werbeaufwand	– 150	
– übriger Betriebsaufwand	– 800	– 2 250
Geldfluss aus Betriebstätigkeit		**+ 8 390**
– Investitionen: Kauf Anhänger		**– 5 000**
Geldfluss aus Investitionstätigkeit		**– 5 000**
Geldfluss aus Finanzierungstätigkeit		**0**
Zunahme Fonds *flüssige Mittel*		**+ 3 390**

22.5

direkte Methode		indirekte Methode	
liquiditätswirksame Erträge		**Jahresgewinn**	
Einzahlungen von Kunden		Jahresgewinn	+ 17
Dienstleistungsertrag	+ 670	**liquiditätsunwirksame Aufwände**	
sonstige Einzahlungen		+ Abschreibungen	+ 110
+ Finanzertrag	+ 5		
liquiditätswirksame Aufwände			
Auszahlungen an Lieferanten		**liquiditätsunwirksame Erträge**	
	0		– 0
Auszahlungen an Mitarbeiter			
– Lohnaufwand Dienstleistungen	– 300		
sonstige Auszahlungen		**Bestandesänderungen**	
– Raumaufwand	– 28		0
– Unterhalt, Reparaturen, Ersatz	– 40		
– Fahrzeugaufwand	– 120		
– Verwaltungsaufwand	– 50		
– übriger Betriebsaufwand	– 10	– 248		
Geldfluss aus Betriebstätigkeit	**+ 127**	**Geldfluss aus Betriebstätigkeit**	**+ 127**

22.6

	Buchungssatz				Geldfluss	Bereich der Geldflussrechnung
1.	VERB LL	an	BANK	35	ja, –	Betriebsbereich
2.	KASSE	an	BÜIT	1	ja, +	Investitionsbereich (Desinvestition)
3.	KASSE	an	E Handel	11	ja, +	Betriebsbereich
4.	BANK	an	KAP	10	ja, +	Finanzierungsbereich (Aussenfinanzierung)
5.	FORD LL	an	E Handel	66	nein	–
6.	MASCH	an	KASSE	3	ja, –	Investitionsbereich (Investition)
7.	BANK	an	FORD LL	45	ja, +	Betriebsbereich
8.	A Lohn Handel	an	BANK	20	ja, –	Betriebsbereich
9.	A Abschr	an	MASCH	1	nein	–
10.	BÜIT	an	SONST VERB	3	nein	–
11.	A Raum	an	BANK	4	ja, –	Betriebsbereich
12.	BANK	an	DARL BANK	15	ja, +	Finanzierungsbereich (Aussenfinanzierung)
13.	ER	an	KAP	16	nein	–

Geldflussrechnung (Gliederung nach Bereichen)

Betriebsbereich
Geldzufluss aus Betriebstätigkeit
Einzahlungen von Kunden

Handelswarenertrag (11 + 66)	+ 77	
– Zunahme Forderungen aus L&L (66 – 45)	– 21	+ 56

Geldabfluss aus Betriebstätigkeit
Auszahlungen an Lieferanten

Handelswarenaufwand	0	
– Abnahme Verbindlichkeiten aus L&L	– 35	– 35

Auszahlungen an Mitarbeiter

Lohnaufwand Handel		– 20

sonstige Auszahlungen

Raumaufwand		– 4
= Geldfluss aus Betriebstätigkeit		**– 3**

Investitionsbereich

+ Desinvestition: Barverkauf PC	+ 1
– Investition: Barkauf Maschine	– 3
= Geldfluss aus Investitionstätigkeit	**– 2**

Finanzierungsbereich

+ Aussenfinanzierung: Aufnahme Bankdarlehen	+ 15
Erhöhung Eigenkapital	+ 10
= Geldfluss aus Finanzierungstätigkeit	**+ 25**

Zunahme Fonds *flüssige Mittel*	**+ 20**

22.7

1. *Einzahlungen von Kunden*
   Handelswarenertrag   + 2 400
   – Zunahme Forderungen aus L&L   – 50   + 2 350

   Auszahlungen an Lieferanten
   Handelswarenaufwand   – 1 600
   + Abnahme Vorräte Handelswaren   + 80
   + Zunahme Verbindlichkeiten aus L&L   + 20   – 1 500

2. *Einzahlungen von Kunden*
   Handelswarenertrag   + 21 800
   + Abnahme Forderungen aus L&L   + 450   + 22 250

   Auszahlungen an Lieferanten
   Handelswarenaufwand   – 10 200
   – Zunahme Vorräte Handelswaren   – 250
   + Zunahme Verbindlichkeiten aus L&L   + 400   – 10 050

3. *Einzahlungen von Kunden*
   Handelswarenertrag   + 1 400
   – Zunahme Forderungen aus L&L   – 70   + 1 330

   Auszahlungen an Lieferanten
   Handelswarenaufwand   – 800
   + Abnahme Vorräte Handelswaren   + 10
   – Abnahme Verbindlichkeiten aus L&L   – 80   – 870

22.8

direkte Methode			indirekte Methode		
liquiditätswirksame Erträge			**Jahresgewinn**		
Einzahlungen von Kunden			Jahresgewinn		+ 108
Handelswarenertrag	+ 1 860				
+ Abnahme Forderungen aus L&L	+ 50	+ 1 910	**liquiditätsunwirksame Aufwände**		
sonstige Einzahlungen			+ Abschreibungen (22 + 20)	+ 42	
+ Einnahmen aus Dividenden		+ 40	+ Kursverluste Wertschriften	+ 12	
			+ Buchverlust Mobiliar	+ 12	+ 66
liquiditätswirksame Aufwände					
Auszahlungen an Lieferanten			**liquiditätsunwirksame Erträge**		
– Handelswarenaufwand	– 1 265				
– Zunahme Vorräte Handelswaren	– 20				– 0
– Abnahme Verbindlichkeiten aus L&L	– 162	– 1 447			
Auszahlungen an Mitarbeiter					
– Lohnaufwand Handel		– 288	**Bestandesänderungen**		
sonstige Auszahlungen			– Abnahme Verbindlichkeiten aus L&L	– 162	
– Raumaufwand	– 33		– Zunahme Vorräte Handelswaren	– 20	
– übriger Betriebsaufwand (ohne Buchverluste)	– 90		+ Abnahme Forderungen aus L&L	+ 50	– 132
– Finanzaufwand	– 50	– 173			
Geldfluss aus Betriebstätigkeit		**+ 42**	**Geldfluss aus Betriebstätigkeit**		**+ 42**

22.9

a) Liquiditätsnachweis

Liquiditätsnachweis			
	Anfangsbestand 1.1.	Schlussbestand 31.12.	Veränderung
Kasse	30	31	+ 1
Bank	50	45	– 5
Fonds *flüssige Mittel*	80	76	– 4

b) Geldflussrechnung unter Anwendung der direkten Methode

Betriebsbereich
Geldzufluss aus Betriebstätigkeit
Einzahlungen von Kunden
    Dienstleistungsertrag   + 127
    + Abnahme Forderungen aus L&L   + 10

Geldabfluss aus Betriebstätigkeit
Auszahlungen an Lieferanten   0
Auszahlungen an Mitarbeiter
    Lohnaufwand Dienstleistungen   – 100
sonstige Auszahlungen
    Raumaufwand   – 8
    Verwaltungsaufwand   – 6
    Finanzaufwand   <u>– 2</u>
= Geldfluss aus Betriebstätigkeit   **+ 21**

Investitionsbereich
+ Desinvestition: Verkäufe von Immobilien   <u>+ 40</u>
= Geldfluss aus Investitionstätigkeit   **+ 40**

Finanzierungsbereich
+ Aussenfinanzierung: Erhöhung Eigenkapital   + 5
– Definanzierung: Rückzahlung Bankdarlehen   <u>– 70</u>
= Geldfluss aus Finanzierungstätigkeit   **– 65**

Abnahme Fonds *flüssige Mittel*   **– 4**

22.10

a) Liquiditätsnachweis

Liquiditätsnachweis			
	Anfangsbestand 1.1.	Schlussbestand 31.12.	Veränderung
Kasse	100	80	– 20
Bank	130	125	– 5
Fonds *flüssige Mittel*	230	205	– 25

b) Geldflussrechnung unter Anwendung der direkten Methode

Betriebsbereich
Geldzufluss aus Betriebstätigkeit
Einzahlungen von Kunden

Handelswarenertrag	+ 1 500	
+ Abnahme Forderungen aus L&L	+ 30	+ 1 530

Geldabfluss aus Betriebstätigkeit
Auszahlungen an Lieferanten

Handelswarenaufwand	– 1 200	
– Zunahme Vorräte Handelswaren	– 30	
– Abnahme Verbindlichkeiten aus L&L	– 5	– 1 235

Auszahlungen an Mitarbeiter

Lohnaufwand Handel		– 130

sonstige Auszahlungen

– übriger Betriebsaufwand	– 25	
– Zahlung an die Steuerbehörde	– 5	– 30
= Geldfluss aus Betriebstätigkeit		**+ 135**

Investitionsbereich

– Investition: Kauf Liegenschaft (nur Banküberweisung)*	– 130
Kauf von Mobiliar (120 – 90 + 30)	– 60
= Geldfluss aus Investitionstätigkeit	**– 190**

Finanzierungsbereich

+ Aussenfinanzierung: Erhöhung Eigenkapital	+ 100
– Definanzierung: Dividendenausschüttung	– 70
= Geldfluss aus Finanzierungstätigkeit	**+ 30**
Abnahme Fonds *flüssige Mittel*	**– 25**

* Buchungssatz für den Kauf der Liegenschaft:
Immobilien an *Bank* 130 → liquiditätswirksamer Geschäftsvorfall
Immobilien an *Bankdarlehen* 150 → nicht liquiditätswirksamer Geschäftsvorfall, wird deshalb in der Geldflussrechnung nicht berücksichtigt.

c) Variante: Geldfluss aus Betriebstätigkeit, indirekt berechnet

indirekte Methode		
Jahresgewinn		
Jahresgewinn		+ 60
liquiditätsunwirksame Aufwände		
+ Abschreibungen		+ 70
+ Erhöhung der Steuerrückstellungen		+ 10
liquiditätsunwirksame Erträge		
		– 0
Bestandesänderungen		
+ Abnahme Forderungen aus L&L	+ 30	
– Zunahme Vorräte Handelswaren	– 30	
– Abnahme Verbindlichkeiten aus L&L	– 5	– 5
Geldfluss aus Betriebstätigkeit		**+ 135**

23 Aufbereitung der Zahlen für die Jahresabschlussanalyse

 Lösungen

23.1
Richtig sind 1. und 3.

23.2

1.

Aktiven	bereinigte Bilanz (Zahlen in CHF 1 000)		Passiven
Kasse	50	Verbindlichkeiten aus L&L	750
Bank	90	Bankdarlehen	1 100
Forderungen aus L&L	940	Rückstellungen	100
Vorräte Rohmaterial	620	Eigenkapital	1 440
Vorräte Fertigfabrikate	390		
Maschinen	900		
Mobiliar und Einrichtungen	100		
Immobilien	1 900	**Summe stille Reserven**	**1 600**
	4 990		4 990

2.

ausgewiesenes Eigenkapital	1440
+ stille Reserven	1600
effektives Eigenkapital	3040

3.

ausgewiesener Jahresgewinn		240
Veränderung der stillen Reserven (+ 80)		
Vorräte Rohmaterial	+	40
Vorräte Fertigfabrikate	–	20
Maschinen	+	50
Mobiliar und Einrichtungen	+	30
Immobilien	–	100
Rückstellungen	+	80
effektiver Jahresgewinn		320

23.3

Aktiven		bereinigte Bilanz	Passiven
Kasse		8 000	Verbindlichkeiten aus L&L	40 000
Bank		14 000	sonstige kurzfristige Verbindlichkeiten	4 000
Forderungen aus L&L	18 000		Bankdarlehen	60 000
– WB Forderungen	– 2 000	16 000	Eigenkapital	120 000
(– 6 000 + 4 000)				
Vorräte Handelswaren		106 000		
(90 000 + 16 000)				
Mobiliar und Einrichtungen		120 000	**Summe stille Reserven**	**40 000**
(100 000 + 20 000)				
		264 000		264 000

Aufwände	bereinigte Erfolgsrechnung		Erträge
Handelswarenaufwand	164 000	Handelswarenertrag	424 000
(160 000 + 4 000)		übriger Betriebsertrag	20 000
Lohnaufwand Handel	139 000	Verluste aus Forderungen	– 2 000
Sozialversicherungsaufwand	11 000	(– 4 000 + 2 000)	
Raumaufwand	72 000		
übriger Betriebsaufwand	23 000		
Abschreibungen	10 000		
(20 000 – 10 000)			
Finanzaufwand	3 000		
Steueraufwand	2 000		
Jahresgewinn	18 000		
	442 000		442 000

23.4

Aktiven	gegliederte Bilanz (Zahlen in CHF 1000)		Passiven	
Umlaufvermögen			**Fremdkapital**	
flüssige Mittel und Wertschriften UV			Fremdkapital kurzfristig	
Kasse	70		Verbindlichkeiten aus L&L	1010	
Bank	710		passive Rechnungsabgrenzung	320	1330
Wertschriften UV	680	1460	Fremdkapital langfristig	
Forderungen			Rückstellungen	260	260
Forderungen aus L&L	1200			
– WB Forderungen	– 100	1100		
Vorräte		0		
aktive Rechnungsabgrenzung		210		
Total Umlaufvermögen		**2770**	**Total Fremdkapital**		**1590**
Anlagevermögen			**Eigenkapital**	
Mobiliar und Einrichtungen	10		Aktienkapital	100	
Immobilien	2800		gesetzliche Kapitalreserve	2300	
			gesetzliche Gewinnreserve	990	
			Gewinnvortrag	20	
			Jahresgewinn	580	
Total Anlagevermögen		**2810**	**Total Eigenkapital**		**3990**
Total Aktiven		**5580**	**Total Passiven**		**5580**

Die WB Forderungen wurden mit den Forderungen aus Lieferung und Leistung verrechnet.

Aktiven	aufbereitete Bilanz (Zahlen in CHF 1000)				Passiven
Kontengruppen	**Betrag**	**%**	**Kontengruppen**	**Betrag**	**%**
flüssige Mittel und	1460	26.2	Fremdkapital kurzfristig	1330	23.8
Wertschriften UV			Fremdkapital langfristig	260	4.7
Forderungen	1100	19.7			
Vorräte	0				
aktive Rechnungsabgrenzung	210	3.8			
Umlaufvermögen	2770	49.6	Fremdkapital	1590	28.5
Anlagevermögen	2810	50.4	Eigenkapital	3990	71.5
Total Aktiven	**5580**	**100**	**Total Passiven**	**5580**	**100**

23.5

mehrstufige Erfolgsrechnung (Zahlen in CHF 1 000)		
Dienstleistungsertrag	7 000	
übriger Betriebsertrag	290	
betrieblicher Ertrag aus Lieferung und Leistung	**7 290**	**7 290**
Bruttoergebnis 1		**7 290**
Lohnaufwand Dienstleistungen	− 4 590	
Sozialversicherungsaufwand	− 360	
Personalaufwand	**− 4 950**	**− 4 950**
Bruttoergebnis 2		**2 340**
Raumaufwand	− 310	
Verwaltungsaufwand	− 380	
Informatikaufwand	− 40	
übriger Betriebsaufwand	− 820	
übriger betrieblicher Aufwand	**− 1 550**	**− 1 550**
betriebliches Ergebnis 1 (EBITDA)		**790**
Abschreibungen		− 60
betriebliches Ergebnis 2 (EBIT) Finanzertrag		**730**
Finanzergebnis		80
Betriebsergebnis (Erfolg Kerngeschäft)		**810**
a. o., periodenfremder oder einmaliger Aufwand		− 100
Jahresgewinn vor Steuern (EBT)		**710**
Steueraufwand		− 130
Jahresgewinn		**580**

aufbereitete Erfolgsrechnung (Zahlen in CHF 1 000)	
betrieblicher Ertrag aus Lieferung und Leistung	7 290
Bruttoergebnis 1	**7 290**
Personalaufwand	− 4 950
Bruttoergebnis 2	**2 340**
übriger betrieblicher Aufwand	− 1 550
betriebliches Ergebnis 1 (EBITDA)	**790**
Abschreibungen	− 60
Erfolg Kerngeschäft (Betriebsergebnis 3)	**730**
Ertrag Finanzanlagen	80
Betriebsergebnis (Erfolg Kerngeschäft)	**810**
a. o., periodenfremder oder einmaliger Aufwand	− 100
Jahresgewinn vor Steuern (EBT)	**710**
Steueraufwand	− 130
Jahresgewinn	**580**

23.6

Bestandeskonto	Total stille Reserven am 31.12.	Veränderung stille Reserven gegenüber Vorjahr
Wertschriften UV	–	– 5 000
WB Forderungen	2 100	+ 600
Vorräte Handelswaren	30 000	– 6 000
Mobiliar und Einrichtungen	25 000	– 7 000
Immobilien	120 000	–
Total	177 100	– 17 400

1.

Aktiven	bereinigte Bilanz		Passiven
Kasse	15 000	Verbindlichkeiten aus L&L	102 000
Bank	27 000	Bankdarlehen	352 000
Wertschriften UV	46 000	Eigenkapital	466 000
Forderungen aus L&L	74 100		
Vorräte Handelswaren	90 000		
Mobiliar und Einrichtungen	125 000		
Immobilien	720 000	**Summe stille Reserven**	**177 100**
	1 097 100		1 097 100

Aufwände	bereinigte Erfolgsrechnung		Erträge
Handelswarenaufwand	1 253 000	Handelswarenertrag	1 660 000
Lohnaufwand Handel	240 000	Verluste aus Forderungen	– 2 400
Sozialversicherungsaufwand	20 000	Finanzertrag	5 000
Raumaufwand	7 000		
übriger Betriebsaufwand	36 000		
Abschreibungen	42 000		
Finanzaufwand	14 000		
Steueraufwand	10 000		
Jahresgewinn	40 600		
	1 662 600		1 662 600

2.

Aktiven	aufbereitete Bilanz (Zahlen in CHF 1 000)					Passiven
Kontengruppen	Betrag	%	Kontengruppen	Betrag	%	
flüssige Mittel und Wertschriften UV	88.0	8.0	Fremdkapital kurzfristig	102.0	9.3	
			Fremdkapital langfristig	352.0	32.1	
Forderungen	74.1	6.8				
Vorräte	90.0	8.2				
aktive Rechnungsabgrenzung	0					
Umlaufvermögen	252.1	23.0	Fremdkapital	454.0	41.4	
Anlagevermögen	845.0	77.0	Eigenkapital	643.1	58.6	
Total Aktiven	**1 097.1**	**100**	**Total Passiven**	**1 097.1**	**100**	

aufbereitete Erfolgsrechnung (Zahlen in CHF 1 000)	
betrieblicher Ertrag aus Lieferung und Leistung	1 657.6
Aufwand für Material, Handelswaren, Dienstleistungen und Energie	− 1 253.0
Bruttoergebnis 1	**404.6**
Personalaufwand	− 260.0
Bruttoergebnis 2	**144.6**
übriger betrieblicher Aufwand	− 43.0
betriebliches Ergebnis 1 (EBITDA)	**101.6**
Abschreibungen	− 42.0
betriebliches Ergebnis 2 (EBIT)	**59.6**
Finanzergebnis	− 9.0
Betriebsergebnis (Erfolg Kerngeschäft) = Jahresgewinn vor Steuern (EBT)	**50.6**
Steueraufwand	− 10.0
Jahresgewinn	**40.6**

23.7

1.

Bestandeskonto	stille Reserven Jahr 20.1	stille Reserven Jahr 20.2	Veränderung stille Reserven
Vorräte Rohmaterial	70	110	+ 40
Vorräte Fertigfabrikate	0	30	+ 30
Forderungen aus L&L	5	10	+ 5
Maschinen	100	40	− 60
Beteiligungen	0	20	+ 20
Total	175	210	+ 35

2.

Aktiven	bereinigte Bilanz Jahr 20.1		Passiven
Kasse	180	Verbindlichkeiten aus L&L	270
Bank	260	erhaltene Anzahlungen	80
Forderungen aus L&L	115	Passivdarlehen	500
(110 + 5)		Rückstellungen	140
Vorräte Rohmaterial	360	Aktienkapital	100
(290 + 70)		gesetzliche Kapitalreserve	700
Vorräte Fertigfabrikate	280	gesetzliche Gewinnreserve	630
Beteiligungen	500	Jahresgewinn	240
Maschinen	950		
(850 + 100)			
Mobiliar und Einrichtungen	190	**Summe stille Reserven** (70 + 5 + 100)	**175**
	2835		**2835**

Aktiven	bereinigte Bilanz Jahr 20.2		Passiven
Kasse	140	Verbindlichkeiten aus L&L	280
Bank	170	erhaltene Anzahlungen	60
Forderungen aus L&L	200	Passivdarlehen	680
(190 + 10)		Rückstellungen	140
Vorräte Rohmaterial	480	Aktienkapital	100
(370 + 110)		gesetzliche Kapitalreserve	700
Vorräte Fertigfabrikate	310	gesetzliche Gewinnreserve	720
(280 + 30)		Jahresgewinn	160
Beteiligungen	620		
(600 + 20)			
Maschinen	990		
(950 + 40)		**Summe stille Reserven**	**210**
Mobiliar und Einrichtungen	140	(110 + 30 + 10 + 40 + 20)	
	3050		**3050**

Aufwände	bereinigte Erfolgsrechnung		Erträge
Materialaufwand (3 200 – 40)	3 160	Produktionsertrag	6 355
Lohnaufwand Produktion	1 480	Bestandesänderung Fertigfabrikate	30
Lohnaufwand Verwaltung	740	Verluste aus Forderungen (–10 + 5)	– 5
Sozialversicherungsaufwand	180	Finanzertrag (80 + 20)	100
Raumaufwand	150		
Verwaltungsaufwand	110		
Werbeaufwand	60		
übriger Betriebsaufwand	110		
Abschreibungen (170 + 60)	230		
Finanzaufwand	30		
Steueraufwand	35		
Jahresgewinn (160 + 40 + 30 + 5 – 60 + 20)	195		
	6 480		**6 480**

3.

Aktiven	aufbereitete Bilanz Jahr 20.2					Passiven
Kontengruppen	Betrag	%	Kontengruppen	Betrag	%	
flüssige Mittel und	310	10.2	Fremdkapital kurzfristig	340	11.1	
Wertschriften UV			Fremdkapital langfristig	820	26.9	
Forderungen	200	6.6				
Vorräte	790	25.9				
aktive Rechnungsabgrenzung	0					
Umlaufvermögen	1 300	42.6	Fremdkapital	1 160	38.0	
Anlagevermögen	1 750	57.4	Eigenkapital	1 890	62.0	
Total Aktiven	**3 050**	**100**	**Total Passiven**	**3 050**	**100**	

aufbereitete Erfolgsrechnung Jahr 20.2	
betrieblicher Ertrag aus Lieferung und Leistung	6 380
Aufwand für Material, Handelswaren, Dienstleistungen und Energie	– 3 160
Bruttoergebnis 1	**3 220**
Personalaufwand	– 2 400
Bruttoergebnis 2	**820**
übriger betrieblicher Aufwand	– 430
betriebliches Ergebnis 1 (EBITDA)	**390**
Abschreibungen	– 230
betriebliches Ergebnis 2 (EBIT)	**160**
Finanzergebnis	70
Betriebsergebnis (Erfolg Kerngeschäft) **= Jahresgewinn vor Steuern (EBT)**	**230**
Steueraufwand	– 35
Jahresgewinn	**195**

23.8

Bestandeskonto	Bestand stille Reserven	Bestand stille Reserven Vorjahr	Veränderung stille Reserven
WB Forderungen	2	0	+ 2
Vorräte Handelswaren	60	50	+ 10
Mobiliar und Einrichtungen	3	2	+ 1
Immobilien	130	130	0
Total	195	182	+ 13

Aktiven	bereinigte Bilanz		Passiven	
Kasse		8	Verbindlichkeiten aus L&L	80
Bank		20	erhaltene Anzahlungen	30
Forderungen aus L&L	60		Bankdarlehen	380
– WB Forderungen	– 8	52	langfristige unverzinsliche Verbindlichkeiten	50
geleistete Anzahlungen		12	Eigenkapital	235
Vorräte Handelswaren		200		
Mobiliar und Einrichtungen	40			
– WB Mobiliar und Einrichtungen		28		
Immobilien	– 12	650	**Summe stille Reserven**	**195**
		970		970

Aufwände	bereinigte Erfolgsrechnung		Erträge	
Handelswarenaufwand (1 260 – 10)		1 250	Handelswarenertrag	1 640
Lohnaufwand Handel		250	Verluste aus Forderungen (–5 + 2)	– 3
Sozialversicherungsaufwand		20	Immobilienertrag	30
übriger Betriebsaufwand		80		
Abschreibungen (10 – 1)		9		
Immobilienaufwand		25		
Jahresgewinn		33		
		1 667		1 667

2.

Aktiven	aufbereitete Bilanz		Passiven		
Kontengruppen	**Betrag**	**%**	**Kontengruppen**	**Betrag**	**%**
flüssige Mittel und	28	2.9	Fremdkapital kurzfristig	110	11.3
Wertschriften UV			Fremdkapital langfristig	430	44.3
Forderungen	64	6.6			
Vorräte	200	20.6			
aktive Rechnungsabgrenzung	0				
Umlaufvermögen	292	30.1	Fremdkapital	540	55.7
Anlagevermögen	678	69.9	Eigenkapital	430	44.3
Total Aktiven	**970**	**100**	**Total Passiven**	**970**	**100**

3.

aufbereitete Erfolgsrechnung	
betrieblicher Ertrag aus Lieferung und Leistung	1 637
Aufwand für Material, Handelswaren, Dienstleistungen und Energie	– 1 250
Bruttoergebnis 1	**387**
Personalaufwand	– 270
Bruttoergebnis 2	**117**
übriger betrieblicher Aufwand	– 80
betriebliches Ergebnis 1 (EBITDA)	**37**
Abschreibungen	– 9
betriebliches Ergebnis 2 (EBIT) **= Betriebsergebnis (Erfolg Kerngeschäft)**	**28**
Immobilienertrag	30
Immobilienaufwand	– 25
Jahresgewinn	**33**

24 Jahresabschlussanalyse

24.1

1. Eigenkapitalrendite
   [Return on Equity, ROE]

$$= \frac{\text{Jahresgewinn x 100}}{\text{durchschnittliches Eigenkapital}}$$

$$= \frac{910 \times 100}{(3422 + 3171) / 2} = \underline{\underline{27.6\,\%}}$$

Eigenkapital Jahr 20.2:   1000 + 1012 + 500 + 910 = 3422
Eigenkapital Jahr 20.1:   1000 + 1012 + 446 + 713 = 3171

2. Gesamtkapitalrendite
   [Return on Assets, ROA]

$$= \frac{(\text{Jahresgewinn} + \text{Finanzaufwand}) \times 100}{\text{durchschnittliches Gesamtkapital}}$$

$$= \frac{(910 + 116) \times 100}{(15216 + 12315) / 2} = \underline{\underline{7.5\,\%}}$$

3. Bruttogewinnquote

$$= \frac{\text{Bruttoergebnis 1 x 100}}{\text{Produktionsertrag}}$$

$$= \frac{11185 \times 100}{42863} = \underline{\underline{26.1\,\%}}$$

4. Umsatzrendite
   [Return on Sales, ROS]

$$= \frac{\text{Jahresgewinn x 100}}{\text{Produktionsertrag}}$$

$$= \frac{911 \times 100}{42863} = \underline{\underline{2.1\,\%}}$$

24.2

1. Eigenkapitalrendite
   [Return on Equity, ROE]

$$= \frac{\text{Jahresgewinn} \times 100}{\text{Eigenkapital}}$$

$$= \frac{32\,000 \times 100}{254\,000} = \underline{\underline{12.6\,\%}}$$

2. Gesamtkapitalrendite
   [Return on Assets, ROA]

$$= \frac{(\text{Jahresgewinn} + \text{Finanzaufwand}) \times 100}{\text{durchschnittliches Gesamtkapital}}$$

$$= \frac{(32\,000 + 14\,000) \times 100}{479\,000} = \underline{\underline{9.6\,\%}}$$

3. Bruttogewinnquote

$$= \frac{\text{Bruttoergebnis 1} \times 100}{\text{Handelswarenertrag}}$$

$$= \frac{1\,115\,000 \times 100}{2\,430\,000} = \underline{\underline{45.9\,\%}}$$

4. Umsatzrendite
   [Return on Sales, ROS]

$$= \frac{\text{Jahresgewinn} \times 100}{\text{Handelswarenertrag}}$$

$$= \frac{32\,000 \times 100}{2\,430\,000} = \underline{\underline{1.3\,\%}}$$

24.3

1.

Aktiven	aufbereitete Bilanz				Passiven
Kontengruppen	**Betrag**	**%**	**Kontengruppen**	**Betrag**	**%**
flüssige Mittel und Wert-schriften UV	1 000	4.2	Fremdkapital kurzfristig	4 300	18.2
			Fremdkapital langfristig	8 500	36.0
Forderungen	5 000	21.2			
Vorräte	5 600	23.7			
aktive Rechnungsabgrenzung	0				
Umlaufvermögen	11 600	49.2	Fremdkapital	12 800	54.2
Anlagevermögen	12 000	50.8	Eigenkapital	10 800	45.8
Total Aktiven	**23 600**	**100**	**Total Passiven**	**23 600**	**100**

2.

$$\text{Liquiditätsgrad 1 [Cash Ratio]} = \frac{(\text{flüssige Mittel} + \text{Wertschriften UV}) \times 100}{\text{kurzfristiges Fremdkapital}}$$

$$= \frac{1\,000 \times 100}{4\,300} = \underline{\underline{23.3\,\%}}$$

$$\text{Liquiditätsgrad 2 [Quick Ratio]} = \frac{(\text{flüssige Mittel} + \text{Wertschriften UV} + \text{Forderungen}) \times 100}{\text{kurzfristiges Fremdkapital}}$$

$$= \frac{(1\,000 + 5\,000) \times 100}{4\,300} = \underline{\underline{139.5\,\%}}$$

$$\text{Liquiditätsgrad 3 [Current Ratio]} = \frac{\text{Umlaufvermögen} \times 100}{\text{kurzfristiges Fremdkapital}}$$

$$= \frac{11\,600 \times 100}{4\,300} = \underline{\underline{269.8\,\%}}$$

3.

	Ist	Soll	Schlussfolgerung
Liquiditätsgrad 1	23.3 %	10–30 %	Unternehmen verfügt über einen genügend hohen Liquiditätsgrad 1.
Liquiditätsgrad 2	139.5 %	100 %	Unternehmen verfügt über einen genügend hohen Liquiditätsgrad 2.
Liquiditätsgrad 3	269.8 %	150–200 %	Unternehmen verfügt über einen genügend hohen Liquiditätsgrad 3.

24.4

1. Berechnung Liquiditätskennzahlen Littletec:

Liquiditätsgrad 1 [Cash Ratio]

$$= \frac{(\text{flüssige Mittel} + \text{Wertschriften UV}) \times 100}{\text{kurzfristiges Fremdkapital}}$$

$$= \frac{40 \times 100}{100} = \underline{\underline{40.0\,\%}}$$

Liquiditätsgrad 2 [Quick Ratio]

$$= \frac{(\text{flüssige Mittel} + \text{Wertschriften UV} + \text{Forderungen}) \times 100}{\text{kurzfristiges Fremdkapital}}$$

$$= \frac{(40 + 80) \times 100}{100} = \underline{\underline{120.0\,\%}}$$

Liquiditätsgrad 3 [Current Ratio]

$$= \frac{\text{Umlaufvermögen} \times 100}{\text{kurzfristiges Fremdkapital}}$$

$$= \frac{240 \times 100}{100} = \underline{\underline{240.0\,\%}}$$

Cash Flow Ratio

$$= \frac{\text{Geldfluss aus Betriebstätigkeit} \times 100}{\text{kurzfristiges Fremdkapital}}$$

$$= \frac{185 \times 100}{100} = \underline{\underline{185.0\,\%}}$$

Berechnung Liquiditätskennzahlen McTrade:

Liquiditätsgrad 1 [Cash Ratio]

$$= \frac{(\text{flüssige Mittel} + \text{Wertschriften UV}) \times 100}{\text{kurzfristiges Fremdkapital}}$$

$$= \frac{20 \times 100}{240} = \underline{\underline{8.3\,\%}}$$

$$\text{Liquiditätsgrad 2 [Quick Ratio]} = \frac{(\text{flüssige Mittel} + \text{Wertschriften UV} + \text{Forderungen}) \times 100}{\text{kurzfristiges Fremdkapital}}$$

$$= \frac{(20 + 200) \times 100}{240} = \underline{\underline{91.7\,\%}}$$

$$\text{Liquiditätsgrad 3 [Current Ratio]} = \frac{\text{Umlaufvermögen} \times 100}{\text{kurzfristiges Fremdkapital}}$$

$$= \frac{340 \times 100}{240} = \underline{\underline{141.7\,\%}}$$

$$\text{Cash Flow Ratio} = \frac{\text{Geldfluss aus Betriebstätigkeit} \times 100}{\text{kurzfristiges Fremdkapital}}$$

$$= \frac{310 \times 100}{240} = \underline{\underline{129.2\,\%}}$$

2.

	Ist Littletec	Ist McTrade	Soll
Liquiditätsgrad 1	40 %	8.3 %	10–30 %
Liquiditätsgrad 2	120 %	91.7 %	100 %
Liquiditätsgrad 3	240 %	141.7 %	150–200 %
Cash Flow Ratio	185 %	129.2 %	150 %

Schlussfolgerung:

Littletec verfügt über eine ausreichend hohe Liquidität.

Bei McTrade liegen sämtliche berechneten Kennzahlen knapp unterhalb der Soll-Grössen. McTrade verfügt demnach über eine eher tiefe Liquidität. Die Unternehmensleitung muss in einer solchen Situation speziell darauf achten, dass das Unternehmen nicht in Zahlungsschwierigkeiten gerät. Die Bilanz zeigt, dass McTrade ziemlich hohe Kundenforderungen ausweist, welche häufig auf einen schleppenden Zahlungseingang seitens der Kunden hindeuten. Als Massnahme zur Verbesserung der Liquiditätssituation könnte die Unternehmensleitung versuchen, die ausstehenden Forderungen zu verringern, z.B. durch Skonto-Abzug bei Sofortbezahlung, durch eine Verkürzung von Zahlungsfristen oder durch ein verbessertes Mahnwesen. Auf der Passivseite der Bilanz fällt die kurzfristige Bankschuld auf. McTrade sollte versuchen, diese Schuld in ein langfristiges Bankdarlehen umzuwandeln.

24.5

1. Erstellen der aufbereiteten Bilanz

Aktiven	aufbereitete Bilanz		Passiven		
Kontengruppen	**Betrag**	**%**	**Kontengruppen**	**Betrag**	**%**
flüssige Mittel und Wert-schriften UV	58	3.4	Fremdkapital kurzfristig	575	33.3
			Fremdkapital langfristig	805	46.7
Forderungen	356	20.6			
Vorräte	276	16.0			
aktive Rechnungsabgrenzung	0				
Umlaufvermögen	690	40.0	Fremdkapital	1 380	80.0
Anlagevermögen	1 035	60.0	Eigenkapital	345	20.0
Total Aktiven	**1 725**	**100**	**Total Passiven**	**1 725**	**100**

2. Berechnung der Kennzahlen zur Vermögens- und Kapitalstruktur

$$\text{Intensität des Umlaufvermögens} = \frac{\text{Umlaufvermögen x 100}}{\text{Gesamtkapital}}$$

$$= \frac{690 \times 100}{1\,725} = \frac{69\,000}{1\,725} = \underline{\underline{40.0\,\%}}$$

Intensität des Anlagevermögens = 100 % − Intensität des Umlaufvermögens = $\underline{\underline{60.0\,\%}}$

$$\text{Debitorenumschlag} = \frac{\text{Handelswarenertrag}}{\text{durchschnittlicher Bestand an Forderungen aus L\&L}}$$

$$= \frac{3\,458}{(356 + 320) / 2} = \underline{\underline{10.2}}$$

$$\text{Debitorenfrist} = \frac{360 \text{ Tage}}{\text{Debitorenumschlag}} = \frac{360 \text{ Tage}}{10.2} = \underline{\underline{35 \text{ Tage}}}$$

$$\text{Lagerumschlag} = \frac{\text{Handelswarenaufwand}}{\text{durchschnittlicher Lagerbestand}}$$

$$= \frac{2\,070}{(276 + 303) / 2} = \underline{\underline{7.2}}$$

$$\text{Lagerdauer} = \frac{360 \text{ Tage}}{\text{Lagerumschlag}} = \frac{360 \text{ Tage}}{7.2} = \underline{\underline{50 \text{ Tage}}}$$

$$\text{Anlagedeckungsgrad 1} = \frac{\text{Eigenkapital} \times 100}{\text{Anlagevermögen}}$$

$$= \frac{345 \times 100}{1\,035} = \underline{\underline{33.3\,\%}}$$

$$\text{Anlagedeckungsgrad 2} = \frac{(\text{Eigenkapital} + \text{langfristiges Fremdkapital}) \times 100}{\text{Anlagevermögen}}$$

$$= \frac{(345 + 805) \times 100}{1\,035} = \underline{\underline{111.1\,\%}}$$

$$\text{Verschuldungsgrad} = \frac{\text{Fremdkapital} \times 100}{\text{Gesamtkapital}}$$

$$= \frac{1\,380 \times 100}{1\,725} = \underline{\underline{80.0\,\%}}$$

$$\text{Eigenfinanzierungsgrad} = 100\,\% - \text{Verschuldungsgrad} = 100\,\% - 80\,\% = \underline{\underline{20.0\,\%}}$$

24.6

1. Bei der Jahresabschlussanalyse wird die wirtschaftliche Lage eines Unternehmens untersucht und beurteilt. Dies geschieht durch die Berechnung von Kennzahlen und deren anschliessende Interpretation.
2. Das kurzfristige Fremdkapital ist nur zu 30 % durch flüssige Mittel, kurzfristig gehaltene Wertschriften und kurzfristige Forderungen gedeckt. Das Unternehmen steckt möglicherweise in grösseren Liquiditätsschwierigkeiten.
3. Die Konten *gesetzliche Kapitalreserve, gesetzliche Gewinnreserve* bzw. *freiwillige Gewinnreserven* sind Passivkonten, welche nur Hinweise liefern, woher das Geld stammt, und nicht, ob es noch flüssig vorhanden ist.
4. Flüssige Mittel werden nur gering, häufig sogar überhaupt nicht verzinst.
5. Ein hohes Anlagevermögen verursacht feste Kosten und damit eine gewisse Trägheit bei der Anpassung an veränderte wirtschaftliche Bedingungen.
6. Kraftwerke, Eisenbahnen, Kieswerke, Hotellerie
7. Die goldene Bilanzregel ist ein Finanzierungsgrundsatz und besagt, dass langfristig gebundenes Vermögen mit Kapital finanziert werden soll, welches langfristig zur Verfügung steht.
8. Fremdkapital ist stets mit festen Zins- und Rückzahlungspflichten verbunden. Durch einen höheren Eigenkapitalanteil fallen geringere feste Zahlungsverpflichtungen an, wodurch die Unternehmensleitung bei Investitionsentscheidungen einen grösseren Freiraum besitzt. Ausserdem werden Unternehmen mit einem hohen Eigenkapitalanteil bei der Bonitätsprüfung besser eingeschätzt, wodurch das Unternehmen von einem tieferen Zinssatz profitieren kann.

24.7

1. Berechnung der Kennzahlen

$$\text{Liquiditätsgrad 1 [Cash Ratio]} = \frac{(\text{flüssige Mittel} + \text{Wertschriften UV}) \times 100}{\text{kurzfristiges Fremdkapital}}$$

$$= \frac{250 \times 100}{1\,530} = \underline{\underline{16.3\,\%}}$$

$$\text{Liquiditätsgrad 2 [Quick Ratio]} = \frac{(\text{flüssige Mittel} + \text{Wertschriften UV} + \text{Forderungen}) \times 100}{\text{kurzfristiges Fremdkapital}}$$

$$= \frac{(250 + 470) \times 100}{1\,530} = \underline{\underline{47.1\,\%}}$$

$$\text{Liquiditätsgrad 3 [Current Ratio]} = \frac{\text{Umlaufvermögen} \times 100}{\text{kurzfristiges Fremdkapital}}$$

$$= \frac{1\,970 \times 100}{1\,530} = \underline{\underline{128.8\,\%}}$$

$$\text{Intensität des Umlaufvermögens} = \frac{\text{Umlaufvermögen} \times 100}{\text{Gesamtkapital}}$$

$$= \frac{1\,970 \times 100}{3\,770} = \underline{\underline{52.3\,\%}}$$

Intensität des Anlagevermögens = 100 % − Intensität des Umlaufvermögens = $\underline{\underline{47.7\,\%}}$

$$\text{Anlagedeckungsgrad 1} = \frac{\text{Eigenkapital} \times 100}{\text{Anlagevermögen}}$$

$$= \frac{1\,240 \times 100}{1\,800} = \underline{\underline{68.9\,\%}}$$

$$\text{Anlagedeckungsgrad 2} \quad = \quad \frac{(\text{Eigenkapital} + \text{langfristiges Fremdkapital}) \times 100}{\text{Anlagevermögen}}$$

$$= \quad \frac{(1\,240 + 1\,000) \times 100}{1\,800} \quad = 124.4\,\%$$

$$\text{Verschuldungsgrad} \quad = \quad \frac{\text{Fremdkapital} \times 100}{\text{Gesamtkapital}}$$

$$= \quad \frac{2\,530 \times 100}{3\,770} \quad = 67.1\,\%$$

Eigenfinanzierungsgrad = 100 % − Verschuldungsgrad = 100 % − 67 % = 32.9 %

2. Beurteilung der wirtschaftlichen Lage

	Ist	Soll	Schlussfolgerung
Liquiditätsgrad 1	16.3 %	10–30 %	Unternehmen verfügt über einen genügend hohen Liquiditätsgrad 1
Liquiditätsgrad 2	47.1 %	100 %	Liquiditätsgrad 2 zu tief
Liquiditätsgrad 3	128.8 %	150–200 %	Liquiditätsgrad 3 zu tief
Intensität des Umlaufvermögens	52.3 %	branchenabhängig	–
Intensität des Anlagevermögens	47.7 %	branchenabhängig	–
Anlagedeckungsgrad 1	68.9 %	80 %	Anlagedeckungsgrad 1 eher tief
Anlagedeckungsgrad 2	124.4 %	120 %	Anlagedeckungsgrad 2 ausreichend
Verschuldungsgrad	67.1 %	weniger als 70 %	Verschuldungsgrad in Ordnung
Eigenfinanzierungsgrad	32.9 %	30 %	Eigenfinanzierungsgrad ausreichend

Das Unternehmen verfügt über einen zu tiefen Liquiditätsgrad 2 und 3. Dem Unternehmen droht möglicherweise ein ernsthafter Liquiditätsengpass.

Der Anlagedeckungsgrad 1 ist zwar eher tief; er könnte jedoch aus der Situation entstanden sein, dass es sich beim Anlagevermögen um eine Liegenschaft handelt, welche durch eine Hypothek finanziert wurde. Da der Anlagedeckungsgrad 2 die aussagekräftigere Kennzahl ist und das Unternehmen hier einen genügend hohen Wert erzielt, scheint die fristenkongruente Finanzierung des langfristigen Vermögens kein Problembereich zu sein.

Erläuterungen zu den Konten

Aktiven

Kasse (1000)
Bestände an Bargeld

Bank (1020)
alle Arten von kurzfristig verfügbaren Bank- und Postkonten (wie Kontokorrentguthaben), die am Bilanzstichtag ein Guthaben zugunsten des Unternehmens ausweisen
→   vgl. Bankschuld (2100)

Wertschriften UV (1060)
börsengängige Wertschriften im Umlaufvermögen, die als Liquiditätsreserve dienen und kurzfristig angelegt sind

WB Wertschriften UV (1069)
Wertberichtigungskonto zu Wertschriften UV

Forderungen aus Lieferung und Leistung (1100)
Forderungen, die aus der Haupttätigkeit des Unternehmens resultieren *(früher Debitoren)*
→   Gegenkonto von Kontenklasse 3

WB Forderungen (1109)
Wertberichtigungen für gefährdete Forderungen aus Lieferungen und Leistungen *(früher Delkredere)*

Forderungen Kartenorganisationen (1103)
Forderungen aus Kreditkartengeschäften, die von den Kartenorganisationen noch nicht beglichen worden sind

Vorschüsse und Darlehen (1140)
z. B. kurzfristige Darlehen, Lohnvorschüsse

Vorsteuer MWST (1170 und 1171)
Forderung gegenüber dem Staat für bereits geleistete Mehrwertsteuer aus Beschaffungsprozessen

Forderung Verrechnungssteuer (1176)
Beträge der von Finanzintermediären (z. B. Banken) abgezogenen Verrechnungssteuer, welche das Unternehmen später von der Steuerbehörde zurückfordern wird

sonstige Forderungen (1190)
kurzfristige Forderungen, die nicht direkt mit der Leistungserstellung des Unternehmens zusammenhängen
→   Gegenkonto <u>nicht</u> Kontenklasse 3

geleistete Anzahlungen (1192)
Vorauszahlungen an Lieferanten für Material- und Warenlieferungen, mobile und immobile Sachanlagen usw.

Vorräte Handelswaren (1200)
Lagerbestände von Waren, die das Unternehmen später in unverändertem Zustand weiterverkaufen will

Vorräte Rohmaterial (1210)
Lagerbestände von Rohstoffen, die bei der Herstellung in das Produkt eingehen

Vorräte Hilfs- und Verbrauchsmaterial (1230)
Lagerbestände von Materialien, welche bei der Herstellung oder beim Verkauf des Produktes verbraucht werden, ohne in dieses einzugehen oder nicht direkt in die Fabrikate eingerechnet werden, da sie von vernachlässigbarem Wert sind, z. B. Schmiermittel, Folien, Verpackungsmaterial, bzw. Schrauben, Leim o. ä.

Vorräte Fertigfabrikate (1260)
Bestand an fertig erstellten Erzeugnissen der Produktion

Vorräte Halbfabrikate (1270)
Bestand an noch nicht fertig erstellten Erzeugnissen der Produktion

nicht fakturierte Dienstleistungen (1280)
Leistungen für längerfristig laufende Aufträge, die dem Kunden noch nicht in Rechnung gestellt wurden, z. B. Bauplanungen

aktive Rechnungsabgrenzung (1300)
Guthaben aus Abgrenzungen zur periodengerechten Erfolgsermittlung

Wertschriften AV (1400)
Wertpapieranlagen mit geplanter Haltedauer > 1 Jahr, z. B. Aktien und Obligationen

Aktivdarlehen (1440)
langfristig gewährte Darlehen an Dritte

Beteiligungen (1480)
langfristig gehaltene Anteile an anderen Unternehmen, mit der Absicht massgeblichen Einfluss zu nehmen (stimmberechtigte Anteile von mindestens 20 %)

Maschinen und Apparate (1500)
maschinelle Einrichtungen, die der Produktion dienen

Mobiliar und Einrichtungen (1510)
Geschäftsmobiliar, Werkstatteinrichtungen, Ladeneinrichtungen, Büromobiliar, usw.

Büromaschinen, IT (1520)
Büromaschinen, IT-Anlagen (Hard- und Software), Kommunikationssysteme, automatische Steuerungssysteme, Sicherheitseinrichtungen, elektronische Mess- und Prüfgeräte, usw.

Fahrzeuge (1530)
Fahrzeuge aller Art, die zu geschäftlichen Zwecken eingesetzt werden

Werkzeuge und Geräte (1540)
Werkzeuge aller Art sowie Geräte

Immobilien (1600)
bebaute oder unbebaute Grundstücke

immaterielle Werte (1701, 1770)
nicht materielle Vermögenswerte wie z.B. Patente, Lizenzen oder Goodwill (= bezahlter Mehrwert beim Kauf eines Unternehmens)

WB Wertschriften AV (1409)
WB Aktivdarlehen (1449)
WB Beteiligungen (1489)
WB Maschinen und Apparate (1509)
WB Mobiliar und Einrichtungen (1519)
WB Büromaschinen und EDV (1529)
WB Fahrzeuge (1539)
WB Werkzeuge und Geräte (1549)
WB Immobilien (1609)
WB immaterielle Werte (1709, 1779)
Zeigt den Totalbetrag der am Bilanzstichtag auf dem jeweiligen Anlagekonto vorgenommenen Abschreibungen als Wertberichtigung auf dem Anschaffungsbetrag des Anlagekontos.

Passiven

Verbindlichkeiten aus Lieferung und Leistung (2000)
unbezahlte finanzielle Verpflichtungen gegenüber Lieferanten aus Beschaffungsgeschäften im Zusammenhang mit der betrieblichen Leistungserstellung (früher Kreditoren)
→ Gegenkonto von Kontenklasse 4

erhaltene Anzahlungen (2030)
Vorauszahlungen von Kunden für Material- und Warenlieferungen, mobile und immobile Sachanlagen usw.

Bankschuld (2100)
Bankkredite in Kontokorrentform

sonstige verzinsliche Verbindlichkeiten (2140)
kurzfristige verzinsliche Schulden bei Nichtbanken

Verbindlichkeiten MWST (2200)
geschuldete Umsatzsteuer aus Verkäufen

Verbindlichkeiten VST (2206)
der Steuerverwaltung geschuldete Verrechnungssteuer auf Gewinnausschüttungen

direkte Steuern (2208)
der Steuerverwaltung geschuldete Gewinn- und Kapitalsteuern

sonstige Verbindlichkeiten gegenüber Dritten (2010)
kurzfristige finanzielle Verpflichtungen Geschäften, die nicht direkt mit der Leistungserstellung des Betriebes im Zusammenhang stehen
→ Gegenkonto nicht Kontenklasse 4

Gewinnausschüttungen (2261)
den Eigentümern gutgeschriebene Dividenden, bzw. Tantièmen des Verwaltungsrates aus Gewinnverwendung

Verbindlichkeiten Sozialversicherung (2270)
Schulden gegenüber Sozialversicherungen aus Arbeitnehmer- und Arbeitgeber-Beiträgen

passive Rechnungsabgrenzung (2300)
Schuld aus Abgrenzungen zur periodengerechten Erfolgsermittlung

Bankdarlehen (2400)
sämtliche langfristigen Schulden gegenüber Banken, z. B. Hypotheken, Darlehen etc.

Obligationenanleihen (2430)
langfristige Schulden aus Emission von Obligationen

Passivdarlehen (2450)
langfristige Darlehensschulden gegenüber privaten Gläubigern (Nichtbanken)

Rückstellungen (2600)
langfristige Rücklagen für kommende Aufwände, bzw. drohende Risiken, z. B. grössere Revisions-arbeiten, Garantieleistungen, Prozesse etc.

gesetzliche Kapitalreserve (2900)
Reserven aus Einzahlungen von Eigentümern z. B. bei Gründung, Kapitalerhöhung oder Fusionen etc.

gesetzliche Gewinnreserve (2950)
Reserven aus Gewinnverwendung nach Art. 671 OR

freiwillige Gewinnreserven (2960)
freiwillig (statutarisch, beschlussmässig) gebildete Reserven

betriebliche Erträge aus Lieferung und Leistung

Produktionsertrag (3000)
Erträge aus Erzeugnissen der Fabrikationsunternehmen

Handelswarenertrag (3200)
Erträge aus Verkäufen bei Handelsunternehmen

Dienstleistungsertrag (3400)
Erträge von Dienstleistungsunternehmen wie z. B. Treuhandunternehmen, Anwälten, Ärzten, bzw. aus Transport und Beherbergung etc.

übriger Betriebsertrag (3600)
Ertrag aus betrieblicher Tätigkeit, der nicht direkt mit der Produktion, dem Handel oder der Dienstleis-tungstätigkeit in Zusammenhang steht

Eigenleistungen (3700)
Arbeiten, die im Unternehmen für eigene Verwendungszwecke ausgeführt werden. Beispielsweise können Gegenstände des Anlagevermögens zum eigenen Gebrauch hergestellt oder wertvermeh-rend ergänzt werden.

Eigenverbrauch (3710)
Bezüge der Eigentümer zum Einstandspreis für die private Verwendung

Verluste aus Forderungen (3805)

Verluste aus Forderungen stellen eine Ertragsminderung dar. Veränderungen des Kontos WB Forderungen werden ebenfalls über dieses Konto gebucht.

Bestandesänderungen (3900)

Gegenkonto für Bestandesänderungen bei Vorräten Halb- und Fertigfabrikate sowie nicht fakturierten Dienstleistungen

Aufwand für Material, Waren, Dienstleistungen, Energie

Materialaufwand (Produktion) (4000)

Der Materialaufwand umfasst Rohstoffe, Bestand- und Zubehörteile, eingekaufte Halbfabrikate usw., die bei der Herstellung in das Produkt eingehen.

→ vgl. Vorräte Rohmaterial (1210)

Hilfs- und Verbrauchsmaterialaufwand (4010)

Hilfs- und Verbrauchsmaterial, welches bei der Herstellung oder beim Verkauf des Produktes verbraucht wird, ohne in dieses einzugehen (Hilfsmaterial) oder nicht direkt in die Fabrikate eingerechnet wird, da es von vernachlässigbarem Wert ist (Verbrauchsmaterial), z.B. Schmiermittel, Folien, Verpackungsmaterial, bzw. Schrauben, Leim o.ä.

→ vgl. Vorräte Hilfs- und Verbrauchsmaterial (1230)

Handelswarenaufwand (4200)

Einstandspreis der zugekauften Handelswaren, die in unverändertem Zustand mit einer Verkaufsmarge an die Kunden weiterveräussert werden

→ vgl. Vorräte Handelswaren (1200)

Aufwand für bezogene Dienstleistungen (4400)

Fremdleistungen Dritter, die zur Leistungserstellung in Anspruch genommen werden

Energieaufwand Leistungserstellung (4500)

Energie, die für die eigentliche Leistungserstellung benötigt wird, z.B. Strom bei Seilbahnunternehmen, Heizenergie bei Stahlproduktion etc.

Personalaufwand

Lohnaufwand Produktion, Handel, Dienstleistungen, Verwaltung (5000, 5200, 5400, 5600)

Bruttolöhne der Mitarbeiter in den jeweiligen Bereichen des Unternehmens

Sozialversicherungsaufwand (5700)

Arbeitgeberbeiträge an die Sozialversicherungen

übriger Personalaufwand (5800)

Aufwände im Zusammenhang mit Personal, z.B. Stelleninserate, Reisespesen o.ä.

Arbeitsleistungen Dritter (5900)

eingekaufte Dienstleistungen des Unternehmens, z.B. Beratungen, befristete Mitarbeiter aus temporärer Arbeitsvermittlung o.ä.

Übriger betrieblicher Aufwand, Abschreibungen und Wertberichtigungen sowie Finanzergebnis

Raumaufwand (6000)
Miet- und Unterhaltsaufwände im Zusammenhang mit betrieblichen Räumen, z.B. Miete, Reinigung, Nebenkosten

Unterhalt, Reparaturen, Ersatz (6100)
Unterhalts- und Reparaturarbeiten, bzw. Ersatzanschaffungen für den laufenden Unterhalt, z.B. Leuchtmittel

Fahrzeugaufwand (6200)
Versicherungen, Reparaturen, Betriebskosten des Fahrzeugparks

Sachversicherungsaufwand, Abgaben, Gebühren, Bewilligungen (6300)
betriebliche Versicherungen, staatliche Bewilligungen etc.

Energie- und Entsorgungsaufwand (6400)
Aufwände für Energie (Strom, Gas, Heizung) und Wasser, die nicht direkt in die Produktion einfliessen sowie Aufwände für Entsorgung

Verwaltungsaufwand (6500)
Aufwände der Administration, z.B. Kopierpapier, Büromaterial, Kommunikation etc.

Informatikaufwand (6570)
Aufwände für Betrieb und Unterhalt von Hard- und Software der IT-Anlagen

Werbeaufwand (6600)
Werbekosten, Spenden, Sponsoring, Essen mit Kunden o.ä.

übriger Betriebsaufwand (6700)
restliche betriebliche Aufwände, denen kein eigentliches Konto zugewiesen ist, aber auch (Prozess-) Kosten aus betrieblichen Risiken

Abschreibungen (6800)
Wertverminderungen des Anlagevermögens

Finanzaufwand (6900)
Spesen des Zahlungsverkehrs, Schuldzinsen und Aufwände des betrieblichen Finanzvermögens

Finanzertrag (6950)
Bank- und Verzugszinsen sowie Erträge des betrieblichen Finanzvermögens

Betriebliche Nebenerfolge

betrieblicher Nebenertrag (7000) und **betrieblicher Nebenaufwand** (7010)
Der gesonderte Ausweis der betrieblichen Nebenerfolge dient der buchhalterischen Trennung der Kerngeschäfte (Haupttätigkeit des Unternehmens) von den Nebenbereichen.

Immobilienertrag (7500) und **Immobilienaufwand** (7510)
Mieteinnahmen und Eigenmiete sowie Aufwände im Zusammenhang mit mehrheitlich betrieblich genutzten Immobilien, inkl. Abschreibung von Immobilien und Hypothekarzinsen

Betriebsfremder, ausserordentlicher, einmaliger, oder periodenfremder Aufwand und Ertrag

betriebsfremder Aufwand (8000) und **betriebsfremder Ertrag** (8100)
Aufwände und Erträge aus Bereichen, die nicht mit der betrieblichen Tätigkeit zusammenhängen.

a. o., einmaliger oder periodenfremder Aufwand (8500) und Ertrag (8510)
- ausserordentlich bedeutet, dass der Geschäftsvorfall in seiner Art einmalig und/oder in seinem Ausmass von ausserordentlicher Bedeutung ist
- periodenfremd sind Erträge und Aufwendungen, deren Ursprung auf frühere, bereits abgeschlossene Perioden zurückgehen, z. B. Zahlungen aus abgeschriebenen Forderungsverlusten oder Auflösung von nicht mehr benötigten Rückstellungen früherer Perioden
- einmalig sind Erträge und Aufwendungen, deren Entstehung auf vergangene Einzelereignisse z. B. Veräusserungsgewinne, bzw. Ereignisse von grosser Bedeutung oder Auswirkung zurückgehen, z. B. Verluste bei Überschwemmungen etc. Diese können unter Umständen (Bedeutung, Dimension) auch als ausserordentlich charakterisiert werden

Abkürzungsglossar

1 Aktiven

10 Umlaufvermögen — UV

100 flüssige Mittel

Abk.	Nr.	Bezeichnung
KASSE	1000	Kasse
BANK	1020	Bank (inkl. Post)

106 kurzfristig gehaltene Aktiven mit Börsenkurs

Abk.	Nr.	Bezeichnung
WERTS UV	1060	Wertschriften UV
WB WERTS UV	1069	WB Wertschriften UV

110 Forderungen aus Lieferung und Leistung

Abk.	Nr.	Bezeichnung
FORD LL	1100	Forderungen aus Lieferung und Leistung (Debitoren)
FORD KART	1103	Forderungen Kartenorganisationen
WB FORD LL	1109	WB Forderungen (Delkredere)

114 übrige kurzfristige Forderungen

Abk.	Nr.	Bezeichnung
ADARL KFR	1140	Vorschüsse und Darlehen
VORST MATDL	1170	Vorsteuer Material, Waren, Dienstleistungen, Energie
VORST INBA	1171	Vorsteuer Investitionen und übriger Betriebsaufwand
FORD VST	1176	Forderung Verrechnungssteuer
FORD SONST	1190	sonstige Forderungen
WB FORD SONST	1199	WB sonstige Forderungen
ANZ GEL	1192	geleistete Anzahlungen

120 Vorräte und angefangene Arbeiten

Abk.	Nr.	Bezeichnung
VO HANDEL	1200	Vorräte Handelswaren
VO ROHMAT	1210	Vorräte Rohmaterial
VO HIMAT	1230	Vorräte Hilfs- und Verbrauchsmaterial
VO FF	1260	Vorräte Fertigfabrikate (fertige Erzeugnisse)
VO HF	1270	Vorräte Halbfabrikate (unfertige Erzeugnisse)
N FAK DL	1280	nicht fakturierte Dienstleistungen (angefangene Arbeiten)

130 aktive Rechnungsabgrenzung

Abk.	Nr.	Bezeichnung
ARAG	1300	aktive Rechnungsabgrenzung (transitorische Aktiven)

14 Anlagevermögen — AV

140 Finanzanlagen

Abk.	Nr.	Bezeichnung
WERTS AV	1400	Wertschriften AV
WB WERTS AV	1409	WB Wertschriften AV
ADARL	1440	Aktivdarlehen
WB ADARL	1449	WB Aktivdarlehen

148 Beteiligungen

Abk.	Nr.	Bezeichnung
BETEIL	1480	Beteiligungen
WB BETEIL	1489	WB Beteiligungen

150 mobile Sachanlagen

Abk.	Nr.	Bezeichnung
MASCH	1500	Maschinen
WB MASCH	1509	WB Maschinen
MOB	1510	Mobiliar und Einrichtungen
WB MOB	1519	WB Mobiliar und Einrichtungen
BÜIT	1520	Büromaschinen, IT (inkl. Kommunikationstechnologie)
WB BÜIT	1529	WB Büromaschinen, IT
FAHRZ	1530	Fahrzeuge
WB FAHRZ	1539	WB Fahrzeuge
WERKZ	1540	Werkzeuge und Geräte
WB WERKZ	1549	WB Werkzeuge und Geräte

160 immobile Sachanlagen

Abk.	Nr.	Bezeichnung
IMMO	1600	Immobilien (Geschäftsliegenschaften)
WB IMMO	1609	WB Immobilien

170 immaterielle Anlagen

Abk.	Nr.	Bezeichnung
PATLIZ	1700	Patente und Lizenzen
WB PATLIZ	1709	WB Patente und Lizenzen
GOODW	1770	Goodwill
WB GOODW	1779	WB Goodwill

180 nicht einbezahltes Grund-, Gesellschafter- oder Stiftungskapital

Abk.	Nr.	Bezeichnung
NBEZ EK	1850	nicht einbezahltes Eigenkapital

Rechte Spalte (Passiven-Abkürzungen)

FK KFR

VERB LL
ANZ ERH

BANK
VERB SONST ZINS

VERB MWST
VERB VST
STEUERN DIR
VERB SONST
VERB GEWINN
VERB SOZV

PRAG

FK LFR

DARL BANK
OBLI
PDARL

VERB LFR

RÜCKST

EK

GKAP

RES KAP
RES GEW
RES FREIW
GVORT / VVORT
JAHRG / JAHRV

EKAP
PRIVAT
JAHRG / JAHRV

KAP A
PRIVAT A
KOMM A
PRIVAT KOMM A
JAHRG / JAHRV
RES FREIW

Hintergrund Bilanz
Grossbuchstaben
Einheitlichkeiten
(mehrfach vorkommen)

WB
FORD
VERB
ST
VO
KAP